難以迴避的價值抉擇

島嶼|2|無戰事

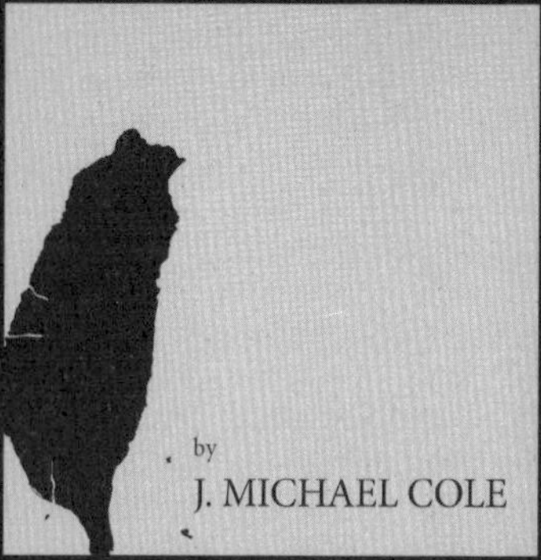

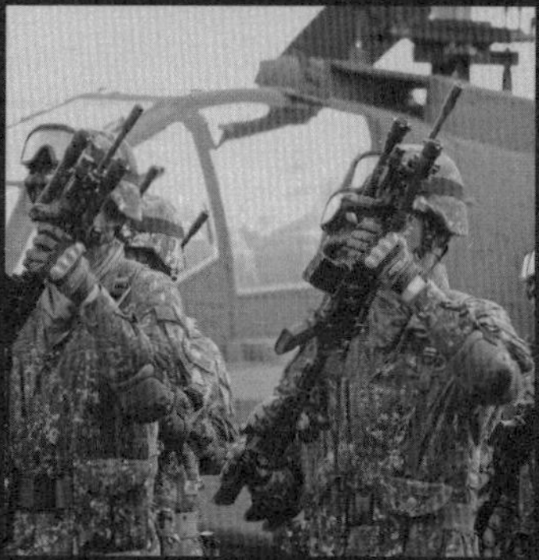

THE END *of* THE ILLUSION

Cross-Strait Relations Since 2016

寇謐將——著　李明——譯

專文推薦

和平幻覺破滅之後？

蕭新煌

寇謐將（J. Michael Cole）是一位難得的多產作家和資深記者。更重要的是，他已經以台灣為家，關心台灣前途的情感程度自然比任何國際關係學者或記者來得深而濃。但這本以台灣處境和未來為主題的書，仍一本他深度專業訓練和廣泛的涉獵和觀察，具備了典型而成熟的難得客觀分析著作品質。

這本新書的中文譯名和英文原書書名不盡相同，但各有所長。英文書名《The End of the Illusion: Cross-Strait Relations Since 2016》道盡全書的立論基礎和主旨，亦即正視二〇一六年以來台海關係假象的結束；但中文《島嶼無戰事2：難以迴避的價值抉擇》卻讓人有所思，也就是台灣朝野和全球民主陣營都應該在台灣前途上做價值上的抉擇。前者是作者在寫本書時的經驗分析和論述主體；後者則想必是作者對台灣人的呼籲和對國際社會的期待。我應沒看錯，這兩大方向正是我讀本書後的第一個印象。也因此，我深以為第一部這三章對二〇一六年來和平幻覺和假象的刺破和消失的探討，是全書最豐富和扎實，也是讀來最饒富趣味的內容。

這三章揭露自二〇一六年民進黨小英總統主政以來為強有力維護台灣主權，不承認具一中統一本質的「九二共識」，以致中國無法像在二〇〇八至二〇一六年馬政府時代那樣予取予求而翻臉，隨之展開一系列的報復和懲罰。

這幾章很詳細追溯小英總統一方面要堅護台灣主權，另一方面又要謹慎不過分刺激中國而讓美國誤判台灣是麻煩製造者，在兩者之間尋求平衡，有如走鋼索的用心和努力，讀來令人動容。我也要在此見證蔡總統政府的確做到了讓全世界知道真正的麻煩製造者是中國。我也親耳聽她說過對此一改正國際印象的策略的用心和做法。

我對兩岸關係進入所謂「冰凍」期，其實是視之為常態，也認為如此不是什麼壞事。我對之前的和平假象不以為然。台灣在那種和平幻覺之下，並沒有得到什麼真正的「和平紅利」，反而被全世界誤解台灣「委屈」卻未能「求全」，是台灣怕中國而甘心做中國的附庸；也因此對中國對內反民主、反人權、反法治行徑，和對外的霸道橫行，不以為意。如果連台灣自己都悶聲不響吞下羞辱而不敢抗議，最後，中國的「錯」和台灣的「錯」加起來，就誤導了國際社會將那段時間兩岸「主從」關係視為「對事」和正常。

二○一六年以來，台灣做了「對事」，中國卻繼續做「錯事」，反倒讓「真相浮出」：那就是這三年來中國對台灣的懲罰戰略和對全球施展霸權戰略，充分顯露中國過去所主張韜光養晦和和平崛起路線的破產，代之則是「大國野心」和追求的「中國夢」之無所不用其極。我真心希望讀者能細讀第二章所細數的中國對台惡行，而牢記在心。

但是，小英政府所執行的「維持現況」、「不刺激中國」、「讓中國原形畢露」的務實策略，雖得到民主盟國如美、日的安心和肯定，卻讓綠營「基本教義派」大為不滿，也難免製造了民進黨內部出現分裂困境和危機。寇謐將雖沒有細說這股海內外「深綠」力量到底是誰又在哪裡，他們堅持的又是什麼？但對此，我大概知其一二，也不是不認同他們對台灣獨立自主理想的堅持和憧憬。我也不認為這些深綠份子只是一些「老台獨」。它其實在台灣民間有一定的民意基礎和力量。我寧可相信這股基本教義派是可以做為督促、鞭策民進黨政府在講究溫和務實主義之餘，也要能有更多勇氣去敢為一些更積極護台的做法。此外，我偶爾也會想到目前被視為「本土台獨派」精神領袖的兩位前總統：李登輝和陳水扁。當他們在位時所推動的「國政」不也是像小英總統今天這樣天天都得小心不讓中共藉機撒野，又得讓美日放心嗎？可是他們在卸任後卻為什麼有時都忘了當年的「謹慎」和「務實」，而變得特別

「激進」，儼然成為今日的抗中大將呢？是他們真的變了嗎？還是他們周遭的影響力變了？

另外，不瞞說，對於若干綠營大老總喜歡公開地對在位的民進黨總統（阿扁和小英）以老大心態指指點點，恐怕也是容易引起政壇和輿論界的批評和誤解。我相當可以理解這些大老對台灣前途的關切和憂心，但在「指教」做法上，似可再細膩些，免得製造親痛仇快的副作用。

我原以為兩岸在這段「冰凍期」，台灣政壇能「超越藍綠」凝聚台灣主權共識，一致對外。很遺憾地，過去三年泛藍陣營依舊「傾中」、「親中」，對中國的鴨霸打壓台灣視而不見，甚至連習近平所提的「一國兩制台灣方案」也不敢大聲回拒，只一再複誦早已被中共打臉的「九二共識、一中各表」。顯然在台灣內部建立政界的藍綠共識，恐怕比對外找盟友還難，這真是台灣怪異而可悲的政治現象！

幸好是在政界之外，畢竟還有更多數的社會人民早已建立了堅實的「台灣認同」，而「主權比經濟利益重要」的最新民意也在今年春天成形，其中年輕人和中低階層尤然。

對於台灣與中國關係的未來，作者在本書之末提出了重要但非新鮮的五種可能情景（scenario），其實就是模擬中國對台灣可能採取的行動，從繼續攻擊台灣民主機制；利用極端民族主義製造中國人仇台；到為了因應中國內部動亂而對外發動戰端；權力鬥爭、社經混亂不可收拾，導致共產黨崩潰；甚至到台灣屈服於中國的恫嚇而被解放統一。可是在我看來，這五種情節並非放在同一分析水平上發展，以致讓我讀來思路不那麼通暢，因果也不那麼清晰。

到底是中國的攻擊和民族主義讓台灣民主機制潰散而投降？還是中國內亂和對外發動戰爭而讓共產黨崩潰？這兩個情節分別代表兩個截然不同的大結局，到底哪一個較可能？為什麼？又難道這種模擬不應該以本書前面九章的客觀分析來做「判斷」嗎？

最讓我驚訝的是寇謐將的兩大情景／結局，竟然都是以「極端悲劇收場」，台灣屈服或中國崩潰。難道台、中之間沒有任何和平相處共存的可能未來？我雖對兩岸前途不是天真的樂觀者，但也絕非宿命的悲觀者。

最後，我要恭喜寇謐將出版了這本分析台灣大代誌，也啟發讀者深思的好書，我要在此推薦給大家。

本文作者為總統府資政、台灣亞洲交流基金會董事長、
中央研究院社會學研究所兼任研究員／教授

專文推薦

尋找台灣的生存之道

何明修

根據筆者的經驗，與外國的相關專家與學者交流時，經常聽到兩種關於台灣的看法。第一，台灣無時無刻面臨嚴峻的生存威脅（existential threat），隔壁就住著一個隨時要併吞這座美麗島嶼的惡鄰居。不幸的是，台灣存在著嚴重的政治分歧，政治人物為了競逐權力，不惜與境外具有敵意的勢力勾結，而人民也往往只是看到眼前的蠅頭小利，盲目的發財美夢讓他們看不見迫在眉睫的危機。一項錯誤的決定，無論是來自執政者或是選民，都有可能是致命的，台灣能夠容許犯錯的空間是非常狹小的。

其次，台灣人小志大，經常越級參賽（punching above one's weight）。台灣的土地面積近似荷蘭，人口與澳洲差不多，嚴格來講，並不算是「小國小民」；但是周遭的美國、中國、日本卻是世界前三大的經濟體，從過往到現在，持續深刻地影響了台灣人民的命運。就地緣政治的角度來看，台灣既是長期處於帝國邊緣，也是不同強權板塊之間的地質破碎帶；就如同波羅的海三小國、烏克蘭、波蘭、匈牙利等國，向來是西方與俄羅斯勢力交鋒的前哨站。然而，台灣總是有辦法能讓世界不得不關注其表現，從過往的經濟成長與轉型、和平而順利的民主轉型，到現今抵禦外來的威權輸出與內發的民粹政治人物逆流，甚至實踐婚姻平權的進步價值。

事實上，這兩種典型看法是密切相關的。正因為在無情的國際現實政治中存活是艱困的，台灣人民才需要刻苦打拚，為自己與下一代爭取一個可以寄託歸宿的家園。這些辛苦奉獻的台灣人民，包括了用雙手創造出經濟奇蹟的勞工與創業家、捍衛國家體制與尊嚴的公務員、為民主運動付出個人代價的人權鬥士、充滿理想主義情操的運動參與者與學生。儘管這些人所信奉的政治理念明顯有別，所受到的歷史評價肯定也有所不同，但是他們共同塑造出了一個自由而獨立、富裕、寬容而多元的台灣。現今老牌民主國家深陷民粹威權主義的威脅，發展中國家處於中等收入陷阱，也有許多地區處於內戰與種族清洗的荼毒，在這種情況下，許多台灣人民視為理所當然的「小確幸日子」，無異是某種「人在福中不知福」。

本書作者寇謐將接受過嚴格而扎實的安全研究之訓練，其新聞撰寫與編輯經驗有助於及時而深入的議題剖析，作為加拿大裔的「新台灣人」，他也帶來了必要的國際視野。《島嶼無戰事2：難以迴避的價值抉擇》是一部發人深省的著作，作者鉅細靡遺地羅列了各種威脅台灣生存的因素。表面上，台灣海峽沒有砲火隆隆的軍事交鋒，但是實際的戰爭早就開打。中國對於蔡英文政府的心理戰、輿論戰、法律戰已經是進行式，各種LINE流傳的假消息，在宮廟、地方社團、廣播電台走透透的統戰協力者，已經成為台灣的常態現象。太陽花運動阻止了兩岸服務貿易協議的立即生效，但是中國政府的經濟統戰攻勢並沒有停歇，新的「惠台」措施即是要掏空台灣的青年人、專業者、研究人員、創業家。

寇謐將明確指出，台灣其實並沒有充足的準備，因應這些新穎中國銳實力的挑戰。蔡英文的「維持現狀」做法沒有辦法取得北京的信任，深綠陣營也強烈表達不滿。為了一些表面而膚淺的理由，一些獨派的「老綠男」誓言要將蔡英文拉下台，很奇特的，他們的目標與國民黨、北京呈現高度一致。儘管處境險惡，在蔡英文主政下，派駐各地的外交人員仍是默默為國家奉獻，取得了許多合作與交流的實質突破，只是這些成果沒有充分獲得關注，有時候也不適合大肆張揚。

這本書指出，在內政議題上，蔡英文政府的年金改革、轉型正義措施引發舊勢力的全面反撲，同時在能源轉型、原住民傳統領域、同性婚姻、廢除死刑等議題之妥協，卻讓原先支持的公民團體與年輕人感到失落，因為所期待的改革並不如之前的宣稱。相對於此，蔡英文的外交考卷是比較出色的，從歐巴馬到川普，美國的友台政策日益明顯；日本安倍政權對蔡英文十分友好，但是外務省的傳統親中派勢力仍存在，台灣也沒有妥善解決福島五縣食品輸出的禁令。對於美日以外的國家，實際交流明顯提升，只是其方式仍受限於務實與低調的框架下，不容易成為政府能夠宣傳的「亮點」。

寇謐將期待台灣早日成為自由而獨立的國家，他的考察也是基於這個價值關懷。台灣人總是覺得自己是「亞細亞的孤兒」，孤獨承受了世人的遺忘，但是情況並非如此。這本書強調，台灣持續活躍的民主強而有力地反駁了日益對內整肅異己、對外耀武揚威的習近平主政下的中國模式，台灣也是民主體制對抗威權輸出的前哨站。要如何維繫被挑戰的台灣民主？寇謐將提出了幾點建議。儘管民主體制鼓勵不同陣營的和平競爭，沒有必要的黨派分歧仍應該避免。兩黨主流政治人物之看法並沒有難以化解的差異，只是藍綠惡鬥與外來勢力干預往往使其差異看似無法溝通。其次，假借民主體制的公民自由，卻遂行暴力與反民主目標的團體，應該被嚴格監督，如果發現其接受外國勢力資源挹注之事實，更應嚴加取締。最後，台灣的政治人物往往只看重短期的成效與亮點，對於長期而深入的投資缺乏耐心，新自由主義所鼓吹的績效評估（例如KPI指標）通常是見樹不見林。這種短視近利是無助於台灣所面對的種種挑戰。

總之，思索台灣的生存之道是困難度極高的挑戰，關心這個存亡問題的讀者，肯定會認為這本書是不可或缺的參考文獻。

本文作者為台灣大學社會學系教授

目次

作者序

本書付梓之際，距離《島嶼無戰事：不願面對的和平假象》（*The Convenient Illusion of Peace*）中文版在台灣發行已經過了約三年時間。[1]儘管該書論及的基本資訊都還適用，然而時至今日變化不少。最重要的一項事實是，蔡英文及其政黨主政了。《島嶼無戰事：不願面對的和平假象》是在民進黨於二〇一六年一月十六日大選中獲得壓倒性勝利的幾週後出版，當時只能大略猜測兩岸關係將會有什麼樣的發展。那個時候，從二〇〇八年開始執政的馬英九總統仍然在位，他的國民黨政府也還可以再運作三個月，之後才由民進黨同時接掌行政與立法部門——這是台灣民主發展史的首例。

現在本書立基於過去這兩年多來的各種發展，正好可以據此檢驗或修正我在前著中提出的各種假設。在上一本書的第十三章，〈二〇一六年選舉：重返不確定？〉，我提出未來可能發生的幾種情景，其中一個猜測就是，北京將會「懲罰」台灣人民在這次大選中做出的選擇，從而對兩岸關係施加高壓手段。這件事已然發生，而且不管好壞，情勢也變得明朗。本書第一和第二章將簡述，從二〇一六年五月二十日蔡英文總統就職以來，北京方面都做了哪些事，並且探討為什麼中國覺得必須採取這種態度，以及其懲罰性戰略的各種型態，從「銳實力」（sharp power，**編按：指一個國家試圖操縱另一個國家的新聞以及教育資訊等，從而分化或是誤導公眾意見**）到軍事威脅和外交孤立。

第三章則探討中國不斷對台施壓，刺激了對蔡英文總統溫和的中國政策感到不滿的「深綠」陣營，他們打算發起公民投票，要求更改台灣國名。我會詳細說明，在目前的情勢下，維持和強化「現狀」仍然是台灣的最佳策略，發起正名公投這樣的運動將會疏遠台美的關係，加深台灣內部的對立，並讓北京有理由加強對台灣的文攻武嚇。

接下來的第四章，則把民主台灣視為全球戰鬥的第一線；這個戰鬥是專制和修正主義勢力與自由民主陣營之間的對抗，也是第二次世界大戰結束以來重要的國際角力。我們將會看到，在被公認是自毛澤東以來最有權力和最偏執的中國領導人習近平的強勢主政下，印度洋與太平洋地區的快速轉變。在這一章，我分析了中國的區域企圖、它愈來愈強烈的全球野心，以及這種新擴張主義的意識形態根基，並且點出台灣的角色與地位。我認為，中國社會的人口結構將迫使其政權趁機盡可能擷取利益。最後，本章檢視了中國共產黨第十九次全國代表大會之後的中國內部政治情勢，其中一項重要發展是取消了國家主席的任期限制。我亦將強調，中國政治圈近來發生的事件預料會對北京與台灣的關係產生影響。

我在前一本書中做出的另一項「預測」也已經成真：台美的關係將會加深。我會在本書第五章進一步解釋這是如何發生的，以及為什麼會發生，並且指出在歐巴馬政府任期的最後階段以及川普上台後的態勢皆是如此。而這種友好關係之所以必要的原因很多，其一就是二〇一六年五月之後，中國加強對台海「現狀」的攻擊，以及美國對台灣這位飽受威脅的民主盟友的長期承諾。我也探討了中美貿易戰可能會影響美中台三邊關係。

第六章的焦點轉向日本，日本向來是台灣的盟友，而且愈來愈重要，但我在前著中鮮少提及。藉由訪談日本和台灣的政府官員、軍方人士與分析家，我要填補此項不足，並指出日本對台的看法。我試著釐清日本在多大程度上願意支持台灣作為一個實質獨立的國家、「美日安保條約」的角色，以及日本如何因應台灣海峽可能發生的各種狀況。

接著第七章將分析中國的文攻武嚇如何刺激國際社會（至少是民主陣營）向台灣伸出援手，以及台灣可以如何對抗北京的外交孤立攻勢。本章要駁斥一個錯誤說法：接連失去邦交國（從蔡英文就任到本書撰寫期間，台灣已經失去五個邦交國，接下來可能還會有其他國家跟進）加劇了台灣的國際孤立。事實上，台灣經由各種管道（經常是非官方的）加強了它和國際社會的連結。

接下來我要再度聚焦台灣，評估目前的民主現況，我認為這是對抗北京企圖併吞台灣的主要「防火牆」。在某些人權問題上，《島嶼無戰事：不願面對的和平假象》對馬政府有諸多批評，二〇一四年三月至四月間爆發了占領立法院的太陽花學運，正足以顯示公民社會——健全民主國家的重要構成要素——必定要對這些問題進行修正。我要探問民進黨在這方面是否有更好的表現，以及它是否已經成功回應了公民社會的要求，尤其是對於那些在二〇一六年投票給民進黨、希望它在這方面能表現得更好的年輕人。

最後，我要再度重申我的看法，本書第九章強調政治分裂對台灣造成的持續性危險，我主張必須組成「藍綠」聯合陣線以對抗中國。經由過去多年的研究和特許的接觸管道，也許更是因為我身為「局外人」的關係，我看得出來當台灣人超越由來已久的族群和政治分歧後，可以獲致什麼樣的成就。這個國家想要生存，關鍵就是要一勞永逸地消除已經苟延殘喘許久的這些分歧。接著我將討論繼續困擾台灣的一些問題，並針對如何面對這些缺失提出建議，希望能夠強化台灣在長遠未來維持其獨立主權和民主的能力。第十章則以二〇二〇年台灣總統大選為背景脈絡，指出未來的幾種可能。

在此我要為自己的專業說幾句話，因為這在政治領域裡總是會引來質疑。撰寫《島嶼無戰事：不願面對的和平假象》時，我是「小英教育基金會」（Thinking Taiwan Foundation）的一員；該單位是蔡英文在二〇一二年大選失敗後成立的。蔡女士在二〇一四年初邀請我加入基金會，讓我得以繼續我在台灣的研究，並且給了身為外國人的我無法想像的各種機會。她也從來沒有破壞我們之間的協議：這份工作本身絕對不會干預我在基金會管理的網路平台上所撰寫或發表的任何東西。甚且，蔡英文和基金會的管理階層當時並不知道我正在撰寫一本有關台灣的書，因此《島嶼無戰事：不願面對的和平假象》書中提出的都是我個人的觀點與見解。我和該基金會的關係在二〇一六年五月結束，從那時起我不曾在跟政府有關的任何機構裡任職，倒是有些研究計畫和政府出資的「台灣民主基金會」（Taiwan Foundation for Democracy）及「遠景基金會」（Prospect Foundation）有過合作。所以同樣的，本書寫作完全是我個人的。

致謝

僅僅是列名尚且不足以感謝那些曾經幫助過我的眾多人士，過去這些年來他們每一個人都以各自的方式，對本書的觀點和主張有所貢獻。以下幾位是在我出版上一本書和完成本書手稿之間的這幾年，對我的專業之旅影響甚鉅者。若有所遺漏我深表歉意，肯定是我記憶不佳所致。不過有幾位人士應該特別提及。

感謝台灣民主基金會前執行長及現任外交部政務次長徐斯儉博士。除開我們在專業領域中共同探索追求，徐博士一直是我很親近的好友，給了我很多啟發與機會。感謝倫敦大學亞非學院（School of Oriental and African Studies）羅達菲博士（Dr. Dafydd Fell）的支持，提供一個親切的平台，讓我得以和學院的年輕人分享我的研究成果。《島嶼無戰事：不願面對的和平假象》英文版的出版，羅達菲博士扮演了催生的角色，並且好意邀請我在他的著作《馬英九時期社會運動》（*Taiwan's Social Movements under Ma Ying-jeou*）中寫了一章。

在台灣：感謝台灣民主基金會的盧業中、楊斯茜、蕭伃君和周雅薇；遠景基金會的賴怡忠、陳唐山、姚源明、黃美鳳、陳怡安和劉維民。感謝林正義、吳釗燮、蔡英文總統。感謝馮賢賢大力協助英文網站「台灣守望」（Taiwan Sentinel）上線。感謝黃引珊、蕭新煌。感謝黃國城在中國公司將我告上法院時提供法律協助。

感謝李問、江春男、范雲、黃介正、陶儀芬、陳明祺、林良蓉、陳牧民、楊念祖、司徒文、何明修、吳介民、蔡宏政、Manohar Thyagaraj、Sandeep Jakhar、Asher Yarden、Jojje Olsson、丁樹範、劉長政、徐薇婷、王美琇、Nicola Smith。感謝商周出版的同仁協助這本新書得以順利出版，也要感謝我的翻譯李明容忍我偏愛寫出又長又複雜的句子，並將它們譯成中文。

在北美：感謝宋申武、石明凱（Mark Stokes）、薛瑞福（Randall Schriver）、馬提斯（Peter Mattis）、卜睿哲（Richard Bush）、黑考特（Scott Harold）、Ian Easton、Steve Yates、Russell Hsiao、Michael Mazza、Derek Grossman。感謝 Harry Kazianis 把《國家利益雜誌》（*The National Interest*）變成我最喜歡的家，感謝《環球郵報》（*The Globe and Mail*）的 Natasha Hassan，還有 Clayton Dube、Mike Chinoy、Rupert Hammond-Chambers、Jerome Cohen（孔傑榮）、Brandon and Su Yun Geithner、Victor Radujko、Shelley Rigger（任雪麗）、Isaac Stone

Fish、Scott Urbom、Natalie Liu、Janice Chen、Mike Fonte、Timothy Rich、Charles Burton、感謝渥太華的「麥當諾勞雷爾研究院」（Macdonald-Laurier Institute）的Charles Burton、Brian Lee Crowley和David Watson，感謝Aaron Friedberg、Nadège Rolland、André Laliberté、Doris Liu、Sarah Cook、Louisa Greve、Shanthi Kalathil。

在歐洲／中東：感謝Steve Tsang（曾銳生）、Lee Chun-yi（李駿怡）、Jonathan Sullivan（蘇利文）、Ernest Caldwell、Chang Bi-yu（張必瑜）、Gunter Schubert（舒耕德）、Stéphane Corcuff（高格孚）、Jean-Pierre Cabestan（高敬文）、Gary Rawnsley（任格雷）、Ming-yeh Rawnsley（蔡明燁）、Martin Hala、Michal Thim（廷米賀）、Juan Pablo Cardenal、Peter Enav、Nick Payne、Barak Kushner、Laura E. Anderson，還有半島電視台的Gabriella Faerber。

在亞洲／大洋洲：感謝Ian Ja Ian Chong（莊嘉穎）、John Garnaut、Anne-Marie Brady、David Bostwick、Ogata Makoto、Oiso Mitsunori、Sato Yoshitaka、Simon Denyer、James Palmer、Nathan VanderKlippe、Bruce Jacobs、Andrew Tan、Ben Schreer、Alex Neill、Aries Arugay、Kristie Lu Stout、Sam Roggeveen、Mark Harrison。

感謝全球各地的Chinapol（C-POL）會員，這是所有中國事務觀察者不可或缺的網路論壇。感謝我的讀者，不論台灣和世界各地，感謝你們的持續鼓勵，給了我繼續去做我該做的事的理由。

一如既往，我要感謝遠在加拿大家鄉的父母，他們無盡的支持和愛讓我更能夠承受在海外的長期闖蕩。我也要為沒能夠經常回去探望他們致歉，但我知道他們會諒解的。

感謝我們所飼養的美麗的台灣犬Hanji（台灣犬又稱台灣土狗，已獲全球認證），謝謝牠對我們無條件的愛和每天賣萌。

感謝台灣人民，你們向來都是如此友善，過去十三年來一直敞開心房接受我。你們擁有一個極其不凡的國家！

最後，如果沒有陳婉宜博士的鼓勵、協助、愛心和諒解的話，所有這一切都不可能成真。在本書涵蓋的這段期間，她對台灣民主和台灣在國際社會中的地位做出了重大貢獻。因此，我謹將本書獻給她，也感謝我偉大的岳父母，感謝每天都在為了維護一個自由、繁榮和民主的台灣而奮鬥的每一個人。

第一部

和平的假象已經破滅

The Illusion is Broken

第一章

兩岸關係走向「冰凍」

北京不斷攻擊這個島國，已經產生它所不願見到的效果：對台灣的同情愈來愈多，對兩岸關係的持續報導也變多了。由於台海緊張情勢再現，各界更加警覺到一個專制的中國已經對全球構成重大威脅……

二〇一六年五月二十日，大太陽底下，幾千人聚集在台北總統府前，慶祝蔡英文總統就職。四個月前，在一月十六日的總統大選中，蔡英文打敗國民黨對手朱立倫，結束了國民黨八年的執政，也為台灣和中國未來的關係帶來了不確定性。讓這種不確定性雪上加霜的是，有史以來頭一遭，蔡英文領導的民進黨在國會（立法院）取得多數席位。

我坐在人群中忙著做筆記，準備撰寫CNN委託報導的一篇文章，心想現場如此悶熱也許是一種警訊，警告我們兩岸關係即將跟著沸騰。在我四周，幾十位工作人員（其中很多是來自蔡英文的競選團隊）正忙著引導外國使節與賓客就座。很多工作人員已經站了好幾個小時，一滴水也沒喝，如果不是這些外賓到就近處拿水給他們，不少人可能早就在大熱天裡熱得昏倒了。這些小小的舉動也象徵著，台灣將在國際社會裡和很多「非官方」的盟友建立起新關係。

跟大部分的國際媒體一樣，CNN最關心這位新任總統會向北京當局釋出什麼樣的訊息。從當選的那天晚上起，蔡英文在談及兩岸關係時一直採取安撫的態度，強調她的政府將會繼續和北京維持關係，不論中國共產黨如何懷疑民進黨的意圖。

我在報導中指出，蔡英文的就職演說是針對兩大聽眾：其一是把她送上國家最高公職的台灣人民；其二是北京當局，他們將會逐字逐句審查她是否話中有話或帶有言外之意。因此，她就像是在走鋼索，一方面，她必須尊重選她和沒有選她的那些選民們的民主渴望；另一方面，她必須確保兩岸關係維持足夠的穩定，如此她才能夠完成她預計要完成的各項任務。前者是她可以掌控的；後者則很不容易，終究兩岸未來的走勢主要還是掌握在北京手裡。跟前任執政者一樣，這位新總統面對的是一種複雜的平衡遊戲，更糟的是，對手不斷在改寫比賽規則。

她的演說最開始和最大的篇幅[1]是針對台灣多數民眾最關心的各種議題。這些議題在競選期間皆已提及，也是各地民眾會感興趣的日常問題，包括經濟、教育、食品安全、改革等等。我在報導中曾訪問過一位吳姓摩托車修理工，[2]他表示對他來說最重要的是蔡總統可以挽救經濟。「景氣很差，」他說。

跟許多台灣人一樣，吳先生不是很熱中兩岸關係，不過當時剛好發生了周子瑜事件：年僅十幾歲的台灣籍韓國流行樂歌手，竟然在投票日當天被她的南韓經紀人強迫向中國發表一段「道歉」視頻，只因她在一張照片中拿著一面中華民國國旗。這個事件引發軒然大波，可能讓許多原本尚未表態的選民採取行動。[3]在訪談期間，吳先生很少提到中國，被追問時，他只是淡淡地說相信政府會妥善處理這個問題。對有些人來說，更快看到的問題是：新總統組成的內閣是以男性居多的老舊官僚為主，換句話說，它不夠進步到能夠執行她在競選期間所承諾的改變。

對國際社會來說，特別是中國，蔡總統就職演說的後半部才是重點。就此，蔡總統繼續呼應在競選期間就已揭櫫的一些主旨，但採取更為謹慎的說法，試著向台灣人民和國際社會保證，她有能力處理和中國的複雜關係。此外，蔡總統表示她不會廢除任何兩岸現存的溝通管道，並保證她的政府會「致力確保兩岸關係維持和平穩定的現狀」。

「新政府會依據中華民國憲法、兩岸人民關係條例及其他相關法律，處理兩岸事務，」蔡英文說。「兩岸的兩個執政黨應該要放下歷史包袱，展開良性對話，造福兩岸人民。」

她的兩岸政策可以總括為：維持「現狀」，不獨不統。這也表示她延續了前任總統的政策，但我要指出，許多來自綠營的有力批評主張，「現狀」其實是不斷改變的，而在馬政府之下它已經危險地往中國靠攏。

向北京伸出友好之手

就職典禮的視覺和主題設計都在強調團結與民主，最後是大合唱《美麗島》，一首如詩般的歌曲，戒嚴時期被親民主陣營視為國歌。對台灣人來說，就職大典和蔡英文總統的演說完全傳達出正確的訊息——散發著信心，訴諸團結，向北京伸出橄欖枝，接下來就看對方的反應了。

大選過後幾個月，有理由審慎樂觀地認為兩岸關係將會延續下去，不會回到二〇〇〇至二〇〇八年陳水扁總統主政期間那種充滿敵意的狀態。一月十六日晚上，這位未來的總統就已經在她的勝選演說中向北京伸出友好之手，誓言把兩岸關係導向正途；當然，必須要對方同意一起玩下去。總之，在勝選之夜，蔡英文已經展現出許多觀察家認為跟中國打交道的正確基調：

在這場選戰中，我曾經多次承諾，將會建立具有一致性、可預測性、可持續的兩岸關係。做為中華民國第十四任總統當選人，我要在此重申，今年五月二十日新政府執政之後，將以中華民國現行憲政體制、兩岸協商交流互動的成果、以及民主原則與普遍民意，做為推動兩岸關係的基礎。我也會秉持超越黨派的立場，遵循台灣最新的民意和最大的共識，致力確保兩岸關係維持和平穩定的現狀，以創造台灣人民的最大利益和福祉。

我也要強調，兩岸都有責任盡最大努力，尋求一個對等尊嚴、彼此都能夠接受的互動之道，確保沒有挑釁，也沒有意外。今天選舉的結果，是台灣民意的展現，中華民國做為一個民主國家，是兩千三百萬台灣人民的共同堅持，我們的民主制度、國家認同、與國際空間，必須被充分尊重，任何的打壓，都會破壞兩岸關係的穩定。[4]

在表達她的中國政策時，勝選演說與就職演說之間的連貫性及相似性顯而易見：

新政府會依據中華民國憲法、兩岸人民關係條例及其他相關法律，處理兩岸事務。兩岸的兩個執政黨應該要放下歷史包袱，展開良性對話，造福兩岸人民。

既有政治基礎，包含幾個關鍵元素，第一，一九九二年兩岸兩會會談的歷史事實與求同存異的共同認知，這是歷史事實；第二，中華民國現行憲政體制；第三，兩岸過去二十多年來協商和交流互動的成果；第四，台灣民主原則及普遍民意。[5]

接著，在二〇一六年的國慶演說中，蔡總統再度重申相似的主旨。她說道：

對於兩岸關係，我要再次重申，建立具一致性、可預測、且可持續的兩岸關係，維持台灣民主以及台海和平的現狀，是新政府堅定不移的立場。

「維持現狀」是我對選民的承諾。在五二〇就職演說中，我的每一句話都未曾改變：新政府會依據中華民國憲法、兩岸人民關係條例以及其他相關法律，處理兩岸事務。我們也會盡最大努力來維持兩岸間的對話與溝通機制，我們會尊重一九九二年兩岸兩會會談的歷史事實，也主張兩岸應該共同珍惜與維護一九九二年之後、二十多年來雙方交流、協商所累積形成的現狀與成果，並在既有政治基礎上，持續推動兩岸關係和平穩定發展。我也呼籲，兩岸的兩個執政黨應該放下歷史包袱，展開良性對話，造福兩岸人民。

雖然過去幾個月，兩岸關係有些起伏，但我們的立場仍然一致而堅定。我們的承諾不會改變，我們的善意不會改變，我們也不會在壓力下屈服，更不會走回對抗的老路。這是我們對「維持現狀」的基本態度，也是基於對兩岸和平的共同願望。

我要強調，「維持現狀」更積極的意義，是在深化民主機制的基礎上，以更前瞻積極的作為，推動兩岸建設性的交流與對話，進而建構可長可久的兩岸和平穩定關係。

我要呼籲中國大陸當局，正視中華民國存在的事實，正視台灣人民對於民主制度的堅信。兩岸之間應該要盡快坐下來談，只要有利於兩岸和平發展，有利於兩岸人民福祉，什麼都可以談。兩岸領導人應共同展現智慧和彈性，冷靜的態度，一起把兩岸現存的分歧帶向雙贏的未來。[6]

在二〇一七年的國慶演說，她強調：

兩岸關係發展攸關台灣前途及兩千三百萬人民的長遠福祉。從去年五二〇到現在，為維護兩岸關係和平穩定發展，我們盡了最大的善意，雖然因為雙方政治立場差距造成兩岸的波折，但也努力維持兩岸關係的基本穩定。

我也多次重申，「我們的善意不變、承諾不變，不會走回對抗的老路，但也不會在壓力下屈服」，這就是我們處理兩岸關係的一貫原則。

今年是兩岸交流三十週年。三十年來，兩岸從敵對走向和平發展，為兩岸關係寫下了歷史新頁，關鍵就在雙方可以擱置政治爭議，實事求是，在交流互動中，不斷累積善意，創新思維及模式。

我們應該珍惜三十年來得來不易的成果及累積的善意，在既有基礎上，尋求兩岸關係的突破。

今年也是台灣開放大陸探親三十週年。那些親人見面的畫面，即使到了今天，一起回想起來，依然深受感動。

從二〇一一年開放陸生來台以來，我們看到兩岸年輕人可以一起生活、一起學習、一起思考。在相處的過程中，他們對彼此成長背景的差異有所理解，也對一起打造更美好的和平世界，培養一些默契。

面對兩岸及區域發展的新情勢，兩岸領導人應該共同努力，展現長年累積而來的圓融政治智慧，以堅定意志和最大耐心，共同尋求兩岸互動新模式，為可長可久的兩岸和平穩定關係，奠定基礎。[7]

儘管有這些嘗試，接下來幾個月的一個主要問題是：北京是否堅持蔡政府除了提及九二會談，也要遵守所謂的「九二共識」和「一個中國」的原則。「九二共識」作為一個概念的意義遠勝於事實，國民黨前立法委員蘇起後來承認，這是他自創的一個名詞，結果竟成為兩岸和諧的先決條件。在馬英九政府時期，台北同意接受「九二共識」以交換北京同意兩岸關係沿著「和平」的路線發展，停止在國際間孤立台灣的大部分行動。北京利用這段緩和期和台灣簽署了多項兩岸協議，加強台灣對中國經濟的依賴，進一步遂行中國的政治目的。而在台灣，馬總統主張「一中各表」，並強調和中國加強關係，簽署「海峽兩岸經濟合作架構協議」（ECFA）這類協議，將有助於復甦台灣垂死的經濟，從而得以說服大多數台灣人同意

「九二共識」的好處。經過幾年的緩慢成長，加上一九九〇年代後期的亞洲金融風暴，以及二〇〇一年九月十一日美國本土遭恐怖攻擊後加劇的全球經濟衰退，可以理解台灣很多選民必然會同意這樣的論點：加強和中國的經濟關係確實是聰明的政策，因為在全球陷入不景氣之際，中國經濟快速成長和反彈。

但人們很快發現，馬總統的賭注並非事事順利。雖然在那段期間，台灣和中國的關係似乎變得更為「和平」，但兩岸加強關係帶來的經濟利益只有少數人感受得到，好比說觀光業，二〇一五年來自中國的觀光客高達四百一十萬人。甚且，隨著兩岸關係逐漸升溫，和中國加強往來的危險與代價也愈來愈嚴重，像是出現了只有具特殊政治利益的少數人才能獲利的買辦經濟、經濟過度依賴中國，以及擔心台灣主權被削弱。兩岸協議談判出現「黑箱」作業，更別提利益衝突的問題，因為台灣某些談判者可能從協議中獲得個人好處，從而引發了各方恐懼，最終導致二〇一四年三月和四月間爆發的太陽花學運，學生占領立法院抗議「海峽兩岸服務貿易協議」。[8]誠如我在《黑色島嶼》一書中提到的，太陽花學運主要起源於人民對馬政府失去信心，認為政府在和中國打交道時無法遵守民主規範，同時也要求檢討整個政府體系，確保政府恢復良好的治理。太陽花學運是馬總統任期的一個轉捩點，其後續效應主要出現在二〇一六年大選的結果，不少學運的參與者都加入政黨或是投入競選。

因此，顯然不管是誰在二〇一六年的大選中獲勝，都必須對兩岸關係採取更為謹慎的路線。國民黨前主席洪秀柱，同時也是該黨在這次大選最初的候選人，正好驗證了太陽花學運後的新政治環境。她對於太陽花學運的聲音充耳不聞，不但沒有帶領政黨更靠近民眾，反而呼籲與北京建立超越其前任黨主席所接受的兩岸關係，結果導致該黨的一波出走潮。基本上，她的政策是對中讓步，儘管過去八年來已證明了這麼做是行不通的。在此同時，習近平主政下的中國則變得更有自信也更獨斷。結果，國民黨在最後關頭換掉洪，推出新的候選人朱立倫，並且釋出希望能夠吸引更多選民的政策。但太遲了，頽勢已經無可挽回。國民黨的形象大傷，選民給了藍營八年的時間去證明它的政策，此刻卻希望改弦易轍。

有了二〇一二年的敗選經驗，蔡英文再度投入二〇一六年總統大選是有優勢的。她很快宣布，她不會撤銷台灣和中國在馬政府時期簽署的任何協議，她會遵守中華民國憲法，維持兩岸關係的持續和穩定。這是她獲得勝利的關鍵因素。在她的領政下，台灣不會成為「麻煩製造者」，而是尋求與北京建立和諧、實際和相互尊重的關係，這些談話都能夠化解外國及藍營（至少是「淺藍」）的懷疑。

「九二共識」是中國種種制裁的工具和藉口

蔡英文與前任總統的不同之處在於「九二共識」，她拒絕接受馬政府的立場。她看得出來所謂「共識」的核心是「一個中國」的陷阱，再加以事實上在習近平掌權下，「各自表述」的可行性已經愈來愈低，香港的例子更坐實了這種看法，蔡英文知道「一個中國」已經不被台灣民眾接受。儘管北京釋出了他們所謂的「善意」，但在馬政府時期，台灣民眾對自我認同和支持統一的傾向都是不利於北京的。顯然必須採取一套新的模式。不過蔡英文並沒有完全否定「共識」，她承認兩岸在一九九二年舉行談判的「歷史事實」，並據此建立各種成果，擱置雙方歧見，建立互惠、穩定和可預測的關係。她的模式是一種測試，希望雙方能夠各退一步。

早期的時候，有理由相信北京可以放寬對「九二共識」的堅持。中國少數學者已經呼籲要採取務實政策，並公開表示台灣不一定要承認「九二共識」，仍然可以維持穩定與建設性的兩岸關係。例如，上海東亞研究所所長章念馳也是中國「海峽兩岸關係協會」會長汪道涵的幕僚，他曾向《華盛頓郵報》表示，北京「不應該因為她不接受九二共識而感到不滿意。蔡英文是台灣人民選出來的，這也是我們必須面對的事實」。另一位要求匿名發言的中國學者，則在同一篇文章中提到，「真正重要的是維持現行關係，不是九二共識。」[9]換句話說，蔡英文所主張的，以及部分中國知識分子所強調的是，即便是在過度象徵性的「九二共識」不存在的情況下，台灣和中國之間依然可能建立有益的關係。

此外，據信雙方都有可資信任的使者，他們會暗中確保公開聲明中傳達了正確訊息，即使這表示我們其他人必須要推敲字裡行間的意思才能真正明白他們在說什麼。

在這樣的背景下，蔡英文總統於五月二十日發表了上述的就職演說。這被解讀成是一項試探，幾個小時後，就在總統府前街道上慶祝活動留下的垃圾被清掃乾淨之後，北京方面做出了回應。北京認為，蔡英文總統交了一份「未完成的答卷」。中國國務院台灣事務辦公室（國台辦）在一篇聲明中表示，蔡英文的演說「態度模糊」，「這是一份未完成的答卷」。聲明又說，蔡英文「沒有提出確保兩岸關係和平穩定發展的具體辦法……她在兩岸同胞最關切的兩岸關係性質這一根本問題上採取模糊態度」。[10]

「只有確認體現一個中國原則的政治基礎，兩岸制度化交往才能得以延續，」蔡英文就職後第二天，國台辦發言人馬曉光如此說。[11]

接下來幾個月的發展可以清楚看出，北京堅持「九二共識」的象徵意義並不完全是因為其中的文字內涵，更是因為北京認為承認「九二共識」是台北必須做出的一種屈服，因為在兩岸的階級中，北京視台北為弱勢與需要低頭的一方。蔡英文想要重新定義這個作為兩岸關係基礎的象徵，不啻跨越了北京設下的界線。這樣做是企圖以平等的地位挑戰北京的領導，就中國的觀點來看這是完全無法接受的。象徵和階級遠勝過務實做法，即使這表示兩岸將重回緊張關係。允許附庸者以平等之姿出現，違反了中國帝國的核心原則。從這個觀點來看，蔡總統和民進黨成了叛徒，是一群「分裂分子」，必須教訓他們的冥頑不靈。綜合上述原因，「九二共識」就成了中國種種制裁的方便工具和藉口。

就算沒有「九二共識」，台灣和中國還是可以維持和諧關係，畢竟這個共識並沒有什麼功用，僅表示雙方曾經達成一項協議。「共識」並不是一個機構，也不是什麼機制，甚至也不是什麼專門工作小組。換句話說，它沒有權力，沒有制度價值，更不是雙方進行建設性談判的必要基礎。它之所以變成良好關係的阻礙，只是因為北京堅持要嚴守它的象徵意義。主張說這個共識並非不可或缺的中國學者是對的。但我們很快就會發現，在五月二十日後，這些務實的聲音——如果台灣和中國想要打破政治僵局，就需要這些聲音——都消失不見了，因為中國加緊了對知識分子的箝制，再度展開意識形態運動，希望強化習近平和中國共產黨對中國社會各方面的控制。

儘管一開始就努力想要和中國建立可行的關係，但蔡總統很快就發現自己陷入跟陳水扁第一任任期相似的境況。陳水扁當初也向北京做出讓步，在二〇〇〇年五月二十日的就職演說中，提出了所謂的「四不一沒有」。陳水扁當時承諾的不會宣布獨立，不會更改國號，不會推動兩國論（特殊的國與國關係）入憲，[12]不會推動改變現狀的統獨公投，也沒有廢除國統綱領與國統會的問題，這些在很多方面都跟蔡英文現在提的主張相似，況且蔡英文也表示不會撤銷兩岸在馬英九任內簽署的任何協議，整個來說在政治上皆有利於中國。（陳水扁的「一沒有」提到，台北不會廢除「國家統一委員會」，但雙方關係鬧僵之後，這項承諾在二〇〇六年被打破。而在北京擺明不會釋出相對的善意後，陳水扁政府最後也推動公投，造成華府的恐慌，因此讓北京更容易指責台灣是台灣海峽的「麻煩製造者」。）

北京選擇打壓蔡總統的另一個原因是，她清楚凸顯出台灣現狀的特性。誠如上面提到的，由於兩岸實力失衡造成北京得寸進尺，不斷重新定義台灣和中國之間的「現狀」，因此可以理解的，在馬英九下台後，接任的總統會想要修正這種情況，清楚指出台灣是什麼、不是什麼。蔡英文上台後，「一個中國，各自表述」的模糊空間消失，而在此之前這種模糊性讓雙方得以存異求同。雖然還是可以運用這種模糊性，但外交上已經行不通，因為在習近平主政下的中國愈來愈明白表示只有一個中國，而且是中華人民共和國。從修辭上來看，這向來是北京的立場，我們應該要注意的是，「各自表述」只有台灣在使用。然而，習近平政權的作為和專斷造成很多事情改變了，認為兩個中國或許可以並存的幻想逐漸破滅。儘管過去容有模糊空間，但自二〇一二年習近平出任中國領導人後，模糊就不復存在了。

由於需要平息台灣民眾的恐懼，並且為未來的施政定調，因此蔡英文別無選擇，只能放棄玩模糊的遊戲，而這麼做讓她更靠近前面提及的「特殊國與國」的論調。她的做法是把大家都知道的事情講明了——台灣是一個主權國家，國名是中華民國。此外，儘管憲法宣稱的領土包含一九四九年以前的中國土地，但台北已經明白指出，台灣（中華民國）的領土只限台灣本島及其四周島嶼。必須一提的是，中華民國與北京政府都宣稱擁有南海主權，但同樣的，只有少數台灣人會真的相信這項宣示，多數人都承認這是舊憲法的遺緒，本質上和兩岸關係有關。換句話說，台灣若放棄對南海主權的宣示，將會被北京解讀為是要修改中華民國憲法，因此就是朝法律上的獨立更邁進一步，而根據中國在二〇〇五年三月十四日通過的「反分裂國家法」，這將會構成中國人民解放軍對台灣進行軍事干預的理由。作為對北京的讓步，蔡總統保留了台灣的國名和象徵，從而維持住一個假象，而這經常就是國際社會感到混淆之處，也是深綠陣營不滿的根源（第三章對此會有更多討論）。

雖然從二〇一六年以來，兩岸關係已經陷入所謂的「冰凍期」（下一章會再作探究），但重要的是，不管是誰入主總統府，這種情勢可能都是無法避免的。除非台灣方面主動投降，否則很難想像會有一個台灣政黨在支持北京立場的同時，還能夠經由民主程序取得政權，尤其過去幾年間北京的立場變得愈來愈沒有彈性。兩岸之間一定會有衝突，我認為這樣的衝突永遠不會結束，即便是在馬總統任內兩岸關係最友好的時候，而衝突的主因就在於台灣和中國各自的民族主義和不同的歷史。

台灣的民主經驗價值

儘管中國共產黨不斷引用（和濫用）歷史，但中國聲稱對台灣擁有不可分割的主權，卻是具有高度爭議的。即使歷史上曾經有某個中國大陸的政權宣稱對台灣某些土地擁有主權，但這樣的主權宣示後來都失效了，因為台灣和中國被分開治理了一個世紀，先是被日本殖民統治了五十年（1895-1945），接著在第二次世界大戰結束後由國民黨統治，而國民黨是在一九四九年的內戰失敗後，終止了對中國大陸的統治。不過，中華民國移植到台灣之後，無情地統治了幾十年，最終才改變、軟化，並在多方面融入台灣，逐步走向自由化，最後在一九八〇年代開始實施民主化。這個政權設法在後來的中華人民共和國之外求生存，隨著時間重生為民主台灣，即使不盡完美又背負著歷史包袱。誠如我們將在下面幾章繼續討論的，尤其是第九章，綠營裡面有很多人不滿中華民國被當作是台灣的同義詞或是和台灣連結，他們認為中華民國是「非法的殖民政權」，必須加以去除。沒錯，今日仍然有許多「中華民國／國民黨」黨國體制遺留下來的機制存在於政府機關和教育制度裡。然而，這些都已經逐漸消退，現今居住在台灣的人的經驗和生活方式，已經和存在了七十年、甚或三十年前的中華民國十分疏離。換個論點，甚至有些台灣人主張，維持中華民國就是否認台灣人在過去三十年來的不凡成就，而正是這些成就讓台灣可以對抗獨裁中國的各種作為。就此而言，雖然有些人不同意我的看法，我仍要指出中國面對的不只是台灣獨立的問題，還有華獨的問題。[13]這兩種獨立運動儘管在大部分問題上有所重疊（例如台灣特有的道德觀和民主），但只要台灣社會沒有徹底解決以下這些問題，它們就會同時存在：中華民國和台灣是否如我所主張的是一體的，或是互斥的，或者是「大陸人」和「台灣人」的族群對立（第九章討論）。無可否認，在台灣，會關心這種族群對立問題的主要是老一輩的人，而非年輕世代，台灣已經不再把「族群」看作是國家認同和參與政治的要素。

台灣人民和其他民主夥伴幾十年來的互動交流，亦有助於台灣培養出自己獨特的氣質，有人形容台灣「本質上是一個現代化與西方化的國家，就如同瑞典、法國和加拿大」。《經濟學人》（*The Economist*）前總編輯比爾・艾摩特（Bill Emmott）表示，這是因為台灣和這些國家分享的「不是地理位置，不是歷史，而是一種理念」。這個理念，就是民主。[14]

至於政治上的種種分歧，顯然民主已經成為台灣人民固有的生活方式，不管他們是屬於哪個黨派。即使是像新黨和中華統一促進黨這樣明確支持統一、親北京和反民主的政黨，也必須在一個多黨的民主環境下進行理念之爭，在選舉中推出候選人。（我們將在第二章看到，這兩個政黨，特別是統促黨，所扮演的主要角色其實跟選舉政治沒有太多關係。）這兩個政黨在最近幾次選舉中的糟糕表現明顯可看出，統一的願望在台灣已經沒有太大吸引力，任何懷抱這種理念的主要政黨在選舉中一定會落敗，就像二〇一五年底被國民黨撤換的黨主席洪秀柱就是抱持這樣的想法。

國立政治大學選舉研究中心接受台灣民主基金會委託進行一項民意調查，其結果在二〇一八年四月公布，[15]顯示儘管受訪者對目前台灣的民主政治不甚滿意，但百分之九十四的受訪者還是表示，居住在一個民主國家裡是「重要的」，百分之六十五．八則認為「非常重要」。近七成的受訪者同意：「民主也許會有問題，但還是一個最好的制度。」（在二十到三十九歲的年齡層裡，比例提高到百分之八十六．二，較二〇一一年的百分之七十五．九上升不少。）。在同一份民調裡，近七成的台灣受訪者表示，如果中國大陸為了統一而對台灣使用武力，他們願意為保衛台灣挺身而戰。

諷刺的是，過去幾年民主的價值在台灣萌芽與強化，培養出了一種共通性，但這種共通性卻經常因為藍綠陣營的焦土戰和選舉政治而不被承認。但除了前面提及的新黨和統促黨，可以說幾乎台灣每個人都同意，政治的遊戲規則是民主的，違反這些規則對台灣是不好的。雖然中國共產黨和它在西方學術界的一些辯護者曾經提議民主政治的替代模式，也就是中國式的「精英政治」[16]，也雖然此一替代模式的優勢已經在台灣大學校園裡被討論過，但中國近期的發展，主要包括取消國家主席的任期限制，把習近平捧到近乎皇帝的地位，已經凸顯此一模式的局限性和不穩定。

此外，香港從一九九七年回歸後的經驗，也可以看出被中國合併的後果，以及北京提議的「一國兩制」將會對台灣的民主機制產生什麼影響。如果相信北京對台灣特別行政區會比對待香港更為放鬆，那是太天真了，香港已經喪失公民權利、言論自由、甚至邊境管制，北京的中央政府要讓他們明白，誰才是所有中國公民的最終仲裁。這種中央集權管制在二〇一五年七月一日更形強化，因為中華人民共和國全國人民代表大會在這一天通過新的中華人民共和國國家安全法，對周邊地區的當地法律實施嚴格限制，包括澳門、香港，當然理論上也包括台灣。如果香港特別行政區失去自由和自治的情形，還不足以讓台灣人民相信北京永遠不會接受真正的自治，那麼看看以維吾爾族穆斯林為多數的新疆自治區開始出現大規模違反人權的證據，「再教育營」如雨後春筍般出現，有如反烏托邦的科幻小說所描述的嚴格社會監控，讓人聯想到徹頭徹尾的種族主義者，以及中國共產黨無可救藥的暴虐本質，還有台灣如果被中國併吞的話將會出現何種景況。

所有這一切已經促成了台灣人民渴望自決的正當需求。固然這是一種西方概念，但這種理念也可以解釋為什麼大部分台灣人（當然，原住民例外）認為，一方面擁抱他們源自中國的種族、語言和文化，一方面渴望擁有屬於自己的一個西發里亞式（Westphalian）的主權國家，兩者並不牴觸。誠如林夏如（Syaru Shirley Lin）在她二〇一六年的《台灣的中國困境與選擇》（*Taiwan's China Dilemma*）一書中所觀察到的：「經過二十多年的民主化之後，台灣人民對國家認同的爭論，大部分已獲得解決；已經浮現的認同感，不再建立於種族的基礎上，而是建立在共同居住在台灣這塊土地上的認知，以及強烈認同台灣的公民價值和體制，這些都和中國截然不同。」[17]這就是政治學家暨哲學家亞倫．埃茲拉希（Yaron Ezrahi）所說的「政治想像」（political imaginaries）——「結構體制、想像的當權者、個人與集體行動者、行動、事件、情勢，這些都需要管制權以及連結至塑造、制定與維護政治規則的過程。」[18]更簡單來說，就是結合各項原則和渴望，像是個人自由、平等與自主、司法獨立和反專制力量，這些正是台灣今日的特色，也是它和亞洲其他國家不同之處。事實上，台灣的民主成就，以及台灣社會所允許和追求的，若和這個地區的其他民主國家相比會更加明顯，像是印度和日本，因為那些國家比台灣更執著於諸如社會安定與和諧這類概念。我必須補充說明，以上這些絕不能被視作是否認中華人民共和國的存在，或是挑戰其合法地位；中國這個十三億人口的政體亦有其可供支配的工具，可以用來定義它本身的政治想像。對絕大多數的台灣人來說，中華人民共和國是生活中的一個事實，是很龐大的一個鄰居，是風險和機會的來源。擁抱一個獨特、有主權的台灣，是一種肯定，但不是要否定中國。換句話說，這不是零和遊戲，至少從台灣方面來說不是。但是，自決和西發里亞式國家主權的概念，直接衝擊到幾世紀來盛行於中國大陸的「文明」世界觀，同時中國也不允許在被它視為是歷史領土或勢力影響的範圍內，出現一個「平等」的國家。也就是說，對中國而言，這樣的平等就是無法忍受的。

因此，儘管曾經大肆宣傳，但「和平統一」這個解決方案早就消失不見了。兩岸之間的矛盾，以及儘管擁有相同的語言和文化元素，但這兩個社會裡卻充斥著完全不同的價值觀，可以確定的是統一絕對不會是「和平的」，反而會是強迫性的，一方壓制、一方被迫讓步，而且必定會改變所有台灣人民目前所享受的生活方式和信念。《島嶼無戰事：不願面對的和平假象》書中已經詳細討論過，中國共產黨在台灣「問題」上把自己逼到牆角，此刻已經無法鬆手，否則將被黨內的強硬派視為軟弱。這種困境的另一個後果就是，北京沒有空間提出「一國兩制」的替代模式，而「一國兩制」對台灣人民只有很少、甚或完全沒有吸引力。同樣的，如果中國對台灣提出更好、更有彈性的提議，將會引來中國大陸其他地區要求獲得相似待遇，而這將會帶來不穩定，威脅到北京政權想要維持國家團結的能力。

所有這些情況造成的一個後果就是，今日在台灣，不管是哪個政黨主政其實都一樣：無論是民進黨或國民黨上台，台灣社會都會壓倒性的反對統一，並且不吝行使民主工具以確保這個民主國家能夠繼續生存下去，從用選票懲罰不滿意的政黨，到當政府違背所託時，一個政治化的公民社會所會採取的行動。想要在選舉中獲勝並拉攏選民，台灣政府被迫採取中間立場，就如同蔡英文在二〇一六年的做法，而且做得極其成功。這種過程不僅可以消除雙邊的激進分子，也會使得政府不可能違背民意，不會為了實現統一目標而和中國合作。當馬政府被發現有那種想法時，太陽花學運立即出擊，而這項運動造成的效果深刻反應在二〇一四與二〇一六年的選舉中。

雖然北京一直想要把兩岸目前的「冰凍」關係歸咎於蔡英文不肯在「一九二共識」上讓步，但事實上，早在蔡英文勝選之前，中國領導人就明白，只要台灣繼續維持民主，中國就無法達到它的政治目標。民主等於是台灣的一道「防火牆」，可以控管兩岸關係，約束政府不得接受不被多數台灣人民歡迎的條件。這就是為什麼早在二〇一六年大選之前，北京就已經開始繞過中央政府單位，尋求和立場妥協的地方官員、私人企業、以及像新黨及統促黨這類意識形態的代理人，直接打交道。雖然中國不願承認，並且持續主張說只有民進黨內一小群「分裂分子」反對和中國統一的「歷史潮流」——如果不這樣說，等於承認中國共產黨對台灣的所有統戰都失敗了——但其實北京早就心知肚明，他們無法贏得台灣人民的心和意志，也無法「收買」到足夠的台灣人民來支持統一。其中一個原因在於中國的「軟實力」仍然不行。儘管中國近年來投資了幾十億美元建立全球媒體版圖，還收購了好萊塢的電影公司，但其行動的宣傳本質太過明顯而引發反效果。無可否認的，中國的「軟實力」以及針對自由民主體制的宣傳攻勢，也許可以吸引到一些亟需快速基礎建設投資和大規模開發計畫的未開發國家，但用來對付現代化的已開發工業化社會則完全無效。由於無法用這種模式贏得台灣民眾的心，中國於是改而使用「銳實力」來形塑對其有利的環境；所謂的「銳實力」是結合各種行動計畫，滲透或打入目標國家的政治和資訊環境。[19]這樣的行動，部分目的是要暗地破壞民主機制，削弱民眾對民主的支持度。「銳實力」是下一章討論的眾多懲罰台灣的戰略之一。

強勢的中國，務實的台灣

二〇一八年八月二十一日，薩爾瓦多和台灣斷交，轉而與中國建交，這是蔡英文上台以來失去的第四個邦交國。前總統馬英九表示，蔡政府應該承認「九二共識」以修補和中國的關係。他也認為，蔡英文的固執已經讓台灣付出太多代價，若更尊重北京一些將有助於解決問題。

檢視近期的兩岸關係，若台灣改變對「九二共識」的立場，確實有可能減少中國的施壓，甚或重啟馬英九時代的「外交休兵」；當時雙方皆同意不再拉攏彼此的邦交國。然而，從長期的視角來看（中國向來是長期思考），我們會警覺到一個無法迴避的事實：不管有沒有「九二共識」，北京的終極目標就是征服和併吞台灣。不管是誰治理台灣，民進黨也好、國民黨也罷，都應謹記這一點。雖然向北京讓步可以暫時降低緊張情勢，但只是暫時的，僅僅是中國統戰的一個小小休止符。換句話說，承認「九二共識」只是讓北京將焦點轉移到侵犯台灣主權和獨立的其他領域，就像馬英九時期，中國依然透過各種經濟和社會手段對付台灣。從民進黨的觀點來看，在「九二共識」的問題上向北京讓步，將使台灣政府處於不利的態勢：有了開頭，北京將會在其他問題上要求更多讓步。

我們將在第四章論及，目前兩岸的「冰凍」關係是無法避免的。若有任何人對此感到驚訝，那是因為我們問錯了問題。儘管統一的說詞是中華民族復興，撫平「歷史的傷痛」，但事實上中國宣稱對台灣擁有主權全都是為了領土，其他的都只是藉口。由此來看，不管是誰治理台灣，也不管台灣政府向北京做出多少讓步，像是承認「九二共識」，北京對領土的渴望不變。對此持有不同意見的人應該記住，即使馬英九總統承認「九二共識」，北京仍然在其他領域採取片面行動，像是二〇一五年一月十二日，中國突然宣布啟動M503航線，顯然讓事先不知情的馬政府官員大吃一驚，[20]還有二〇一六年四月，不顧台灣官員抗議，肯亞把涉及電訊詐騙的四十五名台灣人送到中國。[21]

北京堅持「九二共識」，只能說它是功利主義者：希望不必發動戰爭就能獲勝。除此之外，它想要製造達成統一的壓力，一方面則強化武力，以便在不得不動武時也有能力這麼做，同時塑造有利於採取這種行動的外部環境。

習近平對「九二共識」的不妥協態度，也是要警告中國其他蠢蠢欲動的地區。這表示，先是好言相勸，如果不聽話，將毫不猶豫採取高壓手段。北京這樣的立場也是為了自圓其說。一路以來堅持「九二共識」是兩岸對話所不可或缺的，中國共產黨已經無路可退了。如果突然在這個議題上讓步，會被解讀為習近平的示弱，在今日中國高度緊張的政治局勢裡，共產黨和人民解放軍裡的強硬派不會放過這樣的機會。這麼做將被視為是黨以及習近平承認，北京長期以來的台灣政策已經失敗。這等於承認中國對台灣釋出的所有「善意」，尤其是在馬政府時期，並未取得預期的結果。這也表示，經濟決定論（economic determinism），也就是說經濟利益會激勵人心最終促成政治變革，是條死路。

在兩岸關係的很多階段裡，中國執守著台灣政策，因為政策已經成為教條；任何改變就等於是拋棄跟黨本身一樣神聖不可侵犯的意識形態。舉個相似的例子，一九八〇年代，鄧小平雖然打敗了四人幫，但因他批評毛澤東的政策，從造成大災難的大躍進到引發混亂的文化大革命，反而使他無法推動各項改革。僵硬的意識形態是中國共產黨的最大特色，因此，想要做出變革來面對新情勢很難，尤其是他們認定的「核心問題」。

二〇一七年十月十八日，習近平向十九大報告時，再度強調中國將持續執行目前的對台政策。[22]「我們堅決維護國家主權和領土完整，絕不容忍國家分裂的歷史悲劇重演。一切分裂祖國的活動都必將遭到全體中國人堅決反對。」他說。「我們有堅定的意志、充分的信心、足夠的能力挫敗任何形式的『台獨』分裂圖謀。我們絕不允許任何人、任何組織、任何政黨、在任何時候、以任何形式、把任何一塊中國領土從中國分裂出去！」

習近平在十九大報告時，根據政策延續性提到了六個要素：

一、根據一國兩制和江澤民一九九五年宣布的江八點，[23]設下兩岸和平統一的指導方針。

二、堅持一個中國原則，關鍵點是，台灣領土是中國主權領土的一部分。民進黨在這點至少是模糊的。

三、強烈反對分離主義和台灣獨立。

四、願與堅持一個中國原則的任何政黨進行對話、交流、磋商和談判。

五、強調台灣人民和大陸人民是「血脈相連的兄弟姊妹」。

六、將統一與「中華民族的偉大復興」連結在一起。

有趣的是，習近平在報告中並未提及構成中國對台灣「問題」處理態度的三個要素：

七、寄希望於台灣人民，做為促進統一的力量。

八、承諾統一的進展和統一本身會給台灣帶來實際福祉。

九、表達北京朝向統一大業的最大誠意。

前美國在台協會理事主席、現任布魯金斯學會東北亞研究中心主任卜睿哲（Richard Bush）指出，略掉第七點最令人擔憂，因為這表示台灣人民的主流意見將不再被列入考慮。[24]更不用說，這顯然承認了民主會阻礙北京的統一意願。

以上所有一切都說明了，降低緊張情勢是不可能的。如此一來，台灣有兩個選擇：放棄抵抗，或是繼續對抗。前者確實可以減少敵對氣氛，但最終會失去主權，而且極可能破壞台灣人民期盼和目前實際享有的自由和自主，香港就是最佳例證。在此同時，對抗之路無法保證一定成功，但在可預見的未來，兩岸關係肯定會繼續衝突。蔡英文政府選擇了後面這條路，而且儘管台灣已為此付出代價，諸如兩岸交流喊停、邦交國一再斷交、參與國際組織受阻、人民解放軍經常對台軍演、台灣在私領域的能見度被攻擊，但截至目前為止，台灣民眾仍然支持政府的決定。台灣人民是否仍然願意付出這樣的代價有待觀察。這樣的抉擇將在二〇二〇年的選舉中呈現——台灣選民要用選票再給蔡英文四年，或是拿別人取代她（這是北京喜歡的結果）。中共的壓力可能會迫使台灣人相信，反抗是不值得的，應該考慮讓步，即使這麼做會對台灣前途造成很大的不安；反過來說，繼續對台施壓可能會引發台灣人「團結在一起」的現象：台灣民眾決定加強抵抗中國，無論發生什麼事，就如一九九五至九六年第三次台海危機期間的表現。

台灣人民在二〇一六年投票選出一位領導人，她對中國的立場很實際，對主權和民主更是堅持。台灣民眾做出了選擇，蔡英文總統也一樣，她拒絕接受北京在「九二共識」和「一個中國」問題上的要求。蔡英文總統尋求雙方各退一步，她在「現狀」上做出一些讓步，也表示願意在前任領導者建立的兩岸基礎上繼續與中國交流。這些讓步並非沒有政治風險，蔡政府保留了跟中華民國有關的國名和象徵，同時拒絕進行更改國名的公投，她面對中國施壓的反應也被視為太過「軟弱」，因此激怒了綠營中的部分人士。然而，面對她的決定，習近平也做出他的決定。我們觀察到，儘管中國部分溫和派人士曾經表示，北京應該展現出一些彈性，但中國當局仍然堅決要求台北必須承認「九二共識」。習近平政權愈來愈急切和獨裁，絲毫不願讓步，造成雙方關係從一開始就很緊張。（稍後我們將會看到，這位中國領導人在很多問題上都缺乏耐心，從而製造了對中國更不利的外部環境，引發中國某些知識分子的批評聲浪。）蔡總統則表示，在沒有先決條件之下，她願意跟習主席會面；對此中國則尚無回應。

習近平的反應偏離了從鄧小平以來的大戰略。在他之前，北京通常主張，「不要讓個別歧見傷害全面正常關係的發展」。[25]這樣的彈性態度確實對二〇〇八年以來的兩岸關係帶來好處，即使在馬英九時期，雙方在某些問題上仍然存有歧見。在過去，這種放大視野的能力讓中美關係可以更加健全，即使中國強烈不滿華府持續出售武器給台灣，或是不滿美國實施台灣關係法。同樣的情況也可以套用在中國和日本及其他國家的關係上。只要小心謹慎，北京就會務實行動。因此，儘管和美國在台灣問題上意見分歧，中國還是能夠爭取到美國支持它加入世界貿易組織（WTO）。

習近平偏離實務的作為，原因之一可能是，比起前任領導們他更明白，即使放下對特定問題的分歧，例如「九二共識」，北京依然無法在台灣問題上獲得更大或更具戰略性的收獲，因為北京想要從台灣取得的唯一一樣東西（統一），台灣是不會讓步的。另一個可能性是，在台灣問題上，北京很容易情緒化，如同第三次台海危機，當時人民解放軍對台灣進行飛彈試射，結果這樣的威嚇行為引來美軍對中國做出羞辱性的干預行動，派出兩支航空母艦前往台灣海峽地區；這次恫嚇也對中國意圖操控台灣選舉產生了反效果。台灣是中國共產黨的痛點，情緒反應的後果是中國偶爾會偏離其大戰略。雖然北京在一九九五至九六年的飛彈危機中似乎學到教訓了，但在習近平主政下的中國似乎又要重蹈覆轍。

就這樣子，一個世代結束了。就在兩岸經過八年的關係強化和交流，北京以為其政治目標又往前邁進一步之際，就在習近平和馬英九在新加坡舉行歷史性的高峰會後（這場峰會跟三年後兩位世界領袖在這個城市國家舉行的另一場高峰會一樣，象徵性大於實質成就）僅僅幾個月，北京再度關上了交流大門。中國停掉了馬政府時期啟用的兩岸「熱線」，這是台灣陸委會和中國國台辦的直接溝通管道。在蔡英文總統就職一個月之後，國台辦發言人安峰山說：「兩岸聯繫溝通機制已經停擺，因為台灣不承認『九二共識』，這是『一個中國』原則的政治基礎。」[26]他接著說：「（大陸）維護兩岸關係和平發展的立場一直沒有改變，態度始終如一。改變這一局面的是台灣方面。台灣新執政當局迄今未承認『九二共識』、認同其核心意涵，動搖了兩岸互動的政治基礎，導致了國台辦與陸委會的聯繫溝通機制、海協會與海基會的協商談判機制的停擺，責任完全在台灣一方。人們不禁要問：台灣方面為什麼要改變二〇〇八年以來兩岸關係和平發展的現狀？其目的何在？」

中國做出這個決定的部分原因是要釋放訊息，昭告天下北京不承認與台北政府有關係的任何機構的合法性。北京指示中國媒體要如何稱呼台灣政府（當局）和總統（領導人），諸如此類的作為也是為了消弭台灣中央政府存在的任何主張。雖然兩岸都會透過信任的人傳遞訊息，但「冰凍」也影響到了學術交流。被認為跟蔡英文政府接近的台灣人士想要前往中國變得愈來愈困難，中國學者要來台灣出席研討會也受到北京的限制。兩岸交流的第二管道，或是海峽兩岸關係協會（海協會）及其台灣的對應機構海峽交流基金會（海基會）之間的半官方交流以及省級的交流，並未完全終結，但變得較不頻繁，而且需要專案核准。如此一來，在緊張氣氛不斷升高的時期，減少對話會造成雙方溝通不足，更容易造成誤判情勢。

諷刺的是，資料顯示北京在必要時，其實也可以很務實。二〇一六年七月，在桃園縣二號國道上發重大車禍，造成二十四名中國觀光客死亡，當時中國國台辦就是透過這種管道聯絡台灣對應單位尋求協助。

透過這些行動，北京也許想要將台灣再冠上「麻煩製造者」的形象，破壞台灣在國際社會的名聲。這樣的戰術在陳水扁時代頗有斬獲，北京顯然希望蔡英文也會步入相同的命運。但這樣的做法明顯是失敗的；事實上，我們將在第五、六、七章看到，這麼做反而造成反效果。雖然某些國際媒體積習難改，經常因無知而做出對台灣有所偏頗的報導，例如傾向說台灣「激怒」中國，或是提到「再統一」和「大陸」，在討論兩岸衝突時，這些用詞顯然不公，但一般國際媒體對民主台灣的同情遠超過負面對待。

所有這一切，如我們將在下一章討論的，都是二十一世紀第一個十年以來全球局勢的重大變化，其中很大原因是二〇〇八年經濟危機和習近平上台後，中國的強勢與獨斷；習近平的領導風格已經揚棄了中國過去在對外關係上的謹慎和耐心的做法。在習近平之前，在「遲鈍」（dull）的胡錦濤領導下，國際社會仍然有可能相信中國會和平地崛起，或者寄望擴大交流多少有助於中國民主化，或者至少它會表現得像一位負責的利益關係人。只要這樣的希望還存在，先進的民主國家就有藉口和中國交往，並把民主台灣視為麻煩製造者，認為台灣的目標會破壞和中國的關係。但在習近平領導下，這樣的希望破滅了。中國並沒有變得更像我們，反而利用它積累的勢力挑戰國際秩序，同時加強對內部的獨裁控制，更別提在中共十九大上取消了國家主席任期的限制——這項任期限制是鄧小平設下的，目的是防止出現新的終身獨裁者。

近來談論中國對外關係的一本專書作者如此寫道：「遲鈍可以是一種美德，而這樣的美德可以把習近平主政的所有日子照耀得更明亮。」[27]

由於所有的這些發展，國際社會對中國的同情（更正確來說，是對中國共產黨的同情）已經降低；反過來說，這個修正主義專制政權對國際社會的影響力卻大為增加，主要透過一帶一路、「銳實力」、孔子學院、網路攻擊和高科技工業間諜等工具，中國似乎已經把影響力擴展到地球的每一個角落。但這也讓國際社會對和平與民主的台灣有了新的看法。在二〇一六年大選期間，台灣得到國際媒體更多、更有利的報導，也接受到愈來愈多的諒解，這表

示全球學術界和智庫已經對台灣有更多的了解，即使不是全面支持。

甚且，北京不斷攻擊這個島國，已經產生它所不願見到的效果：對台灣的同情愈來愈多，對兩岸關係的持續報導也變多了。由於台海緊張情勢再現，加上各界更加警覺到一個專制的中國已經對全球構成重大威脅，使得台灣再度變得「具有新聞性」，反應在國際媒體對台灣相關報導和評論的數量，以及被派駐到台灣的外國記者人數（雖然還是算少，但和馬英九時代相比已經略有增加，當時有幾家外國媒體甚至裁減在台人員，或是乾脆把辦事處關掉）。換句話說，儘管中國投資了幾十億美元在「軟實力」和公關外交，北京的這些作為只是成功地喚起對它希望孤立的目標的更多同情。再一次，民主是這個兩千三百萬人口、處境艱難的亞洲國家的堅強盟友。

從二〇一六年以後的國際新聞報導中，蔡英文一直被當作英雄，而習近平愈來愈被視為是惡霸。（當然，這並不能阻止國際社會繼續尋求增加與擁有十三億消費人口的中國市場的貿易關係，也不能阻止他們主張想要解決今日全球面臨的諸多挑戰，從全球暖化到大規模毀滅性武器，中國的合作是不可或缺的。）

習近平本來可以替兩岸關係做出不同的定調，但他沒有。在他的指示下，北京採取全面對抗的戰略，這不僅鼓舞了共黨內部的激進分子，也增長中國社會的民族主義氣氛，煽動民眾向黨施壓，要求對台灣採取更鷹派的做法。一旦路線決定了，中國領導人就幾乎不可能緩和兩岸關係。而所帶來的後果，正是下一章要探討的。

第二章

重拳出擊：中國的懲罰戰略

儘管北京對台灣的壓力呈指數成長，到目前為止，中國一直無法成功打破這個國家民選領導人的抵抗意志，台灣大部分民眾也不被從二〇一六年以來就一直針對他們的「棍子與胡蘿蔔」戰略（主要是棍子）所動搖。

二〇一六年一月十六日，蔡英文贏得台灣總統大選後幾個小時，她的推特和臉書的官方網頁湧進大量貼文，一份關於「運算宣傳」（computational propaganda）的研究委婉地形容這些貼文都來自「可疑的中國帳號」。[1]接下來幾天和幾週，成千上萬的訊息不斷出現，按照網路用語，這些貼文的帳號都是「小白」（白爛）。這些可疑的帳號翻越中國的「防火牆」（推特和臉書被中國官方禁止），使用自曝身分的簡體字，灌爆這位新任總統的帳號。

雖然分析者沒有找到自動化或惡意程式的確切證據，但無庸置疑這些貼文都很像且重複性高；但不排除「賽博格方式」（cyborg approach）的可能性，意指真人干預與自動化操作同步進行。其中一項行動就是「帝吧出征臉書」事件（帝吧是一個類似Reddit的線上論壇，寄身於百度貼吧）：自稱是中國的愛國網友們，在蔡總統的臉書上張貼親北京言論，同時猛灌蘋果日報的官方粉絲頁。從一月二十日到四月四日之間，蔡總統的一篇臉書貼文共累積了四萬九千五百四十一則評論和回應，「和她臉書上的其他貼文相比，這數字顯然不成比例」。

上述研究報告的作者群表示，「這些貼文大都反台獨，讚揚共產黨在中國大陸的統治。特別是有個用語一再出現在這些傾中的言論裡：八榮八恥。」這八條道德原則是中共前主席胡錦濤於二〇〇六年提出的，屬於他的「社會主義榮辱觀」的一部分，旨在作為中國公民的道德指引。如報告指出，「在原貼文貼出後的二十四小時內，單一使用者的最高貼文速度是每分鐘二．三則。在該段時間內，單一使用者最多共貼了八百二十五次文。」作者們寫道，如此頻繁的貼文「極不尋常」，但仍在人力可行的範圍內。

在接下來的兩年間，對蔡總統的網路攻擊持續進行，相較於選舉結束後還不算辛辣的言論，隨著兩岸關係進入「冰凍」，批評益顯嚴苛。這些言論本身的破壞力有限，然而伴隨著對於被中國禁止的台灣社群媒體的抨擊，正好顯示出目前瀰漫中國社會的極端民族主義，正如其他事態的發展一樣，他們會更想要懲罰台灣拒絕臣服於北京。不過，關於這些網路攻擊究竟是網友自動自發，或是中國共產黨的指示，還容有爭議。

我們在前一章看到，一旦蔡英文總統明白宣示，她的政府不會拜倒在「九二共識」和「一個中國」的祭壇前，換句話說就是台北拒絕接受中國共產黨認為是不容置疑者，習近平就卸下矯飾的假面具，下令展開懲罰行動。讓問題雪上加霜的是，蔡總統堅持台灣的民主原則是神聖不可侵犯的，並呼籲北京尊重中華民國存在的事實，而這正是目前正陷於意識形態冰河期泥濘的中國共產黨無法公開承認的兩件事。「九二共識」因此成為爭論焦點：對蔡英文總統來說，這是她無法跨越的界限；對習近平來說，這是雙方恢復對話之前無可避免的先決條件。由於兩位領導人都無法讓步，雙方關係因此惡化。一開始，北京暫停國台辦和陸委會的溝通機制，雙方的交流大量消減，包括官方和非官方層級的。

之後的幾個月和幾年間，北京展開全面、多面向和持續的行動，限縮台灣的國際活動空間，減少台灣的國際能見度，削弱台灣的經濟，讓台灣感受到更深的危機感，並透過「銳實力」和統戰活動腐蝕台灣的民主機制。北京再度啟動外交戰略，引誘台灣的邦交國——在馬英九總統主政期間，兩岸進入「外交休兵」期。現在北京甚且強迫跟台灣沒有正式邦交關係的夥伴疏遠台灣。

除了意圖孤立台灣，懲罰行動也企圖打擊台灣士氣，強化習近平和中國共產黨其他領導人在演說中經常提及的「歷史必然性」。這麼做是想要製造出一種如臨困境和持續的危機感，以利北京加以操縱。另一個目的則是要破壞民眾對蔡英文總統和民進黨的支持，讓她無法連任。接下來要探討，從二〇一六年以來，北京針對台灣採取的種種懲罰策略，並且評估這些方法對於中國的政治目的產生多少效果。

把觀光當武器

北京對台灣採取的第一個懲罰行動出現在二〇一六年上半年，根據報導，中國至台灣的觀光人數配額將減少近一半左右。觀光業內的消息來源向媒體表示，這樣的限額將分三階段實施：第一階段在五月二十日蔡總統就職前的兩個月，據稱觀光客人數將從每個月的十五萬人減少到十萬人；從七月起，每個月的觀光總人數再下修至七萬五千人；十月開始，再降至每個月三萬七千五百人。在十月間，中國觀光團減少了四成；不過同一時期，中國來台的自由行觀光人數（占中國觀光客總人數很小的比例）上升了百分之十三。根據觀光局的統計，二〇一六年一整年，來台的中國觀光團減少約三成，人數則比去年同期減少百分之十六。

這種把觀光當作武器的做法，過去北京就曾經拿來對付過台灣的直轄市。例如，二〇〇九年，被北京指控搞分裂的西藏精神領袖達賴喇嘛訪問高雄，中國旅行社就揚言要抵制高雄。高雄電影節播放熱比婭・卡德爾（Rebiya Kadeer，流亡的新疆維吾爾族領袖，同樣被中國指控搞分裂）為主角的紀錄片，中國也祭出同樣的抗議行動。結果造成中國觀光客取消幾百間旅館訂房，使得這個港口城市的旅館業者蒙受不少經濟損失。

二〇一六年選舉後，觀光武器不再只是被用來懲罰由民進黨執政的單一城市：現在的目標是要打擊台灣產業，增加對蔡政府的不滿；北京希望施壓迫使蔡政府接受北京的要求並承認「九二共識」。

二〇一五年，來台的各國觀光客總人數為一千零四十四萬人，其中中國觀光客為四百一十萬人，創下歷史高峰。而觀光業占二〇一五年台灣國內生產總值（GDP）將近百分之四。觀光業者估計，在中國施壓下，觀光業損失將達每個月新台幣二十億四千萬元。台灣部分企業已經十分依賴中國觀光客，而他們正是北京想要動員的；其中數千人在二〇一六年九月走上街頭，要求政府提供更多補助以及採取各種策略，爭取中國觀光客再度來台。

如果北京希望這麼做會讓蔡英文總統頭痛，那麼它要失望了。[2]這些抗議行動固然喧囂，卻未獲得民眾的同情。於此同時，台灣當局採取多種措施，透過多元化的策略提振觀光業卓有成效。儘管中國抵制，二〇一六年來台的觀光總人數創下一千零六十九萬人次的新高；其中有一百九十萬是日本人，占觀光客總人數的百分之十七．七；韓國觀光客則有八十八萬人，比前一年增加了百分之三十五。

隨著蔡政府向東南亞招手，修改簽證規定，來自東協國家的觀光客人數在二〇一六年上升百分之十六，光是來自泰國的觀光客就成長百分之五十七。

二〇一六年的表現並非僥倖，儘管北京致力打擊台灣的觀光業，二〇一七年台灣整體的觀光人數繼續成長，達到一千零七十四萬人次，比前一年成長了百分之〇．四六。根據觀光局統計，陸客來台為二百七十三萬人次，占總觀光人次的百分之二十五．四四，比前一年下跌百分之二十二．一九；來自香港和澳門的觀光人數為一百六十九萬人，占總觀光人次的百分之十五．七六，比前一年成長百分之四．七八。[3]來自東南亞的觀光客則有二百一十四萬人，占總觀光人數的百分之十九．九，比去年同期增加百分之二十九．二二。二〇一六至一七年間，菲律賓的觀光客增加了百分之六十九。越南觀光人數幾乎增加一倍，從二〇一六年的十九萬六千六百三十六人，增加到二〇一七年的三十八萬三千三百二十九人。日本觀光客有一百九十萬人，占總觀光客的百分之十七．六八，成長百分之〇．一七；南韓觀光客一百零五萬人，占觀光總人數的百分之九．八二，成長百分之十九．二六。

北京意圖破壞台灣的觀光業以及拿觀光當武器施壓蔡總統已然失敗。這些行動並未產生如北京盤算的政治壓力，反而迫使台灣政府加倍努力減少對中國觀光客的依賴，以及尋求多元化觀光市場，而這是政府多年前就應該做的。這第一項考驗凸顯了台灣的韌性，以及適應新挑戰的能力。

不久後，中國再度祭出觀光「武器」，這一次目標是位於太平洋的台灣邦交小國帛琉，以及在外交上承認台灣的梵蒂岡。[4] 根據中華人民共和國國家旅遊局（CNTA）發布的公告，繼續經營前往這兩個地區觀光行程的旅行社將受到嚴厲處罰。國家旅遊局網站上目前列出一百二十七個「允許」中國觀光團前往的國家和地區。台灣所有的邦交國都沒上榜。（帛琉除了被扯進兩岸問題，也在美國的亞太戰略中占有重要地位，於中國積極在此地區擴張軍事之際，提供美軍在第二島鏈的機場。）[5]

北京結束「外交休兵」

北京又再度挖角台灣的邦交國。第一個行動在蔡總統就職典禮的前兩個月，宣布和甘比亞建交。甘比亞其實在二〇一三年十一月就已經和台灣斷交，但由於當時兩岸仍處於「外交休兵」，所以北京一直拒絕與這個赤貧的非洲國家建交。現在因為蔡英文即將進入總統府，所以北京覺得再也沒理由拒絕甘比亞。

二〇一六年十二月二十日，聖多美普林西比宣布和台灣斷交，轉而和中國建交。在二〇一六年的大選前，這個人口二十萬一千人、二〇一七年GDP六億七千六百萬美元的非洲小國，寫了一封信給民進黨，要求兩億一千萬美元的經濟援助，還威脅說如果未來的新政府不付這筆錢，就要和台灣斷交。勒索敲詐是這些小邦交國遊走兩岸對立間常會玩的把戲，但新政府表明不會再接受這種要求。於是聖多美普林西比就轉投北京陣營。

接著，二〇一七年六月十三日，巴拿馬也跟進。這個變化出現在中國成為巴拿馬運河三大使用國之際。前一年五月，中國嵐橋集團（Landbridge Group）花了九億美元取得巴拿馬最大的港口瑪格麗特島港（Margarita Island Port）的營運權，並揚言投下重資提升港口的設施，把它建設成可以停泊更大船隻的深水港。[6]包括中國遠洋（China COSCO Shipping

Corp）在內的中國國營企業，也尋找機會開發巴拿馬運河周邊土地。根據路透報導，巴拿馬運河管理局計畫開國際標，在二〇一七年底前開發運河周邊一千兩百公頃的土地。據外交圈消息人士表示，巴拿馬和台灣斷交的做法「很難看」、「粗魯得有點過頭」，顯然是要羞辱前邦交國。對北京來說，取得巴拿馬運河更大的控制權也是戰略之一，目的是趁著華府不注意時擴大在中美洲和南美洲市場的影響力。

多明尼加共和國則在二〇一八年五月一日和台灣斷交，結束了這個加勒比海島國和中華民國長達七十七年的外交關係。接下來是布吉納法索在五月二十四日和台灣斷交，台灣在非洲只剩下一個邦交國，史瓦濟蘭。

二〇一八年八月二十一日，台灣宣布與薩爾瓦多斷交；據台北方面表示，薩國政府要求台灣提供「天文數字」的資金援助該國的「聯合港」（Port of La Union）建設，以及拿錢幫助該國政府贏得下次選舉。據外交部表示，台北早就知道，從二〇一八年六月開始，薩爾瓦多就和北京談判建交的可能性。就在台北宣布斷交後不久，北京很快證實和薩爾瓦多建交。

到了這時候，台灣只剩下十七個邦交國，大部分都是開發中的小國。[7]在斷交後，台灣會關掉大使館，召回使館人員。在很多情況下，這會影響到正在進行中的援助計畫。而在某些狀況下，如薩爾瓦多的例子，斷交後他們要求在台灣留學的該國年輕學子轉往中國就讀；

對於這個要求，多數留學生只能勉強遵守。

北京政府一律強迫新邦交國承認「一個中國」原則，這是雙方建交的先決條件，並且要宣示捍衛這個原則，重申中國對台灣的主權。這是中國對台灣人民的一種心理戰，目的是要增加台灣人民的孤立感，強化國際社會在兩岸問題上是站在北京那一邊的觀感。換句話說，就是強化「歷史必然性」之感。

然而，就跟把觀光當武器的效果一樣，北京這些外交成就的實際影響同樣有限。雖然北京成功運用龐大經濟的吸引力，並且承諾（並不總是會實現）慷慨捐助亟需基礎建設的貧窮國家，但對台灣民眾來說，損失邦交國基本上並未影響士氣。[8]在很多情況裡，對於斷交，一般台灣人們的反應是「太好了」，無疑的這樣的反應是因為他們了解，這些前盟友很多都是想要占便宜的（我指的是政府，而不是人民，因為在這些國家的官員做出斷交的決定時，人民並沒有發言權）。隨著愈來愈多缺錢孔急的小國投入北京的陣營，台灣人民總算領悟到，台灣沒有必要和中國競爭邦交國。事實上，台灣也沒有能力這樣做。此外，台灣朝野一致認為，從這些外交支出上節省下來的錢，可以花在更有效的用途上，像是用來加強台灣和一些民主國家的非官方關係，這些國家會樂於和台灣有更加互惠的往來（第七章將會有更多討論）。

但並非所有人都認同這樣的評價。台灣的外交圈就是一例，他們長久以來是正式外交關係的制度性附屬。而且在真正的使館裡工作令人羨慕，大使的頭銜也比所謂的代表好聽得多，以及外交官職位在國外享有種種禮節的尊榮等等（被派駐台灣的各國外交官亦然）。有些觀察家對於失去邦交國感到擔心的一個原因，在於不管這些邦交國有多小，他們在聯合國裡都擁有相同的投票權，可以在聯合國大會支持台灣。儘管確實如此，但這些票無法確保台灣可以加入聯合國的多邊組織，主要因為關鍵在於北京的經濟實力和愈來愈大的影響力，以及，如果這些都不管用的話，中國還擁有否決權。就跟其他很多問題一樣，台灣其實可以在國際社會間扮演更重要角色，只要能夠爭取到可觀的民主盟友的支持，像是美國、日本、印度、德國、英國、澳洲、法國、加拿大和其他國家。

因此在我看來，邦交國的價值，以及把它們留在台灣身邊的必要性，實際上有限。從二〇一六年以來，台灣已經失去五個邦交國，按理說還可以承受失去更多。我甚至認為，台灣就算失去剩下的所有邦交國，它作為一個現代化民主國家存在的事實並不會受到太大傷害，只要能夠維持且擴展和主要的經濟體與現代化民主國家之間，具建設性的非官方關係。今日讓台灣如此自由和健全的，並不是那些邦交國；相反的，台灣的安全是建立在跟主要經濟體的強大貿易，還有來自軍事強國的安全保證，以及攸關亞太地區的安定。跟觀光業的情況一樣，北京突襲台灣的邦交國造成了反效果，反而使台灣人民看出誰才是他們真正的朋友，以及應該採取什麼樣的必要行動來發展這些關係。

我們也應該指出，兩國中斷正式外交關係，並不表示關係完全終止。撤銷承認之後，雙方外交代表可以談判新的協議，並在適當時候於各自國家重建非官方性質的代表。貿易、文化交流和其他往來終將恢復。

北京挖走台灣邦交國有個令人料想不到的後果，就是美國對薩爾瓦多的反應。美國國務院形容此一發展是破壞「現狀」，說他們「深感遺憾」，並且正重新審視和薩爾瓦多的關係。國務院一名官員表示，「中國片面改變現狀的做法無助區域穩定，反而是破壞已維持數十年和平、穩定發展的架構。」[9]美國駐薩爾瓦多大使馬內斯（Jean Manes）也提到，薩爾瓦多此舉「有很多理由值得擔憂」，「勢必將影響我們與這個國家的關係」。佛羅里達州參議員馬可．魯比歐（Marco Rubio）揚言杯葛對薩爾瓦多的經濟援助。[10]美國官員也擔心，聯合港可能變成中國的軍事基地；聯合港是薩爾瓦多東部的商港，薩國政府曾要求台北提供幾十億美元資助商港的建設。[11]

更令人憂心的是，從二〇一六年開始，北京開始破壞台灣與其他國家的非官方關係。在一些情況下，這樣的行動目的是要打擊暗示台灣是國家的各種可能。在某些情況下，這樣的壓力對台灣想要和非邦交國維持關係的能力產生更具體的影響。二〇一七年一月，奈及利亞政府命令台灣在該國的代表團從首都遷出，並要求更改代表團的名稱及人員縮減。同年六月，奈國政府派出二十五名警察前去封鎖代表團辦公室，強制驅離代表團人員。現在台灣代表團已更名為僅僅是「貿易辦事處」，後來遷往拉哥斯（Lagos）。[12]代表處並且將「中華民國（台灣）」字樣從名稱中拿掉。同樣也是因為中國的壓力，另外四個和台灣沒有正式外交關係的國家，巴林、約旦、阿拉伯聯合大公國、厄瓜多，在二〇一七年要求更改台灣代表團的名稱。

北京經常抗議外國政府接待台灣代表團，即使代表團裡並沒有政府高級官員。舉例來說，二〇一八年七月，北京抗議新德里接待一個訪問印度的台灣國會代表團。如同此例，北京經常重申在「一個中國」的政策下，什麼是可「允許」的，或是以「一個中國」原則取代協議。「我們希望印度尊重、理解中方核心關切，堅持一中原則，妥善處理涉台問題，維護中印關係的健康穩定發展。」這次訪問之後，中國外交部發言人如此表示。對於台灣計畫提升和印度的辦事處層級（台北和印度間非官方的外交關係），中國外交部發言人唱衰說：「我們歷來堅持反對與中國建交的國家同台灣進行任何形式的官方接觸和往來，互設任何具有官方性質的機構。這一立場是明確的、一貫的。」

在某些例子裡，這樣的壓力已成功迫使被盯上的政府取消台灣代表團的訪問和交流，尤其是若該國政府正試圖修補或改善和北京的關係。換句話說，台灣和非官方夥伴能有多少往來，經常取決於北京和該國的關係。

二〇一七年二月，北京的親密盟友柬埔寨總理洪森（Hun Sen）公開宣布，全面禁止中華民國國旗在柬國內升起，並且重申堅定支持「一個中國」的政策。「我請求此地民眾：在任何集會上，請不要升起台灣國旗，即使是在台灣國慶期間，飯店也不能升起代表台灣的國旗。這是不被允許的。」他在柬埔寨中國協會上致詞時如此表示。[13]

誠如前一章提到，二〇一六年四月，肯亞把涉嫌電信詐騙的一群台灣人遣送到中國，儘管台灣官員努力要讓這些人被送回台灣受審。其他國家，包括菲律賓、柬埔寨和土耳其，在近幾年裡也都把台灣罪犯遣送到中國，中國並且施壓其他國家比照辦理，像是泰國。在很多例子裡，台灣人和中國人民合作詐騙，且經常以中國人作為詐騙目標。北京指責台灣法院失職，沒有對詐騙中國民眾的台灣人加以適當量刑，這麼說確實有幾分正確。然而，把台灣罪犯強行遣往中國也衍生不少問題，最主要是這些台灣嫌犯極可能不會受到公平審判。此外，這樣的做法侵害了台灣的國際空間，加深台灣國民隸屬中國司法管轄的錯誤認知。這樣的情況可能會造成一種可怕的場景：遭北京指控違反其在二〇一五年通過的國家安全法的台灣人，將被強行遣送到中國。隨著北京逐漸增加國內法的域外適用，例如被控支持「分裂主義」的台灣人士可能在第三國被逮捕，然後送往中國受審。這樣的風險在那些沒有法治或民主機制的國家尤其顯著，特別是如果這些國家高度依賴中國的金援。

然而，不是只有非民主國家會向北京壓力讓步，把台灣詐騙嫌犯送到中國，完全不顧他們一旦被送到那裡，可能無法找到適任的律師，也得不到公平的審判。二〇一八年五月，被認為是民主成熟國家的西班牙，就把兩名台灣詐欺犯遣送到中國。另外，如果西班牙法院依據判例的話，從二〇一六年起就被拘押在西班牙的兩百一十七名台灣人，可能也會遭遇相同的命運。[14]

二〇一五年十月發生書商桂民海被綁架事件，他是在中國出生的瑞典公民，於泰國被劫持後轉送到中國，未經法律程序即被拘押，這個例子凸顯了有些民主國家不能（有時候是不願意）保護自己的國民。[15]桂民海的案例顯示，在北京眼中，不論是否持有他國護照，也不管在哪裡，中國人都要接受中國法律的管轄。另一個記憶猶新的案例是多里坤·艾沙（Dolkun Isa），流亡的維吾爾領袖，被北京指控是恐怖分子。從二〇〇六年起，艾沙歸化為德國公民，但一直被列名在國際刑警組織的「紅色通報」（red notice）通緝名單裡。北京經常要求歐洲國家逮捕艾沙，但從未提出他所犯罪行的證據。國際刑警組織在二〇一八年二月取消了對艾沙的「紅色通報」。[16]

對台灣來說，上述兩個案例讓人想到了李明哲，他在中國因涉嫌「顛覆國家政權罪」被逮捕。李明哲是人權運動人士，二〇一七年三月前往大陸訪友期間失蹤。在被拘留數月之後，同年九月，他在湖南岳陽中級人民法院受審，罪名是「攻擊中國政府」，透過微信群組意圖推動多黨民主。他也被控攜帶有關多黨民主的書籍分送給中國友人。李明哲家人和台灣政府的呼籲完全沒用。在很多人看來，李的命運（他在十一月被判處有期徒刑五年）是給尋求在中國推動民主的其他台灣人士的一記「警告」。[17]此事件對台灣的非政府組織人員在中國推動工作的意願產生了凍結效應；而早在二〇一六年四月中國就頒布新法，禁止外國資助的非政府組織在中國活動，造成這些組織的處境艱難。這真的十分諷刺——北京宣稱台灣是中國的一部分，但台灣的非政府組織卻被歸類為外國團體而受到限制。台灣和海外人權組織譴責審判不公，他們相信李明哲是在脅迫下做出自白。

李明哲被捕事件除了凸顯台灣人前往中國旅遊的風險愈來愈高，也在台灣掀起一場風暴，他的家人和公民團體批評蔡政府過於消極被動。雖然他們的憤怒是可以理解的，但指控蔡政府本可採取更多行動讓李明哲獲釋，這樣的批判在我看來有失公允。蔡政府能夠採取的行動有限，因為北京想要拿李的案子殺雞儆猴，而且中國痛恨外國人干預其事務。此外，政府能夠做的首先是了解李的處境，然後想辦法將他救出，而這些都必須祕密進行，在兩岸關係正值「冰凍」的狀況下，情勢亦不理想。雖然民眾對蔡政府的憤怒可能對李明哲的支持者和他的家人具有宣洩作用，但對他的處境難以有所幫助。事實上，這可能讓問題變得對李明哲更不利，更不用說這樣的激昂情緒可能對兩岸關係的其他面向造成影響，這些都是總統必須要考慮的。後來蔡政府出手協助李明哲的妻子李淨瑜，海基會的兩名官員在十一月底陪她前往湖南省，旁聽她丈夫的審判。批評蔡政府什麼事也不做是不公平的；而且，在某些情況下，會做出這些批評的都是早就對蔡總統不滿的團體。然而，對非政府組織的多數人來說，這樣的批評是因為對政府功能缺乏理解，以及對此案的進展緩慢感到不耐。

如果有什麼值得憤怒的理由，那就是蔡政府無力去影響其結果。但就如同桂民海事件所顯示，在目前的氛圍下，外國政府對中國執法單位和司法機構的裁決影響有限，更別提要翻案了。

筆者知悉一個未公開的事件：二〇一六年十二月，一名台灣年輕女姓在香港機場被單獨監禁長達幾個小時，之後被遣返台灣。她的「罪行」是在護照上貼了一張印有「中華民國」字樣的貼紙。此一事件，再加上愈來愈多台灣民眾被香港拒發簽證，清楚顯示在「一國兩制」下的香港特別行政區，已經失去對其移民管制的控制權，愈來愈聽命於北京的中央政府。香港回歸之後，這就是它所能保留的香港社會與經濟生活方式了！

台灣需要透過外交途徑維持主權，於是北京不斷向必須有國家身分才能加入的國際多邊組織施壓，意圖阻止台灣入會。再一次，北京企圖以此點逼迫蔡政府屈服於「九二共識」和「一個中國」，其邏輯是，當年因為馬政府同意了這些條件，所以在北京的「同意」下，台灣才能夠「有意義地參與」幾個聯合國附屬組織。而從二〇一六年起，北京成功阻止了台灣（經常是以觀察國的身分）參加國際會議的每一次努力，包括國際刑警組織、世界衛生大會（WHA）、國際民航組織（ICAO）。

令台灣特別感到受挫的是，儘管有來自聯合國裡的邦交國以及國際社會一些非邦交國的支持，包括美國，但每一年爭取參加這些組織的年度大會都鎩羽而歸。近幾年來，北京已經成功安排其公民出任這些組織的負責人，他們有權「允許」誰可以出席這些大會，這種情況令人憂心。其中最令人擔心的是，這顯示國際社會及聯合國屈服於中國的政治勢力；這也象徵從二次世界大戰結束以來就存在的國際多邊體制的弱點，以及讓人覺得他們已經向如中國這類改變現有秩序的強國（revisionist power）讓步。

每一年，在爭取參加這些大會時，台北都會主張說，全球體系承受不起這樣不必要的盲點，致命性的病菌、通緝要犯、航空安全可是不管什麼政治疆界的。換句話說，台北及其盟邦認為，拒絕台灣實質參與這些組織，是對所有人類的一大威脅——不只是對台灣本身，而是對全世界，二〇〇三年爆發的「嚴重急性呼吸道症候群」（SARS）疫情就是最好的證明，因為病毒在幾個小時之內就可以從一個國家的首都散播到另一個國家的首都。台灣不能參加這些重要組織，會造成全球夥伴無法即時分享和取得重要資訊，以防止地區性的疫情擴大成災，或在恐怖分子犯下傷及數千人的罪行之前就將他（或她）逮捕，或是在空難（例如發生在東海上空）後馬上加入各國串連的搜尋和救援行動。對台灣人來說，這表示他們的安全，以及萬一在緊急情況下國家需要獲得專業人士、資訊和協助時，都得先經過北京的批准。在某些情況下，這樣的層層通報往往是生與死的差別。

由於北京堅持蔡政府一定要向「九二共識」低頭，於是中國繼而把持了那些成立宗旨是要讓這個世界變得更安全的國際組織。

必要時，台灣已經有辦法在被排除於這些組織之外的情況下把事情搞定。好比說，由於台灣不是國際刑警組織會員國[18]（該組織的前任主席是孟宏偉，中國公安部副部長），所以無法進入國際刑警組織的「I-24/7全球警察通訊系統」和「失竊旅行證件」（Stolen and Lost Travel Documents, SLTD）數據庫，但在二〇一七年，夏季世界大學運動會在台北舉辦期間，台灣的執法單位還是能夠巧妙運用上述資料庫。鑑於無防禦能力的「軟目標」向來有遭到諸如伊斯蘭國（ISIS）和蓋達（al Qaeda）組織恐攻的風險，台灣執法單位和情報單位必須保護一萬多名國際人士的安全；當時共有來自一百三十一個國家的一萬一千多名代表，其中包括七千六百三十九名運動員，來到台北參與為期十二天的運動盛會。於是台灣和其他國家的警察與情報機構合作，順利取得需要的資訊。雖然很實際，但這種替代方案並不可取：「情報失靈」是造成二〇〇一年九月十一日恐怖分子攻擊美國的主因之一，清楚顯示在資訊分享的過程出現不必要的分層傳遞，更別提和不被組織「允許」接收資訊的機構分享機密資料的複雜過程，而其間的落差可能是：阻止一場會造成重大傷亡的恐怖攻擊，或者因此讓恐怖分子能夠成功發動謀殺行動。

如同中國策略的其他要件，這所有一切作為都是為了強化國際社會認知到台灣是中國的一部分，任何涉及這個中國聲稱屬於他一省之地的決定，都必須經過北京政府的同意。

抹煞台灣

在學術上，全世界只有少數幾所大學將台灣列為研究目標，中國意圖破壞學術自由的行動在某種程度上限縮了台灣的可見度。憑恃其經濟力量，以及各國學術出版社想要進軍廣大的中國市場，北京對這個產業設下條件，導致學術審查事件層出不窮。近年來發生的兩起案例，雖然本身跟「九二共識」的爭議無關，卻足以說明上述現況。

二〇一七年，中國當局要求劍橋大學出版社移除刊登在它旗下《中國季刊》（*China Quarterly*）網站上的三百一十五篇文章。北京也要求將多達一千本的電子書從該社的中文網站上下架。這些被要求刪除的內容提到了包括天安門廣場屠殺、文化大革命、西藏和台灣。總部設在美國的亞洲研究協會（Association for Asian Studies）也證實，中國要求檢查刊登在《亞洲研究期刊》（*The Journal of Asian Studies*）上的大約一百篇文章；同樣由劍橋大學出版社出版。但在來自學術界的嚴厲批評後，劍橋大學出版社最後撤銷決定，不向中國讓步。

同一年稍後，總部設在德國的世界最大學術書出版商「施普林格自然」（Springer Nature）向中國屈服，移除《中國政治學期刊》（*Journal of Chinese Political Science*）及《國際政治學》（*International Politics*）期刊網站上一千多篇文章。

由於這種審查形式，加上學術界的自我審查，於是研究者和作家們經常會避免將研究聚焦在可能不被中國共產黨接受的題材，因為害怕會拿不到研究所需的簽證，這些情形同樣造成台灣在學術界的能見度愈來愈低。然而，儘管有這麼多挫折，也有些正面的發展。例如，二〇一八年，由中央研究院（台北）和歐洲台灣研究協會（European Association of Taiwan

Studies）共同贊助的《台灣研究國際學刊》（*The International Journal of Taiwan Studies*）出刊。這份期刊由博睿學術出版社（Brill）出版，目的是希望成為傳播對台灣的尖端研究的主要出口。這份期刊以及其他像這樣的努力證明了，只要一群全心全力奉獻的人士聚集起來，並且取得足夠的資金（這向來是很大的挑戰），就可以找到法子反制北京想要抹煞台灣存在的種種行動。

海外各地的中國大使館和領事館也會出面阻止外國大學舉辦介紹台灣文化的活動。例如，二〇一七年，中國駐西班牙大使館就向薩拉曼卡大學（University of Salamanca）的社會科學學院提出抗議，不滿他們在校園內舉辦「台灣文化日」活動。在抗議信中，中共大使館嚴厲指責活動的主辦者，對他所謂的「台灣問題」造成「困惑與誤解」，像是把台灣稱作「中華民國（台灣）」，還把台灣的前外交次長、現任台灣駐西班牙代表柯森耀，稱為「台灣大使」。信中說，這些稱謂不符合「西班牙政府長期遵循的『一中原則』」。信中也做出不算隱晦的威脅，揚言如果被列在中國教育部的國外大學推薦名錄中的該大學想要避免出現「反效果」，例如中國學生減少，那就應該「取消台灣文化日相關及後續活動」。

面對這樣的威脅，薩拉曼卡大學社會科學院院長只好下令取消這項活動剩下的兩天行程，「因為受到跟社會學院無關的狀況影響」。

二〇一八年七月，東亞奧林匹克委員會取消台中市在二〇一九年舉辦東亞青年運動會（East Asian Youth Games）的主辦權，明顯是受到來自北京的壓力。在這項宣布發表之前，台中市已經為這項運動賽事投資了新台幣六億七千七百萬元。北京譴責說之所以會出現這種結果，是因為「台灣獨派」推動公民投票，決定二〇二〇年東京奧運時台灣選手是否該使用「台灣」（Taiwan）的名稱，而不是「中華台北」（Chinese Taipei）。中國國台辦發言人安峰山表示，台灣讓這次運動會面臨極大的「政治干擾」，因此這都是台灣的錯。東亞奧林匹克委員會曾經把二〇一四年東亞青年運動會的主辦權交給台灣。該委員會是在北京舉行的一次特別會議中決定取消台中的主辦權，出席的八名委員中有六人投票贊成取消（台灣亦是委員之一，投下反對票，日本則棄權）。

北京的打壓更為成功的另一個領域，是私人企業。中國施壓連鎖飯店、服飾品牌和航空公司，要求他們的網站和線上應用程式不得將台灣列為國家。中國威脅說，不遵從這些要求的企業，將被以違反中國法律開罰，包括在二〇一七年六月一日生效的「網絡安全法」[19]，以及其他廣告法規。強烈依賴中國市場的私人企業開始向壓力屈服，經常把台灣歸為「中國台灣省」、「台灣，中國」（Taiwan, CN），或是其他類似名稱。網絡安全法禁止多項行為，包括使用網際網路「危害國家安全，支持恐怖主義或激進主分子，（或）傳播種族仇恨和歧視」，「推翻社會主義體制」，「偽造或散布假消息，企圖擾亂經濟秩序」，「煽動分離主義或破壞國家團結」。

遭到中國打壓的第一批國際品牌，包括萬豪酒店、Zara、美敦力（Medtronic）和賓士。二〇一八年一月，憤怒的網民揚言要抵制萬豪酒店，因為它在一份顧客問卷中把台灣、西藏、香港和澳門列為單獨的國家，於是上海當局下令關閉萬豪酒店網站一個星期。

除了向北京的要求低頭，很多公司特意展現遵守「一個中國」原則，並且在其社群媒體上發布「真誠的道歉」，表示對於「未能」尊重中國的「領土完整」感到抱歉。很多公司的道歉聲明文，讀起來像是中國共產黨幫他們擬的，更像是一些中國維權人士所寫的「自白書」。可能確實就是。例如，在飽受抨擊後，萬豪酒店在其道歉聲明裡寫道：「我們絕對不支持任何分離主義組織，因為那會破壞中國的主權和領土完整。對於任何可能會引發誤會的舉動，我們深感抱歉。」

二〇一八年五月，又是網民率先在社群媒體微博上發難：國際服飾連鎖品牌ＧＡＰ在加拿大一家分店出售的Ｔ恤遭到批評說，印在上面的是一幅「不完整」的中國地圖，因為「少了」西藏、南海和台灣。過不久，ＧＡＰ公司在其官方微博帳號裡發表聲明：「ＧＡＰ公司尊重中國主權與領土完整。我們已獲悉，在某些海外市場出售的一件ＧＡＰ品牌Ｔ

恤，未能展示正確的中國地圖。對於此一無心犯下的錯誤，我們真誠致歉。」該公司表示，這項產品已經從中國市場下架和銷毀。二〇一八年八月底，這一次換成是瑞典居家用品零售企業「宜家家居」（Ikea）成為憤怒的中國網民的攻擊目標，他們指控Ikea違反「一個中國」原則。[20]同月，加拿大食品雜貨連鎖T&T超市成了攻擊目標，因為一位中國留學生發現超市展示一幅「不完整」的中國地圖——上面沒有台灣。這名學生在微博上貼出不滿，這樣的文字現在已經屢見不鮮，而中國網民的憤怒情緒馬上湧向這家超市。

（直到本書付印時，很可能又有另一家國際品牌遭到類似壓力。）

近幾年來，海外台灣人士也成了中國攻擊目標，通常是威脅要抵制支持「分離主義」活動的企業。派駐海外的一名台灣外交官指出，台灣商人變得愈來愈不願意支持在他們居住國家舉辦的跟台灣有關的活動，因為害怕遭到中國報復；在某些情況下，這樣的報復對他們的商業營運是有害的。

二〇一八年一月，中國民用航空局下令，所有經營中國航線的外國航空公司必須「全面檢查」他們的公司網站和應用程式，確保完全遵守中國法律。[21]同一個星期，據報導，中國民用航空局召集了在中國境內營運的二十五家外國航空的代表，要求他們立即移除公司網站裡所有涉及台灣是一個國家的說法以及台灣國旗。在接下來的幾個月裡，儘管台灣提出強烈抗議，大部分航空公司都遵守這項規定，台灣的能見度因此被破壞。台灣現在被列為「台灣，中國」（Taiwan, CN; Taiwan, China）或其他稱呼。印度航空（Air India）則把台灣改名「中國台北」（Chinese Taipei）。

雖然台灣對於這個爭議已提高警覺，很多人揚言要抵制這些企業，網路上也有人提出請願，幾家大報也刊出社論，卻仍無法改變這些私人企業的立場，可以理解他們害怕在中國的營運受到影響。在這些過程中，大部分外國政府都表現得不願意捲入糾紛，聲稱政府不應干涉私人企業的決定。不過，這是政府卸責，拒絕與中國正面對抗，因為這個問題顯然不只是對私人企業施壓那麼簡單。這是獨裁中國在我們自家後院頤指氣使的例子。換句話說，這是對我們的言論自由的外部攻擊。

在加拿大航空開始以「台北，中國」稱呼台灣，以及加國政府顯然不會在此事件中扮演建設性角色之後，我在加拿大《環球郵報》（*Globe and Mail*）上發表了一篇文章：

> 我們在與中國談判時，民主和自由，應該是不容妥協的。當我們向北京的不合理要求屈服時——加拿大航空對台灣稱呼的做法就是如此——就是展現出我們的懦弱，顯示我們對自己的信仰願意做出妥協。一個尋求破壞和改變國際體制的修正主義政權，只會把我們的懦弱

看作是以後可以做出更多要求的邀請函。我們這樣做，是種下自身悲慘的種子。[22]

之後，我又在《國會山莊時報》（*Hill Times*）撰文：

> 名譽傷害已經造成，很多台灣民眾和支持這個小島國家生存權的人，不僅譴責加拿大航空高層的讓步，也譴責整個加拿大，尤其是杜魯道總理。
>
> 北京提出不合理要求，迫使加拿大航空做出讓步，但在面對北京類似的騷擾時，美國與澳洲政府官員發言譴責，而加拿大政府卻選擇沉默，躲在分隔政府與私人企業那道神聖不可侵犯的界線後；如此強烈的對比，已重創了加拿大形象。
>
> 這加深了很多人的懷疑：杜魯道政府在和中國打交道時是沒有道德底限的，它一定願意做出任何讓步，以換取已經垂涎很久的與中國簽訂自由貿易協定。我們允許我們自己，在我們自己的領土上，被痛恨言論自由的中國使節謾罵；我們允許我們的媒體環境，在重要的中國人權問題上進行自我審查，這會影響到未來整個國際體系。現在，我們正允許可能有史以來最強悍的獨裁體系，重新定義我們的生活和我們所居住的這個世界。[23]

無庸置疑，私人企業有遵從中國要求的各種動機。缺乏本國政府的保證，或是對北京堅持的「一個中國」原則的官方表態，私人企業傾向全面接受中國的要求，改變對台灣所有的稱謂，不管他們的網站設在何處或使用哪種文字。相反的，在政府支持航空公司的例子裡（華府稱這整起事件是「歐威爾式胡言亂語」〔Orwellian Nonsense〕），公司高層不是採取更多時間做出決定，從而迫使北京不得不延長最後期限；要不就是做出不同安排，在滿足北京要求的情況下，也保留台灣的部分尊嚴，並且不會完全放棄我們的價值觀。最好的例子可能是日本航空（JAL）和全日空（ANA），[24]這兩家日本航空公司修改程式，只有在使用者選擇所在地區是「中國」時，或是登入網站時的位置是在中國時，才會出現台灣歸屬中國的這類選項。除了安撫北京和保護公司利益，這些措施可以讓中國人活在他們的「歐威爾泡沫」中，如果他們願意的話；同時又能保護我們不會受到審查影響。不久後，聯合航空在回應北京的要求上也做出創意：選單是使用貨幣，而非國別。

在這個問題上，台灣政府能做的十分有限。儘管台灣消費者和海外的台灣支持者揚言抵制，但因為中國市場實在太大了，台灣方面減少的訂票數對於航空公司的影響微不足道。後來台北宣布，考慮對那些向北京屈服的航空公司採取行動；但同樣的，這些措施的效果有限，因為雙方市場極度不平衡，而這也會對外國航空經營台灣航線的意願產生負面影響。我的建議是，那就等著看如果航空公司拒絕遵守中國的要求，北京會做出什麼樣的懲罰措施，再向世界貿易組織控告中國製造不公平的貿易環境，請求國際仲裁。[25]無可否認，這樣的行動對航空公司具有實質的危險，後續也唯有各國政府介入與協商，才有成功的機會。沒有這些，航空公司將處於不公平的地位。

可以確定的是，如果各國政府沒有聯合起來，阻擋中國對我們看待這個世界的方式所做的攻擊，那麼北京會看出我們的懦弱，加強它的無理要求。北京在脅迫航空公司和私人企業時遭遇的反抗不多，可以理解的，北京將會在跟台灣沒有太大關係的其他問題上做出更多的要求。除非我們把那扇門關上，否則北京只會要求更多；我們讓步的愈多，就是允許一個威權政權加碼干涉我們真實生活的每一個面向。

除了這些，對於「一個中國」的政策究竟意味著什麼缺乏認知，不了解什麼是允許的、什麼是不允許的，也加深了問題的嚴重性。我在與外國政府官員互動時，屢屢訝異於他們對「一個中國」的政策認識不足。在大部分情況下，所謂「一個中國」的政策，是指「注意到」（take note of）或「認知」（acknowledge）北京的主張：只有一個中國，台灣是中國的一部分。甚至連被派駐在台灣的某些國家代表，在被要求說明他們國家的「一個中國」政策時，也是一臉茫然。在某些例子裡，這個盲點誤導了政府官員，鼓勵風險迴避。「最好不要跟台灣打交道，」這個認知如此說，「否則會造成和中國大使館或領事館之間的麻煩。」更別提，這可能會影響他們的職涯升遷。我曾經在出口管制官員身上看到這種不情願的態度，不知怎的，他們告訴自己說，他們國家的「一個中國」政策就是表示不能出售任何國防物資給台灣，也有官員決定拿掉政府內部報告中的照片，因為照片裡有人揮舞台灣國旗——這篇報告不可能被中國看到，除非遭到洩漏。既然連政府官員都不了解他們自己的「一個中國」政策，那麼就很難責怪私人企業在被要求遵守「一個中國」政策時，會向中國的威脅屈服！

所以，台北應該和海外友人合作，加倍努力去教育政府官員、私人企業、媒體以及大眾，讓他們了解自己國家的「一個中國」政策，不要被中國的「一個中國」原則給搞混了，如此才能讓他們明白跟台灣合作是可能的。從很多方面來看，一個國家的「一個中國」政策是一種概念，目的是要在意識形態上安撫北京。而實際上，儘管有真實的限制，但也允許高度的彈性，即使是「一個台灣」和「一個中國」同時存在，但這是政府無法明確聲明的。因此，教育是關鍵。沒有教育，我們只能任由中國指揮我們如何治理自己。

周子瑜，一位台灣籍的年輕歌手，在二〇一六年選舉日成為受害者；在那段期間，她不是唯一被捲入兩岸爭議的台灣藝人。這種事的發生經常是為了回應中國極端民族主義網民（在某些情況下還包括了中國共產主義青年團）發起的網路運動，幾位台灣歌手、演員、製作人和電影導演都被中國網民舉報，說他們犯下像是支持台灣獨立或太陽花學運的「罪行」。中國網民會上網挖出「證據」，證實這些被鎖定的演藝圈目標的罪行。有些香港藝人也在這類運動中成為受害者。

這其實不是什麼新鮮事。有關台灣藝人「黑名單」的傳言，早在二〇〇四年就已經開始流傳。但顯然在二〇一六年之後，被盯上的藝人快速增加。

同年六月，共青團發動一波網路攻擊，鎖定由演員轉為導演的趙薇，指控她起用台灣演員戴立忍出任新片《沒有別的愛》的男主角。中國網民找出戴接受法輪功出資的新唐人電視台訪問的一段影片，作為他政治理念的「證據」。同一年，由於「政治敏感」問題，台灣導演吳念真被迫無限期延後他的舞台劇《人間條件三》在中國的巡演。二〇一六年底，中國文化部發布的一份「黑名單」，據說包含台灣、香港和日本五十五位演藝人員，同樣是因為政治理念的關係。[26]被當作攻擊目標的台灣歌手，其歌曲從中國知名串流網站上被移除，包括中國網路巨擘阿里巴巴、騰訊、百度和網易。美國流行歌手凱蒂·佩芮（Katy Perry）也被禁止在中國表演，因為在二〇一五年的一場台北演出中，她披著中華民國國旗，還身穿太陽花圖案的服裝，被中國民族主義者解讀為是支持太陽花學運。

二〇一六年七月，台灣演藝圈人士聽說中國政府要求台港藝人簽署聲明，保證不參加各種「分裂國家」的「分離主義」活動。只要簽署了這項聲明，之前參與過這類「分離主義」活動者將會被「原諒」。[27]

不久後，中國網民開始攻擊台灣藝人，強迫他們公開表態自己是「中國人」，不是台灣人。面對這樣的壓力，女演員宋芸樺表示「身為中國人我感到自豪」，而她先前曾在一次訪問中說台灣是她最喜愛的國家。這項聲明不像她當初在回應最喜歡的國家時那般自然，她接著說：「我是中國人，一個九〇後的中國女生，台灣是我的家鄉，中國是我的祖國。對以往快閃提問中的不過腦也深感抱歉。這幾年也是因為大家的喜歡，才有機會在祖國大陸工作。」跟被迫做出的自白一樣，顯然這是在壓力下做出的態度轉變，也是為了確保她在中國的演藝生涯不會遭殃。

很多其他藝人（當然不是所有人）也會像這樣屈服，以保護他們在這個有利可圖的市場的利益。

這正是中國極端民族主義者攻擊他們的重點：「分裂祖國」的台灣「分裂分子」（顯然現在只要簡單說台灣人，就足以被指控是分離主義者）沒有權利在中國致富。這是一種古老的戰術，中國市場很誘人，人們可以在那裡致富。很多人爭先恐後投入。但並非所有人都致富。有些台灣藝人到中國打拚，幾年後失敗回到台灣，把他們的失敗歸咎於他們「太台灣人」了。但那個誘惑力，就如同強烈的吸引力，是多數人無法視而不見的。

雖然如宋芸樺所做的輸誠「自白」在台灣引發憤怒，但大部分人都把加諸藝人身上的壓力看作是很幼稚的，這種被迫做出的言論根本沒有人相信，到頭來也不會損及台灣的主權。

假新聞

中國懲罰戰略的另一項要素，就是針對台灣發動假新聞運動。不用說，在這方面北京早已得到台灣泛藍媒體的協助，自從蔡總統就任以來，在幾個場合裡，這些媒體使用虛假的或是誤導性的報導來破壞蔡總統執政的正當性。這種長期以來的現象——有部分是「正常」的選戰策略——一直是台灣民主的一個汙點。過度飽和的媒體環境，加上傳統媒體不負責任的作風，以及極度對立，更加深這個問題。不斷冒出的新聞報導，幾乎都自稱是來自「不願透露姓名的消息人士」提供的事實，已經嚴重破壞大眾傳播媒體的公信力，也讓民眾對他們接收到的資訊的真實性產生懷疑。在此同時，對立也確保了假新聞可以強化對政府先入為主的成見，因此不管政府做出多少解釋和澄清，還是無法解決問題。製造假新聞不需太費力，只要一名記者和一位同流合汙的編輯就可以輕易完成，但政府回應不實指控所需的時間和精力，卻可能耗盡政府資源。過去就曾經多次發生過（例如蔡總統過境停留洛杉磯，以及二〇一八年八月台灣和薩爾瓦多斷交期間），同時有多達五則假新聞在藍營媒體傳播，光是澄清這些假新聞就要耗掉政府官員一天多數的工作時間，這表示他們無法專注處理真正的工作。

就如我們將在第九章看到的，媒體對立一直是台灣藍綠對抗的一個要素，也是削弱台灣對抗中國壓力的能力的原因之一。雖然這樣的對立和造假肯定不只限於台灣，而且由來已久，但島內對立、媒體不負責任，以及社群媒體的興起，創造出最佳的環境讓北京可以加劇早已困擾台灣新聞環境的資訊危機。

中國共產黨寄望藍營的配合媒體能夠扮演「傳播站」的角色，把中國製作的關於台灣的假新聞傳播出去，並且由於台灣媒體缺乏查證事實的能力，如此就能確保「假新聞」會流入台灣媒體的血脈間。北京已經仰賴中國的微博、微信和知名的「內容農場」（content farms，亦稱「內容磨坊」content mills），利用它們把大量假新聞投向台灣，意圖破壞對蔡政府的支持。特別是內容農場，中國當局付錢給使用者，讓他們製造假新聞，有效地滲透台灣的媒體，而傳播假新聞的包括傳統媒體，以及像臉書這類網路平台，還有像Line這樣的應用程式。有些網站的目標是直接攻擊蔡總統，有的則不斷把台灣說成「鬼島」，意圖破壞年輕人對台灣前途的信心。一個臉書假新聞社群真的就叫「鬼島新聞」。

普遍認為批踢踢實業坊，也就是國立台灣大學經營的網路知名布告欄，是台灣年輕人經常會上去貼文的地方，已經被親北京分子入侵。同樣的，裡頭一些看板出現把台灣說成「鬼島」的次數也大為增加。不意外的是，這種情況似乎是在國台辦公布「惠台三十一條」措施後出現的。「惠台三十一條」的目的是要吸引台灣年輕人和優秀人才前往中國工作或求學。

在其他問題當中，年金改革一直是假新聞的目標，且被懷疑跟中國有關。眾人認為這項行動是要挑撥退休公務員和軍人，讓他們對蔡總統心生不滿，因為這類假新聞宣稱政府要採取「嚴峻」的改革，會讓他們變得身無分文。[28]除此之外，假新聞的目的也許就是要煽動更多民眾上街抗議政府，而目前確實已經有泛藍和支持統一的群眾一起走上街頭。假新聞也被人民解放軍用來散播恐懼，說中國軍力已經侵入台灣領空（以及台灣軍方無力阻止），例如人民解放軍空軍就在其社群網站上貼了一些照片，稱中國轟炸機已飛近到台灣玉山。

根據台灣一群年輕網路專家近來的一項研究（撰文至此，這份研究尚未公開），[29]台灣每天遭到多達兩千五百則假新聞的攻擊。專家們正試著追蹤這些假新聞發布的原始位置。而這個小組在分析假新聞的數量時發現，在長達七天的中國黃金週假期，這類假新聞的數量大幅減少，顯然指出假新聞來源在中國。

此外，近來的分析顯示，北京僱用了一批台灣人在製造假新聞。這麼做的主要原因是，儘管文字相同，但台灣人有其獨特的表達方式，風格迥異於中國人；反之亦然。利用台灣人來製造假新聞等於增加了這些假新聞的「真實性」，因為台灣讀者如果發現新聞裡有明顯的中國語氣不免產生懷疑。

雖然假訊息、運算宣傳和網路戰在中國多個地區同步進行，但中國共黨的主要基地還是中國人民解放軍東部戰區（前南京軍區）的「三一一基地」（61716部隊）。三一一基地位於福建省福州市，從一九五〇年代以來一直是中共的心理戰行動中心，當年是透過「海峽之聲」電台進行宣傳廣播。二〇〇八年左右，這處基地的武器庫裡加入了社群媒體、出版、商業和其他領域。三一一基地也被稱作「輿論戰、心理戰、法律戰基地」，和一些被懷疑是統戰單位的團體合作，包括「中華文化發展促進會」、「中國國際友好聯絡會」、「中美交流基金會」、「中華能源基金委員會」。[30]

二〇一八年底的縣市長選舉，台灣當局繃緊神經，對付日漸增加的假新聞，這些虛假信息的目標主要針對台灣選民，目的是影響選舉結果，讓北京中意的候選人當選，包括競選連任的台北市長柯文哲，坊間盛傳他可能會在二〇二〇年投入總統大選，和蔡英文競逐大位。奇怪的是，柯文哲似乎成為北京最喜歡的候選人，中國中央電視台甚至對他做了特別報導，使得柯將角逐總統大位的傳言變得更有可能（走筆至此，多項民調顯示，在競逐總統大位時，可能和宋楚瑜搭檔競選的柯勝過蔡英文及國民黨候選人）。[31]在柯文哲說出「兩岸一家親」這句話後，北京對他的支持大為增加。柯文哲那一群聰明、聲量高的網路支持者（網軍）也在最近幾個月加強攻勢，語氣轉強（偶爾訴諸實際暴力），針對批評柯文哲的網民進行還擊；在二〇一四年那場讓柯登上市長寶座的選舉之前，並沒有出現這種情形。柯陣營還對批評者採取法律行動，這些人很多都是知名電視談話性節目的評論家（名嘴）。

失去了在民進黨和支持統一的國民黨中找到盟友的希望後，中國共產黨開始透過統戰活動資助一些獨立候選人，因為這些人更有可塑性，也比較能夠控制。在未來幾年裡，看看台灣一些支持統一的小黨和中國共產黨在台代理人會不會支持這樣的候選人，將會是很有趣的觀察。

害怕中國共產黨可能以假新聞（及其他方法）影響選舉結果並非空穴來風。如同葛瑞林（Grayling）在其著作《民主與危機》（*Democracy and its Crisis*）中指出的，想要破壞民主的操縱者，會盡力扭曲代議民主的真正目的，故意誇大對民主的曲解。[32]我們也已經見證，台灣的民主防火牆一直是北京想要在不使用武力下併吞台灣的最大障礙。因此，在沒有軍事干預的情況下，北京也許已經盤算過，扭曲台灣的民主，用民主來對抗民主，正是解決之道。「經由選舉走向獨裁的此一悲劇悖論，」史蒂芬・李維斯基（Steven Levitsky）和丹尼爾・吉布拉特（Daniel Ziblatt）在《民主是怎麼死的？》（*How Democracies Die*）一書中提到，「指的就是，民主刺客使用民主的每一種機制，逐步地、精細地、甚至是合法地殺死它。」[33]

參加完全或部分由跟中國統戰部有關係的組織舉行的國際會議的中國「學者」，也會使用假信息來誤導外國學者，讓這些外國學者成為不知情的同謀者。例如，在紐約舉行的一次活動中，他們就成功地讓美國學者深信，蔡總統在雙十國慶的演說中將釋出新訊息，這會被北京視為是一種「測試」，決定兩岸未來的走向。但事實上，蔡英文並沒有要說出任何新的東西，北京也不期待她會這樣做。而當蔡總統的演說「未能」提供新訊息時，分析家就會把她的演說看作是錯失了向北京表態的機會。

了解到假信息的問題，台灣一些非政府組織團體已經開發出線上應用程式，有助使用者查證新聞報導中的信息是可信的或假的。這樣的努力當然值得稱讚，但唯有閱聽大眾使用這樣的程式時，它才能發揮作用，而且必須是這樣的搜尋結果能夠被很多人看見，這些人再去說服大部分人這則新聞的真假。有鑑於我們每天接收到的資訊已經飽和，加上大部分人都是被動地接收新聞——這些新聞透過臉書、推特和其他社群媒體送到我們手中，並且是用我們甚至未察覺的運算法則篩選過，而不是像以前那樣，我們自己上到信任的新聞網站閱讀——所以大部分人不可能會花時間啟動程式去查證信息的真假。

媒體本身必須對傳播的信息負起更多責任，而那些散播假信息的刊物和網站應該經由市場力量讓它們現形。最近台灣和國際社會的夥伴們已經開始在媒體識讀（Media Literacy）計畫上合作，讓使用者可以在各種環境中，透過監督和教育，以適合自己的目的和需求的方式取用、分析、評估及製造媒體資訊，從而降低假信息的影響力。這樣的合作計畫成效如何有待觀察；還有，我們應該謹記，散布假信息的人十分狡滑，他們的行動經常會比那些想要查證他們邪惡活動的人更早一步。

統戰出擊

在《島嶼無戰事》第五章，我花了很多時間列舉涉及對台統戰工作和政治戰的團體。後來美國「國家民主基金會」（National Endowment for Democracy）在一篇報告中提出「銳實力」（sharp power）這個新名詞，用來形容這樣的活動。該基金會指出，「專制獨裁政權的影響力主要不是透過吸引、甚或說服；相反的，它的重點在擾亂人心和操弄。」報告接著表示，「現在進行中的獨裁國家與民主國家之間的新競爭，高壓政權的『銳實力』技術應該被視為他們的劍尖，或者說是他們的注射器。」

涉及對台使用「銳實力」的幾個主要組織已經在上一節討論假新聞時提到，包括中華文化發展促進會、中國國際友好聯絡會、中美交流基金會、中華能源基金委員會等等，另外還有媒體組織、新任官員、商界親北京人士。還有很多從事這類活動的組織或團體，有些是半獨立行動，其他則直接聽令於中國軍事情報單位。完整的組織名單或是完整描述它們如何進行政治統戰，已超出本書範圍。[34]事實上，大概不可能描繪這些活動的全貌。

可以確定的是，在習近平主政下的中國，這樣的活動以及統戰再度興起。除了提升統戰部的地位，據報導習近平還增派了多達四萬名幹部進入統戰部，特別著重海外活動，「以同敵人血戰到底的氣概、在自力更生的基礎上光復舊物的決心、自立於世界民族之林。」[35]

儘管有很多組織和個人涉及中國「銳實力」的活動，但一般的方針和基調則由中國共產黨制定。最上層就是中國人民政治協商會議全國委員會（簡稱「全國政協」），來自黨內外的所有相關人員（黨的大老、情報官員、外交官、宣傳人員、軍人與政治委員、統戰工作者、學者和企業家）齊聚一堂，共商政治統戰和宣傳的戰略目標。[36]其下是「全國政協常委會」，設置九個專門委員會，匯集中國共產黨內外的全國重要人士。其中一個專門委員會是「港澳台僑委員會」；榮譽委員主要是給在中國的台商。由於台灣法律禁止台灣國民在任何中國官署或跟中國共黨有關的組織裡服務，所以榮譽委員的設置是為了規避這樣的限制。馬提斯（Mattis）指出，跟北京關係密切的一些台商團體，其中最主要是「全國台灣同胞投資企業聯誼會」，已經在遊說要求台灣取消此一禁令。

二〇一七年三月，當時的全國政協主席俞正聲揭示對台統戰新政策，從原來在二〇一五年初強調的「三中一青」（中小企業、中低收入、中南部以及青年），改成「一代一線」（台灣基層一線和青年一代），企圖影響所謂具「天然獨傾向」的世代。從二〇一六年起，這個新的要點已經反映在以台灣年輕人為目標的各項活動上，包括「惠台三十一條」（本章後面會再討論）和各項文化活動。其中一場活動的結果引發很大爭議，那就是二〇一七年的《中國新歌聲》上海台北音樂節，原訂二〇一七年九月二十四日在國立台灣大學舉行。這場活動由台北市政府和上海市海峽兩岸交流促進會、上海文化聯誼會、上海燦星文化傳媒股份有限公司、夢響強音文化傳播聯合舉辦，[37]但由於學生和支持台獨人士的抗議，活動最後被迫取消，不過在其他校園舉辦的相同活動則在同一個星期稍早如期進行，二〇一五和一六年也都辦過。

表面上是文化活動，實則不然。尤其是上海市海峽兩岸交流促進會在其網站上明白宣示，這項活動是為了促進「祖國和平統一」。在音樂活動舉辦期間來台的該會「名譽會長」

李文輝，也是國台辦的上海市台辦主任。李文輝後來申請想要在二〇一八農曆春節期間來台訪問，但簽證被拒，推測應該是在他過去訪台期間曾有「不當行為」（台灣當地媒體報導，李幾乎每兩週就訪台一次）。[38]

雖然在這類「文化」活動期間招募和「洗腦」台灣年輕人的可能性不高，但活動的目的在於強化中共支持的一些想法手段，而且有時必須台灣地方當局同意配合北京的要求更改名稱後才能夠舉行。例如，在《中國新歌聲》音樂節的宣傳資料上，就把「國立台灣大學」改成「台北市台灣大學」。更令人憂心的是，中共統戰工作者極可能利用來台訪問的機會建立人脈。換句話說，這些人可能從事活動之外的其他活動，規避公共安全監督，這才是問題所在。從馬政府的第二任期開始，國台辦官員來台後經常不住在原訂住所，繞過中央政府的人，並且經常不按照事先排好的行程就私下跑去會晤地方人士。是否以這樣的接觸行吸收拉攏之實，值得注意。

《中國新歌聲》的爭議也把其他人捲進來——親北京的中華統一促進黨成員和抗議活動的學生爆發肢體衝突。攻擊者包括張瑋，他是統促黨創黨人張安樂的次子。在這次衝突中，另外還有五個人被起訴，包括一位抗議學生。二〇一八年七月三十日，台北地方法院判處張瑋拘役四十天，得易科罰金。

二〇一七年稍早，張瑋還涉及另一場爭議，地點在台灣桃園國際機場，他和其他親北京的運動人士企圖阻撓香港民運人士來台，包括香港議員姚松炎、羅冠聰和朱凱迪，以及社運人士黃之鋒，他們一行人是應邀來台參加研討會。在前往台灣之前，這三位議員和民運人士已經在香港機場遭到親北京團體的威脅，這顯示台灣和香港的親北京分子是有合作的。報導顯示，涉及台灣桃園國際機場衝突事件的人分屬竹聯幫（和統促黨有密切關聯）和四海幫。四海幫亦是黑幫，近年來一直避免涉入政治以便專心經營生意。

一度名列台灣通緝要犯的張安樂，於二〇一三年六月回台，在此之前他在中國流亡了十年，據信就是在這段期間被中國吸收。根據報導，張在中國流亡期間和中共「太子黨」建立起密切關係，並開始介入兩岸問題。這位曾因走私毒品在美國聯邦監獄被關了十年的竹聯幫前大老，成為罪犯和中國共產黨的「共生關係」的最佳例子，而這種例子在香港亦屢見不鮮。張安樂在中國的好友胡石英據說是習近平「核心圈」的成員，胡石英的父親胡喬木則曾任中共中央宣傳部副部長，也是激進的反改革分子；張安樂宣稱，他是透過一九四九年之後留在中國的一位表哥牽線才認識對方。

張安樂回台後只被拘留了幾個小時，旋即獲釋，此後他就成了統一和「一個兩制」的強烈支持者。在幾個場合裡，他和追隨者與台灣社運人士爆發肢體衝突；二〇一四年四月一日，他們企圖把太陽花學運人士趕出立法院。如果不是警察派出大批人力，暴力衝突勢難避免。

從二〇一六年開始，統促黨也支持其他抗議團體，包括深藍（且有暴力傾向）的「藍天行動聯盟」和「八百壯士」，這些團體都反對蔡總統的年金改革，而且如前面討論過的，這些抗議行動有部分是受假消息所助長。暴力是這些抗議的特色，其中一次統促黨和藍天行動聯盟的成員爆發衝突，因為後者抱怨現場有太多中華人民共和國國旗。再次，此一事件足以證明深藍和反民進黨團體在和親中團體合作時的底限。畢竟藍天行動聯盟的成員當中，很多都是中華民國軍隊的退役軍官，就是他們代表中華民國國軍在國共內戰時和中國共產黨打仗的。

統促黨訴諸暴力的做法已經造成社運人士和政治人物的安全憂慮，後來發現竹聯幫可以取得武器後，更加深了這種恐懼。二〇一八年五月，台灣查獲從菲律賓走私進來的一大批軍火，當局表示這是十年來數量最大的一批。總計有一百零九把槍枝，包括Bushmaster XM15-E25、Spike's Tactical ST-15和一把Striker-12散彈獵槍，以及一萬兩千三百七十八發子彈，全都在基隆被查獲。一位官員提到這批軍火時說：「這些都可以裝備一支部隊了！」時任內政部長的葉俊榮評論此案時表示，如果這批軍火流入市面，「將造成治安重大危害。」

本案被捕的嫌犯都是竹聯幫分子，其中幾個一度逃到新加坡，最後還是被遣返台灣。

統促黨的抗議活動很容易擦槍走火並不令人驚訝，因為不少參加者都是來自地方幫派的成員。雖然迄今尚未出現嚴重的暴力行為，但情況可能失控仍是一大隱憂，尤其如果他們抗議的對象也做出相同回應。不同民間團體之間的你來我往可能瞬間就會失去控制，危及社會安定。這樣的情勢會被北京拿來當作干預的藉口，例如克里米亞就是最好的例子，中國可以主張說要保護中國同胞，不讓他們受到台灣分裂分子的攻擊。暴力也可能是北京努力要「黎巴嫩化」台灣的手段之一；此一想法曾在二〇一六年《環球時報》一篇社論中出現過。這樣的策略目的是破壞國家機制和激化政治／族群對立，直到國家失去凝聚力，到了這時候，台灣就成了即將被中共摘下的一粒熟果。在台灣，親北京團體「中華愛國同心會」亦涉及這種破壞社會安定的行動，這個團體長久以來和統促黨合作並從事危害社會的暴力行動。中華愛國同心會的成員以及中國配偶也介入中國共產黨在彰化縣設立的一處非法寺廟的爭議，該寺廟已經在二〇一八年九月被拆除。[39]同一天，國台辦發言人指責蔡政府「打擊和迫害」主張統一的台灣人士，[40]這樣的措辭，如同在克里米亞，可以被解讀為中國將來會意圖干預以「保護」中國同胞。

統促黨雖然也在地方選舉中推出候選人，但主要目的不在當選，因其政治理念肯定會招致落敗。他們玩的是選舉遊戲，在很多地方成立地方辦公室（該黨在台北、苗栗、屏東、雲林、嘉義和台南都設有辦公室），加上競選宣傳車、標語旗幟等等，企圖讓自己看起來合法化。然而，它的主要角色其實是滲透台灣社會，利用資金施加影響力，破壞國家的政治凝聚力。換句話說，配合中共全國政協的「一代一線」政策，統促黨鎖定地方基層組織為目標，想要填補國民黨積弱不振下所造成的真空。這項行動的中心是附屬於統促黨的「台南市海峽兩岸交流協會」和「海峽兩岸台粵交流協會」，近年來這是中國官員訪台時經常造訪的地方。

統促黨持續增加對地方寺廟（早被視為是中共政治統戰的管道）、幫派和商界的影響力。它也自稱，「中國和地方村里長、大學生及年輕企業家之間的媒介，同時代表台灣農會和農產品行銷團體，和中國進行農業交流。」[41]在中共對國民黨實現統一的能力失去信心之際，統促黨成了代理人，北京透過它避開台灣的國家機制，直接和地方基層打交道，由地方村里長作為中介。在國共內戰前和內戰期間，中國共產黨在地方化身「有求必應」的大善人，建立暫時性聯盟拉攏地方的政治人物，[42]統促黨現在也如法炮製，自稱是變革先鋒，專門服務窮人，世界各地的犯罪組織也經常這樣做，往往讓政府付出慘痛代價。另一個例子是黎巴嫩的真主黨（Hezbollah），在黎巴嫩南部動盪期間，真主黨趁虛而入，填補當地的政治真空，經過一段時間後，真主黨成了令人難以忽視的政治勢力。

有趣的是，二〇一八年一月，柯文哲市長參加一場新書發表會時張安樂也在場。[43]該書談的是蔣經國晚年權力安排的內幕，作者是吳建國，曾經擔任國立高雄應用科技大學校長，幾年前搬到上海。吳在二〇〇六年三月接受《人民日報》訪問時說，他的目標是要用文化促進統一。[44]吳也告訴筆者，他是柯市長的「顧問」，這一點已獲台北市政府人士證實，但他們強調吳的顧問身分不具官方性質。

儘管很多台灣人傾向笑看張安樂和他的追隨者而不多予理會，但我認為不應低估統促黨。沒錯，這幾年來他們發動的幾場抗議活動，除了偶爾出現暴力行為，其實都很可笑。但這只是表面，其背後潛藏著一些應該更加嚴肅看待的事情。不管是否不同意他的政治主張，但張安樂並不笨。

二〇一八年八月，統促黨台北黨部以及張安樂住家遭檢調突擊搜索。檢察官表示他們收集到非法活動的證據，這些活動可能違反國家安全法、政治獻金法和組織犯罪防制條例。除了追查其他事證，當局還要研判統促黨是否企圖非法影響十一月的選舉，可能使用來自中國共產黨的非法資金（張安樂自稱所有錢都是他在中國大陸做生意賺來的）。其他統促黨幹部也被傳訊。

檢調這次突擊搜索證明台灣政府終於願意對統促黨採取行動；令人難以理解的是，自張安樂二〇一三年回台後，統促黨竟然被允許如常運作。雖說允許像統促黨和新黨這類支持統一的政黨存在，是台灣民主多黨政治的象徵，然而其合法性和正當性還是要建立在尊重遊戲規則的基礎上，而統促黨有沒有這樣做值得存疑。

統促黨的盟友新黨也在二〇一八年受到檢驗，幾位新黨黨員被控與由周泓旭在台灣設立且領導、名為「星火祕密小組」的中國間諜網合作。二〇一七年九月，在台灣的中國留學生周泓旭被判定從事間諜活動和違反國家安全法，遭判刑十四個月（上訴成功後，周在二〇一八年五月獲釋，但被禁止離開台灣）。二〇一七年十二月，新黨發言人王炳忠、新思維中心主任侯漢庭、宣傳部副主任林明正以及一位姓曾的新黨會計，也被調查此案的檢察官盯上，王炳忠最後轉列被告。王的父親王進步也被傳訊。

根據調查期間找到的文件顯示，王炳忠早在二〇一三年就和中國官員合作，甚至遠早於他和周認識。事實上，在馬英九任期間，王炳忠和中國的可疑關係早就引起國安單位的注意。從突擊搜索取得的資料顯示，國台辦曾經答應每年提供王炳忠和周泓旭新台幣一千六百萬元，讓他們在台灣從事活動。檢察官表示，他們已經找到證據證明王炳忠曾經收到中方轉來的錢，王還在筆記上說他將「在中國共產黨的指導和幫助下，團結整合兩岸統一力量」。

在台灣的選舉中，新黨已經不再有政治影響力，近幾年來新黨轉變成中共的盟友，跟統促黨很像。新黨主席郁慕明從二〇一六年起多次前往中國訪問，並和中國共產黨官員有所互動，包括習近平和當時的全國政協主席俞正聲，以及當時的國台辦主任張志軍。二〇一七年年底，新黨宣布計畫在中國成立「聯絡辦事處」。

新黨和統促黨成員也和被懷疑涉及統戰的海外中國組織有關連。例如，二〇一七年十二月二日，郁慕明主席、王炳忠、統促黨主席張馥堂，參加在紐約市舉行的「兩岸和平發展論壇」。此一論壇的主辦單位是「全美中國和平統一促進聯合會」，承辦單位「紐約中國和平統一促進會」，協辦單位則有「美東華人社團聯合總會」、「美國華人企業家聯合會」和「美國龍峰文化基金會」，並由「美國美中文化交流促進會」直播。中國駐美公使李克新也在場。[45]論壇結束回到台灣後不久，王炳忠和其他新黨黨員就被台灣檢察官傳訊。

過去二十四個月在澳洲、紐西蘭及其他地區的發展顯示，中共仰賴各地的組織和團體來構築其「銳實力」，發動統戰活動。「促進祖國統一」幾個字讓人一看就明白這個組織和中國的統戰部有關。很多這類組織在執行活動時，和距離他們最近的中國大使館或領事館都有某種程度的合作關係。商會也一直扮演著資助者的角色。即使對情報單位來說，要列出所有牽扯的組織名稱，詳細說明他們和北京統戰機構的關係，都是一大挑戰。不僅他們的活動都以台灣為目標；在很多例子裡，他們的統戰工作也在努力改造當地環境，讓中國的擴張野心可以從中得利。

然而，不管從哪方面來看，中國在世界各地的統戰活動都是為了孤立台灣，破壞各國政府對台灣的支持，並且宣傳「國家統一」是無法避免的。在某些例子裡，這也牽涉到官員和學者之間的合作。如果哪個學者和記者膽敢揭發這些具破壞性的活動，將會為自己帶來危險，筆者就有過這樣的經驗。隨著中國的「銳實力」和對全球民主機制的攻擊愈來愈受到注意，其代理者也更願意採取法律行動來讓批評者閉嘴。過去幾十年來，中共使用威脅和恐嚇的手段讓境內的調查記者和學者噤聲，做法經常是下令整家媒體關門，或是把相關人員逮捕入獄。近來，和中國共產黨有關的香港幫派分子以暴力威嚇編輯和記者。有幾次這樣的暴力造成被害人傷勢嚴重，讓少數還膽敢繼續批評北京的香港特區媒體處於一個充滿敵意的環境（二〇一八年八月，香港外國記者會邀請港民族黨召集人陳浩天演講，結果該會發現他們是給自己找麻煩）。[46]

最近幾年，中國愈來愈常在海外提起訴訟以威嚇批評者。由於冒險揭發中國在外國領土從事非法活動的人愈來愈多，為了要讓這些人閉上嘴巴，中共及其附屬機構於是在海外發起「法律戰」，也就是威脅要採取法律行動或是真的採取法律行動。就我所知，我成了第一個被中國企業集團鎖定的台灣記者。

二〇一六年四月底，距離蔡英文就職典禮不到一個月的時間，我在小英教育基金會收到一個包裹（當時我在基金會任職）。我的心猛地跳了一兩下，因為我看到發信人是永然聯合法律事務所，台灣最大的法律事務所之一。當我打開信封時，一股不祥之兆湧上心頭。看到裡面的東西，我馬上知道是怎麼一回事了。幾個星期前，在華府郊區某知名智庫工作的一位朋友通知我，他收到捷克共和國一家最大的法律事務所寄來的信，抨擊他寫的一篇有關某家中國企業被懷疑參與統戰工作的文章。

距此一年前，三月間，我在美國的《國家利益雜誌》（*National Interest*）上發表一篇文章，討論同一家中國企業及其介入北京對台的統戰。[47]「中華能源基金委員會」（CEFC）近年來在美國已經建立起相當的能見度，也開始在美主辦一些研討會和論壇，利用這些活動宣揚中國共產黨的世界觀。[48]據美國學界人士表示，中華能源基金委員會每年資助美國學界代表團前往中國參加一項年會。

我的預感是正確的。中華能源基金委員會揚言對我提出刑事和民事訴訟。長話短說，中華能源基金委員會是總部設在上海的「華信能源」全資設立的非公募基金，在香港註冊，是一家國際智庫，他們指控我在文章中對它做出五項誹謗，宣稱這已經造成該公司「無法估計的傷害」。他們要我在收到信後七天內回覆並解釋清楚。

就這樣展開了長達近兩年的法律戰，在這期間中華能源基金委員會要求我請《國家利益雜誌》把那篇文章刪除，在台灣各大報刊登道歉啟示，並根據該公司提供的「事實」，再寫一篇文章。不久這家公司請我到他們在台北的辦事處（中國海洋燃油有限公司台灣辦事處）喝茶，地點位於台北一〇一大樓的二十一樓。

此一戰術就是對被他們鎖定的受害者進行地毯式轟炸，威嚇他、逼迫他快速屈服。在開場的這一波攻擊後，接下來近兩年間，對方連續發出幾十封信，強調華信能源是一家財星五百大企業，並在後續信件中一再重複這一點。這樣做只有一個目的：強調對方是大公司、規模很大、沒人擋得住，而我只不過是個新聞記者和政治分析家，口袋沒有那麼深。

我沒有被嚇住，反而是堅定自己的立場。這個決定的部分原因是我發現，全世界至少有另外五名記者和學者也遭到華信能源類似的威脅，而在那段期間他們正積極擴大中國之外的活動，尤其是在捷克。[49]在做出回應之前，我第一步應該做的，是回頭去找出更多事實。我必須證明我對這家公司的評論都是有證據的。於是我查閱筆記，也點閱了文章中提供的超連結網站。

要反擊他們的指控不難，雖然我發現他們網站上的一則資訊，在我的文章發表後已經被更改（透過某種線上服務，我終於能夠找到那個網頁的原始版本，然後截圖下來）。他們攻擊我與其他人的一點，是論及華信能源董事長葉簡明在二〇〇三至〇五年間擔任某組織上海分部的副祕書長，而這個組織被懷疑和人民解放軍有關，也涉及統戰活動。再一次，要支持我的說法並不難：這項資訊來自該公司的年報。

由於我堅守立場，反擊他們的指控，他們要求我道歉的清單逐漸減少；本來的五項變成四項，接著三項，然後兩項。但在這段難熬的折磨期，他們仍然堅持我必須要求雜誌撤下我的文章。交鋒了幾個月後，情況變得明朗，顯然他們如此勞師動眾其實並不是想要打贏官司——他們打不贏的。他們的目的是恐嚇我，給我壓力，讓我最後承受不了只好放棄，要求網站撤掉文章。這麼做也是要給我一個教訓：膽敢寫到我們，就要你付出代價，不論是時間、精力和金錢。

永然聯合法律事務所後來退出此案，或者可能是中華能源基金委員會不再委任他們，我不確定。中華能源基金委員會後來委託台灣另一家法律事務所，之後我又接到一家在美國加州的法律事務所來函，揚言要在美國對我提出訴訟（這一直沒有成真）。

《國家利益雜誌》的編輯從來沒有接到中華能源基金委員會的通知，也未受到威脅。只有我，作者本人。最後他們在台灣法院告我，不過並不是針對他們指控的那五點或其中任一點，反而是告我「背信」，說我沒有按照約定和他們見面，也沒有撤掉我的文章。這個案子首先送進台北地方法院，接著到高等法院，而高等法院又把它踢回地方法院審理。結果，他們敗訴。判決書裡說，這個案子實屬「無據」（frivolous）。他們的案子之所以落敗，原因之一就是在管轄權上站不住腳：一家在香港註冊的公司跑到台灣法院控告一名加拿大國民，訴訟爭點則是刊登在美國雜誌上的一篇文章。

就我所知，我是唯一被中華能源基金委員會告上法院的人。我只能猜測原因可能是，當時我在跟蔡英文有關的一家基金會工作，因此他們和中共認為我和未來的台灣總統關係密切。也可能是因為他們知道北京即將對台灣發動懲罰戰略，而想辦法讓一位經常為台灣發聲的學者閉嘴，也是行動的一部分。另一個可能的原因和法律制度有關：不同於其他國家，如美國，在台灣，損害名譽訴訟的門檻極低。即使是最沒有意義的案子，台灣的法官也必須審理；此外，如果案件因為沒有事實根據而被駁回，原告也不必補償被告的法律費用。因此，損害名譽訴訟的風險很低，花費也少，像華信能源這樣的大公司肯定負擔得起。換句話說，他們說不定是在進行一場「損害名譽訴訟之旅」——找出某地的法律是可以讓他們在沒有太多事實證據的情況下，就可以把某個人告上法院。

我之所以堅守立場，是因為我知道一旦讓步，將會讓中國共產黨更敢於繼續對台灣其他新聞記者和學者採取行動。我也很幸運，在台灣政府和我自己家鄉的政府內有很多朋友，更別提美國政府了，他們很關心我的案子。我也知道我可以信賴各種國際團體的夥伴們，像是「無國界記者」、「國家民主基金會」和「自由之家」（Freedom House），我持續將這個案子的進展通知這些團體。對那些一直關切本案的眾多人士，我獻上最深的感激；無可否認的，他們的協助讓我決定不向威嚇低頭。最後，儘管在台灣，中華能源基金委員會很容易就把我告上法院（這可以作為司法改革的一部分），但我知道，我置身在一個民主國家，我對這個國家的民主機制有信心。

不僅台灣的司法制度證明我是對的，從二〇一七年十一月開始的發展，也證明我在文章中所說的都是正確的。香港前民政事務局局長、現任香港中華能源基金委員會常務副主席兼祕書長的何志平在紐約市被捕，罪名是涉嫌替上海的華信能源公司向非洲多國政要行賄，「其中一些交易據稱是在聯合國總部裡進行」。美國司法部的起訴書指出，何志平（他形容自己是「公民外交官」）和塞內加爾前外長柴科．加迪奧（Cheikh Gadio），「把鉅額賄款匯給查德和烏干達的高官，替中國能源公司取得商業利益」。[50] 據《南華早報》報導，「這兩人涉嫌向查德總統伊德里斯．德比（Idriss Deby）行賄兩百萬美元，以換取『寶貴的石油權利』，另外又向烏干達外長薩姆．庫泰薩（Sam Kutesa）行賄五十萬美元。」

這裡所說的商業利益，包括從台灣中油手中買下查德油田的經營權，據報導這項交易是在沒有正確評估的情況下由掮客安排，當時馬英九總統還在任。[51]

我在文章中提出多項調查結果，其一就是華信能源很有可能用大量金錢收買各國政要或官員，由他們出面執行各項行動。何志平三度向美國檢方申請保釋遭拒，因為他極可能棄保潛逃，而他就是我在台灣此一案子的原告。

二〇一八年三月，我的猜測得到進一步證實，當時出現這樣的報導：華信能源董事長葉簡明「因為涉及違法」，正在中國接受調查。從那時候起葉先生就不曾公開露面，謠傳他可能已經被捕。重要的是，這表示華信能源「正在和中國的地下金主談判，希望取得年息高達百分之三十六的短期貸款，以填補資金短缺」，因為他們急需現金去收購海外各地資產。[52]在一個月之內，這家資產幾十億美元的能源公司（稍早它還即將公開收購俄羅斯石油公司九十一億美元的股權）被迫屈服了。葉簡明面臨下台壓力，公司大部分業務由國營的中國中信集團接手，包括華信在捷克共和國的大筆投資，葉簡明甚至還是捷克總統米洛什・齊曼（Miloš Zeman）的顧問。於此同時，在香港的智庫中華能源基金委員會預料將停止營運，何志平在基金會的副手、前香港特首董建華助理的路祥安，突然在二〇一八年二月死於「流感重症」。二〇一八年十月，美國檢方指控何志平透過不具名的中間人和利比亞、卡達、南蘇丹進行軍火交易。檢方也查出，在二〇一三至一四年間，何志平給了前聯合國大會主席艾實（John Ashe）五萬美元和免費的香港之旅，以換取艾實卸任後的進一步合作。[53]行文至此，現任聯合國祕書長安東尼歐．古特瑞斯（António Guterres）已經拒絕對此展開內部調查。

捷克一名調查記者因為揭發華信能源在他的國家的活動，也被威脅要採取法律行動。根據大部分析家的說法，華信能源一直利用捷克作為跳板，要將影響力擴展到歐洲其他地區，以利推動北京的一帶一路和「16+1合作」政策。從很多方面來看，他們已經成功滲入捷克，主要是因為這個國家的民主機制十分薄弱。

葉簡明也許是自己的成就和自詡為具全球影響力的中國人士下的受害者。四十出頭、極其神祕的他，經常把自己形容成是哲學家和地緣戰略學家。他的智庫，中華能源基金委員會，積極在海外擴展影響力，包括推動用「中國模式」取代自由民主、中國對南海主權的宣示、統戰台灣、對日本過去的戰爭罪行（慰安婦、軍國主義等等）發動心理戰，以及其他多項活動。如此一來，葉簡明也許已經被視為是習近平的一大威脅，而習並不支持獨立勢力冒出頭，擔心有一天這樣的勢力會挑戰他，就像薄熙來在二〇一三年的情況。葉簡明可能是因為從事可疑的金錢活動來建立他的全球帝國，而造成自己的垮台；他在紐約被捕，引來各界對中國貪腐情況太多的關注，勢必會玷汙一帶一路的形象，因此必須把他除掉以收殺雞儆猴之效。跟對付其他潛在挑戰者的方式一樣，習近平可能會給葉冠上經濟犯罪的罪名，把他打成貪腐分子。

總的來說，中華能源基金委員會唯一的勝利，就是讓我蒙受一些金錢損失，以及造成一些壓力。無可否認的，他們的行動也讓我變得更為謹慎，有好幾個月時間我很不願意在文章中提到這家公司的名字。有關此案的大部分詳情，在此是第一次公開。

最後，在這整個過程裡，有個人主導中華能源基金委員會對我的訴訟，並且直接參與對方法律顧問和我的律師之間的來回攻防。那個人就是前面提到的吳建國，柯文哲市長的「顧問」。[54]

由於中國繼續擴大其海外影響力，尤其是透過一帶一路，因此會有大批記者和爆料者陸續出面，公布中國共產黨及其代理人想要繼續隱瞞的一些資訊。不幸的是，很多被牽扯到的國家欠缺法治或穩固的民主機制。相較於我的案子，在這些國家裡，北京想要脅迫並讓批評者閉嘴的能力會更大，因為我是置身在一個已經西化的國家，民主台灣。走過這段不愉快的經驗之後，我開始推動建立一個全球性聯盟，對被中國鎖定攻擊的新聞人提供救援、指導和金錢資助，尤其是有跡象顯示北京已經和一帶一路經過的多數國家的頂尖法律事務所合作密切。

中國三十一條惠台措施和其他甜頭

中國從二〇一六年起對台展開的所有積極措施，並非都是公然懲罰性的。例如，二〇一八年二月，國台辦發布了三十一條惠台措施，希望吸引台灣年輕人前往中國工作。[55]這個惠台措施包含跟商業有關係的十二條優惠措施，以及跟社會與就業有關係的十九條優惠措施，是歷年來中共對台行動中最新的一波，目的是要討台灣人民的歡心，同時增加兩岸經濟依賴的程度。這也十分符合二〇一七年三月時任全國政協主席俞正聲所揭示的「一代一線」策略。

二〇一八年八月三日，中國國務院也宣布台灣居民不再需要工作證就可以在中國工作。有些人形容這些新措施是「前所未見的優惠」，目的在促進台灣企業進入中國市場與提升競爭。台灣人將可投資中國國營企業，參加公開投標和創新計畫。中國機構也將和在中國營運的台灣公司合作，加強他們的市場地位，讓他們能夠提供更多服務。

在此同時，高學歷的台灣人到中國大陸就學、創業或就業的規定放寬了，包括過去難以進入的領域。現在台灣人比以前更容易涉足中國的文化產業，台灣資金和技術想要投入中國製片業的限制也會放寬。共有一百三十四項專業項目歡迎台灣的專業技術人才前往中國工作，以前的行政限制全部取消。台灣專利到中國也將會受到中國法律保護。

台灣學者和大學也受邀參加中國的研究補助計畫，如此就有資格跟中國學者和大學一樣取得國家補助。

但就跟所有其他策略一樣，北京送出的這些優惠並非出於善意。三十一條惠台措施的目的是造成「人才外流」，以此掏空台灣，其實就算沒有中國的引誘，在台灣努力重整二十一世紀的經濟之際，人才外流早已是一個國安問題。（參閱第九章）三十一條惠台措施也是為了要獲取中國在建設其未來經濟時所需的知識和人才。當然，這些措施也寄望前往中國工作或求學的台灣人，在經過一段時間之後會轉變政治信念，削弱身為台灣人的自我認同感。

換句話說，三十一條惠台措施同樣是基於北京在過去已經運用過的經濟決定論，不僅對台灣，還有西藏和新疆。雖然物質利益也許能夠成功吸引台灣年輕人，但歷史證明，這樣的動力很少會轉變成政治利益。如果中國有好的機會，台灣年輕人會務實地決定前往就業；如果工作機會在別的地方，他們也會去。然而，經驗顯示，在中國生活並不會產生北京期待的那種政治效應。甚且，由於三十一條惠台措施跟之前的其他措施一樣，主要都是功利主義的，因此極可能經過幾年之後，積極響應的台灣人將會感到幻滅，選擇回到家鄉。這是因為不管中國當局怎麼說，台灣人和其他「少數民族」在中國最終總是會受到不一樣的對待。已經習於生活在自由與民主環境下的台灣年輕人，到對岸生活幾年後會更加注意到台灣和中國的不同。對他們來說，在中國生活不再是一種抽象的東西，而是真正的體驗。雖然有些人會選擇留下來，但會有更多人決定回到台灣或是到其他國家追求未來。

因此，我們可以頗為肯定地預測，惠台三十一條措施跟之前多項相似的措施一樣，對於其所要吸引的台灣人來說，並不會對他們支持統一與否或身分認同造成太大影響。這些措施對台灣造成的最大威脅，其實在於人才外流，讓台灣在打造二十一世紀前景時人才匱乏，尤其是在高科技產業方面。就此而言，台灣最大的敵人是它自己的經濟不振，以及壓在很多年輕、充滿進取心的台灣人頭上的玻璃天花板，讓他們不得不質疑台灣是否能夠提供合適的環境，讓他們可以安身立命。只要這個問題沒有解決，只要中國的經濟持續成長，那麼中國的誘惑力將會繼續成為台灣的國安問題。

二〇一八年三月，行政院宣布反制中國三十一條惠台措施的計畫。內容包括：政府將以全方位的思考，從優化就學就業、強化留才攬才、維持台灣在全球供應鏈的優勢、深化資本市場、強化文化影視產業等四大面向，推動八大強台策略。[56]這項計畫是否足以遏止人才外流，仍有待觀察。

在更為地方層級上，北京亦設法擴大台北中央政府與偏遠地區之間的分歧，其中最主要的就是離島金門，當地距中國海岸只有幾公里。問題從二〇一五年開始，當時由於缺水危機，金門自來水廠和中國福建省簽訂三十年的購水契約。連接雙方水庫的一條長十七公里的水管在二〇一八年完工，耗資台幣十三億五千萬元，預計可供應金門總供水量的約百分之三十。根據此一購水契約，金門同意每天平均從福建引進三萬四千噸水，每一立方公尺的水售價台幣九．八六元。

供水管完工後卻導致金門縣政府和陸委會因二〇一八年的通水典禮而發生爭執。金門縣政府表示，最重要的是滿足金門居民的權益和需求；陸委會則堅持，由於中國近來在國際間對台灣多所打壓，因此要求暫緩舉辦通水典禮。金門縣政府卻罕見地採取反抗立場，拒絕接受中央政府的指令，要求陸委會重新考慮。最後，在金門舉行了一場小型引水儀式，陸委會官員則未列席參加。

金門縣長陳福海是在二〇一四年十一月二十九日的選舉中，以無黨籍身分當選。除了引水計畫，他還提出實施範圍更廣的「新三通」政策，和中國建立電力連結，以及興建大橋連結金門和大陸，也就是通電和通橋。金門對大陸的依賴程度愈來愈深，不僅是通水，最後還會通電，這也使得這個小離島陷入可能被北京勒索的危險中，因為北京可能基於政治目的而威脅要切斷對金門居民的水電供應。換句話說，金門最後可能會淪為人質，它的生存得仰賴北京的善意。最後這可能破壞台北中央政府和金門縣政府之間的關係，還有可能成為台灣喪失領土的第一步。

軍事威脅

以上所述是自蔡英文總統二〇一六年五月上任以來，北京祭出的一連串脅迫戰略（清單還會持續增加），而且從很多方面來看，這些其實都只是過去戰略的延續，並非路線的明顯轉變。雖然此一戰略預料會隨著二〇二〇大選逐漸接近而增強，可能在本書出版前還會推出新措施，但其目標不變：顛覆台灣，打擊士氣，加深無力感，國際孤立，提高抗拒的代價，腐蝕台灣民眾對蔡政府和民主體制的信心和支持。北京希望透過這些手段充分打擊台灣士氣，如此一來台灣人民將會屈服並乞求和平，當然這必然要先接受北京的條件。這項戰略能否成功還在未定之天。為了保證成功，北京保留了以武力解決「台灣問題」的選項。就此任務而言，人民解放軍有兩項功能：加劇對台灣的心理戰，以及作為最後手段的，主動以武力併吞台灣。

中國在台灣附近及周邊增加軍事活動，其地緣政治背景和原因將會在第四章詳細討論。

這裡主要是分析，從二〇一六年以來，在北京執行的懲罰戰略中，人民解放軍的行動扮演了什麼角色。

增加在台灣四周的軍事活動，目的之一是收集情報。除此之外，這麼做可以讓人民解放軍更了解台灣的指揮、管制、通信、資訊、情報、監視和偵查（C4ISR）系統，以及不管什麼時候，每當中國人民解放軍空軍的噴射機飛近台灣防空識別區時，台灣空軍必須出動軍機升空攔截的反應時間。毫無疑問的，當中國人民解放軍海軍船艦航經台灣海峽、宮古海峽和巴士海峽，以及從西太平洋通過台灣時，一定會趁機收集台灣周邊環境的水文資料，加強人民解放軍的態勢感知，以便未來武力犯台時可派上用場。換句話說，增加人民解放軍的活動，可以讓中國空軍飛行員和海軍人員更加熟悉他們有一天可能會被派去征服的那塊土地。

同樣重要的是，增加在台灣附近及周邊軍事演習和軍艦通過的頻率，也是一種心理戰，是北京威嚇台灣人屈服的戰略手段之一。他們想要製造一種被團團包圍的感覺，只要經常這樣做，時間久了台灣人就會習以為常，台灣領導人也無計可施。這是量的展現（軍事出擊次數多，參與人數也愈來愈多），也是質的炫耀：人民解放軍特別讓通過的海空軍更加現代化、配備更精良，對比老舊的台灣軍隊。這也是要展現逐年成長的中國軍隊遠征的能力。

人民解放軍空軍的轟6K長程轟炸機不斷通過台灣周邊，這是中國根據前蘇聯圖波列夫

Tu-16長程轟炸機研製而成。轟6K可以攜帶多達六枚的鷹擊12（YJ-12）反艦飛彈，或類似數量的長劍10對地巡弋飛彈（CJ-10）。中國第一艘航空母艦「遼寧號」通過台灣海峽的消息也經常被大肆宣傳，目的是強調中國軍武經常出現在台灣周遭（這在和平時期沒問題；不過真的爆發戰爭，中國最不想做的一件事，就是將其航空母艦部署在台灣反艦飛彈的射程內）。

二〇一八年一月，北京片面宣布啟用M503南向北航線及另外三條東西向銜接航線，違反和台北在二〇一五年的協議，被認為是意在對台施壓。[57] M503航路十分接近台灣空軍的飛航訓練區，而三條新航路的其中兩條，W122和W123，則穿過台灣在金門和馬祖兩個離島的前進部署防線。

台灣國防部在二〇一七年的國防報告中指出，從二〇一六年九月到二〇一七年十二月之間，台灣軍方已經證實中國人民解放軍共進行了二十三次軍事演習，不包括多次迫使台灣進行戰鬥空中巡邏（威力偵巡）的人民解放軍空軍在台灣周邊的飛航活動。其中至少有十次演習是在二〇一七年十月中國共產黨十九大結束至同年十二月底間舉行。

了解到人民解放軍演習的頻率增加所造成的心理戰，台灣國防部在二〇一七年十二月宣布不再發布這類消息，除非出現「不尋常」情況。

誠如稍早提到，人民解放軍空軍也利用其官方微博帳號，宣傳有關軍機闖入台灣附近的假消息，像是把玉山放進他們所拍攝的畫面中。同時，北京也經常利用所謂的軍事專家，他們的談話經常被媒體引用，可以藉此加深台灣的心理壓力。其中最常發言的一位鷹派人物是宋忠平，他是香港鳳凰電視台的軍事評論員，經常替中國共產黨的傳聲筒《環球時報》撰寫評論文章。很多時候，在演習還未舉行前，宋忠平就會發表評論意圖製造危機感，例如二〇一八年四月在福建省泉州附近舉行的實彈演習。宋忠平的評論發布後，接著通常會被其他中文媒體引用，包括《南華早報》，讓他的論點看來很有道理。同樣的評論接著會被外國媒體採用。所有這些都會增加對台灣的壓力；本來是例行性和小規模的演習，卻被放大成是空前規模和對台灣極具威脅性的演習。如魔法般，小小演習變成「嚴厲警告」，在中國海岸附近海域舉行的地區性演習，變成「在台灣海峽舉行的大規模演習」。有趣的是，這樣的評論在媒體見光之後，國務院國台辦官員會重述相同的評論，顯示鷹派軍事評論員和北京的國家機構間存在著某種程度的合作。[58]

對台灣的心理戰，目的是要破壞對台灣軍隊的支持。就此而言，台灣媒體經常是樂於配合的演員：大肆報導軍隊的災禍和意外，把節目時段交給無知的名嘴和公眾人物，讓他們坐在舒適的攝影棚裡嘲笑軍隊，加深台灣國防機器已經被中國情報單位完全滲透的印象。沒錯，台灣軍隊在人員、募兵、採購、訓練、經費、設備老舊、內部鬥爭等問題上，確實面臨嚴重挑戰，並且也真的是中國情報單位下手的目標。但這些是任何軍隊都會碰到的問題，包括人民解放軍，其貪腐仍然普遍，中國一胎化的效應亦即將浮現。（有一個很少被提及的問題：有多少中國父母願意犧牲他們唯一的孩子，讓他去參加對沒有威脅性的台灣發動的軍事行動，尤其如果在這場無法避免的「戰爭」中，情勢發展未必如事先預期的那般？）

這樣的心理戰已經成功讓某些外國分析家認為，台灣不值得去防衛，因為台灣本身對自己的國防並不重視。有些人會問，如果台灣人本身不願意盡力保護自己，為什麼美國要犧牲他們子孫的性命去保護這麼遙遠的地方，儘管它是一個民主國家，並且是美國的長期盟友？可以理解的是，這些人會有這些誤解是因為他們不知道，台灣為了改善國防做了多少努力，也不清楚台灣在亞洲區域安定上的重要性，更不知道在對抗獨裁侵略上，台灣扮演著第一道防線的角色。畢竟，對亞洲以外的大部分人來說，他們不會注意到台灣，台灣也很少出現在新聞裡。為什麼他們要關心台灣，是需要好好去解釋的一件事，否則我們就不能期待他們會犧牲國家資源來保衛台灣，更別提犧牲他們子女的寶貴生命。加深這種誤解的，還有中共宣傳台灣人民不重視國防，或是說台灣的國安單位已經被中國滲透，因此就更難去反駁放棄台灣的說法。外國政府和安全單位的人當然明白台灣的重要性，但這些人只是少數，不足以影響一般輿論。

美國皮尤研究中心（Pew Research Center）最近的一項民調顯示，即便美國人因貿易戰而對中國人沒有好感，但在八個議題中，台灣與中國的緊張關係名列最後。[59]只有百分之二十二的受訪者認為，台灣和中國的衝突「十分嚴重」，百分之四十一認為「有點嚴重」；對比百分之六十二美國人認為中國持有大量美債「十分嚴重」，中國的網路攻擊（百分之五十八），中國對全球環境的衝擊（百分之五十一），中國人搶走美國人的就業機會（百分之五十一），中國人權政策（百分之四十九），美國對中國的貿易赤字（百分之四十八），以及中國和其鄰國的領土爭議（百分之三十四）。如果想要讓美國人在考慮如何回應中國時，也把台灣因素納入，那麼台灣應該要更努力反制中國的宣傳，讓自己能夠在美國和世界其他地區的人民心目中占有一些地位。（第九章將有更多討論）

中國對台灣採取軍事行動的可能性，仍然值得嚴肅關切，這也是台灣各行各業民眾必須準備面對的一種可能性。然而，儘管從二〇一六年以來，中國不斷加強對台灣的武力恫嚇，軍事行動還是北京的最後選項。中國共產黨為什麼花費那麼多時間、金錢和資源對台灣進行心理戰，最重要的理由就是它不願完全仰賴軍事行動，因為這麼做會對中國的國際地位構成重大危機，更別提萬一軍事行動的代價大到中國不願意或無法負擔的話，那麼內部將會爆發不滿情緒，尤其如果美國介入這樣的軍事衝突並且站在台灣這邊。就如美國國防部在對國會提出的二〇一七年國防報告中，對中國軍力做出以下評論：

大規模的兩棲入侵行動，是最複雜與困難的軍事行動。想要成功，必須仰賴空中與海上優勢、在岸上快速建立與維持補給，以及持續不斷的支援。企圖入侵台灣將會拖累中國軍隊，引來國際干預。這些壓力，再加上中國戰鬥部隊的耗損，以及城市戰和壓制戰（假設中國部隊登陸和突圍成功）的複雜程度，使得對台灣進行兩棲入侵具有極大的政治與軍事風險。台灣在硬體基礎建設的投資，以及對國防能力的加強，也會減少中國達成目標的能力。60

台灣獨特的地形、台灣海峽的氣候狀況，以及台灣本島適合兩棲部隊登陸的海灘只有少數幾處（台灣軍方已對這些地點做了幾十年的研究，並且建好防線準備加以應付），這表示人民解放軍的策劃人員將會面對大量難以克服的問題，就如一位軍事專家最近指出的，這些問題「不容易解決」。易思安（Ian Easton）表示：

台灣七百七十哩長的海岸線，極度不適合兩棲作戰。島上將近百分之七十五的土地是高

> 山，其餘的不是人口密集的都會區，就是高低不平的地形。台灣東海岸主要是懸崖峭壁，如刀鋒般的山岩直接從中央山脈垂直延伸進入太平洋深海。想要讓部隊在這裡登陸十分危險。那裡有三處小小的海岸平台，但都被東亞最高的高山所包圍，經由道路和鐵路線和島上其餘地區連接，道路和鐵路線則要經過長長的隧道和峽谷。在這裡的海灘登陸的任何敵國部隊，幾乎可以確定會被高聳的岩壁包圍，無法攀爬過去，也無法穿越。

易思安寫道，西海岸沿線的情況比較好一點，有幾處「可以用來登陸的海灘，占領之後，可以繼續執行入侵行動」。不過，「只有少數幾處大得足以供大型部隊登陸，而且它們四周都是不適宜行動的地形」，少數幾處海灘雖然無人居住，但海岸線「布滿廣大的泥地」，形成「登陸行動的天然障礙」。[61]

因此，主張說人民解放軍可以在幾天內打贏台海戰爭，而且中國的傷亡人數只會有二或三位數，這樣的說法純粹只是宣傳——人民解放軍將領，以及目前直接由習近平控制的中央軍事委員會，其實都心知肚明。

近幾年來，或者說自從習近平上台以來，在進行人民解放軍現代化的同時所作的宣傳，就是強調中國將在二〇二〇年攻打台灣。這個日期其實是媒體誤傳：習近平的指示是，人民解放軍在二十一世紀第三個十年開始時，擁有對台灣發動攻擊的能力——不是真的發動攻擊。每一位安全分析家和政治學者都知道一件事：決定是否動用武力並不是只看有沒有能力，意圖也是必須的。此外，近來對中國軍事的研究顯示，人民解放軍內部重要人士也很清楚，他們目前沒有足夠資源能夠確保攻台一定成功，不過這樣的缺口已經逐漸縮小。在此同時，中國就像孔雀般張開全身羽毛恫嚇對手，並且向台灣人暗示，最後一定會統一台灣。台灣需要分清楚，什麼是心理戰，什麼是打算動武的真正訊號。

到目前為止，對台灣的心理戰攻勢並沒有造成台灣民眾的驚慌，他們對這些雜音的反應很務實。但同時，他們不想讓自己落入虛假的安全感，誤以為中國永遠不會打過來。這一天會來到的，只要北京真的覺得已經累積足夠的力量，環境也對它有利，讓它可以對台灣發動一場快速、密集的戰爭。如果美國的安全保障消失了，像這樣的一天會更加接近，因此台灣和美國保持密切關係是絕對必要的。

當中國內部不滿和不安定的情勢已經威脅到中國共產黨繼續執政的能力時，人民解放軍攻台的可能性會更高，因為中國領導人可能以外部事件來強化其正當性，把內部憤怒情緒轉移到外部敵人身上。在這種情勢下，過去反對發動軍事冒進的理性評估將會改變，一個「不理性」的領導人可能就會採取現在看來似乎是不明智的政策——如果不是自殺性政策的話。

然而，即使是在這種情況下，我也不認為台灣會是最有可能被中國用來解決國內危機的外部目標：可能失敗的風險和可能付出的代價將會太高，也就是說，如果攻擊行動失敗，不但不能挽救困境中的中國共產黨，反而會導致不滿加劇。因此，在這地區內的另一個比較弱勢的對象，更有可能成為中國共產黨掙扎求生的目標。在這種企圖用對外攻擊轉移國內危機的情況下，如果必須攻擊台灣，那麼台灣周邊的離島或是位在南中國海的太平島，反而比較有可能成為下手目標。

然而，我們無法完全排除台灣遭到攻擊的可能性。即使這是未來幾年最不可能發生的事，軍事行動的可能性還是存在的。可能會有這麼一天，中國共產黨和人民解放軍內部鷹派（以及比較不理性的）勢力，甚或是比習近平更沒有耐心的人物，可能會逼迫習出手，或是把他推開。到目前為止，習近平似乎還能夠掌控全局，但要維持內部的平衡是很艱難的任務，想要預測中國共產黨以及中國社會是否能夠一直維持穩定（請見第四章），一直都是很具挑戰性的，最大的原因是做這樣的評估時所需要的各種資訊經常無法取得。

本章介紹了從二〇一六年一月蔡英文當選總統以來，北京意圖懲罰台灣的多種做法。這

份清單永遠不會完整，毫無疑問的，直到本書付印時，一定還會有更多事件加入其中。更多跟台灣有外交關係的盟友可能會受到引誘，更多國際企業會在北京壓力下將台灣除名。然而，本章舉出充分的例子說明了中國共產黨慣用的一些伎倆，以及支持這些行動的僵硬意識形態。

儘管北京對台灣的壓力呈指數成長，到目前為止，中國一直無法成功打破這個國家民選領導人的抵抗意志，台灣大部分民眾也不被從二〇一六年以來就一直針對他們的「棍子與胡蘿蔔」戰略（主要是棍子）所動搖。台灣這種持續不被滲透的特性，顯然正是它的韌性所在——堅強團結的公民認同感以及民主機制，兩者結合起來讓中國共產黨的願望無法得逞。

儘管蔡英文政府在對抗這場風暴時獲得全面勝利，台灣社會內部部分人士（島內和海外）卻已經對蔡逐漸失去耐心，他們指控蔡英文在回應中國的挑釁時太過軟弱。對於這股政治力量，我們在下章討論。

第三章 綠營的紛歧

我認為不管如何，蔡政府經得起堅守溫和行動路線。綠營內部那股要求採取激進政策的力量，永遠不會大到如果不理會「深綠」要求就會讓全黨陷入不安。

前面幾章已經證明了，蔡英文總統自二〇一六年五月就職以來，面臨了艱難且經常充滿敵意的兩岸環境。在可預見的未來裡，這種情況不可能改善。儘管北京對台灣主權持續擴大攻擊，蔡總統堅守她不會跨越的那道防線，也從一開始就向中國領導人展現出她的彈性。換句話說，蔡總統遵守她維持台灣海峽「現狀」的承諾；承認兩岸曾經在一九九二年舉行會談的「歷史事實」；沒有廢除台北和北京在馬英九總統任內簽署的多項協議；她表示她是在「中華民國憲政體制」和憲法之下治理這個國家。在此同時，她拒絕承認所謂的「九二共識」，北京則把「九二共識」當作是雙方會談的先決條件；她也沒有同意北京的「一個中國」政策，反而呼籲對方領導人承認，中華民國台灣的存在是無庸爭論的事實。

在堅守這些立場下，蔡總統等於把球丟回給北京。而我們已經看到，中國的反應就是懲罰台灣。從很多方面來看，這樣的轉折讓人想起在陳水扁政府第一任任期內的情況，當時台北的初步表態同樣遭到北京回絕。不過，這一次全球情勢大不相同，雖然北京成功地在二〇〇〇年初重挫了陳水扁的名聲，但到目前為止，即使中國共產黨不斷出手，依然無法破壞蔡總統的國際形象。

有幾個原因有助於解釋這一點。包括從二十一世紀初開始，世人對中國的印象不斷改變：從習近平上台以來，中華人民共和國的所作所為讓世人不相信中國的崛起會是「和平」

的，也不認為這個亞洲巨人會成為西方認為的「負責任的利害關係人」。同樣不同以往的是，台灣最主要的盟友美國不再像二〇〇一年九月十一日遭遇恐怖攻擊後，同時捲入在南亞和中東的兩場戰爭中。無可否認的，美國現在仍然面臨許多外在安全挑戰，包括恐怖主義，以及在阿富汗、北韓和可能在伊朗等地尚未結束的戰爭。但這一次，蔡總統及其智囊們無疑更了解國際情勢，調整他們的政策，以免引起華府不必要的緊張（第五章對此有更多討論）。

然而，為了維持台北、北京和華府之間的平衡態勢，蔡英文總統付出了代價。為了維護台灣是負責任的亞洲成員的形象（不同於陳水扁時代被視為是「麻煩製造者」），蔡政府在回應北京愈來愈強烈的挑釁時，必須避免做出某些事。而在台灣社會部分人士看來，這被解讀成是懦弱的表現。

改革與行動的步伐引起爭議

蔡英文和部分台灣選民之間的摩擦，始於她之前任命的內閣；在他們眼中，這個內閣太「藍」了，其中幾位官員來自幾十年來國民黨操控下的制度。此外，很多閣員都是外省人，在他們看來無法全然信任這些人會做對國家正確的事。一開始的攻擊目標之一是李大維（在我看來並不公允），他是資深外交官，蔡總統上台後出任外交部長，直到二〇一八年二月才下台，由吳釗燮接任。後面這次內閣改組被某些分析家認為，是對深綠人士的讓步。確實，蔡總統組成的內閣（以及總統府內一群親近的幕僚）成員大部分是男性和官僚；她在競選期間承諾改革，並且承諾要提拔在太陽花學運中嶄露頭角的新世代台灣年輕人，結果卻正好相反，讓希望立即進行改革的多數人感到失望。她任命這些人有幾個原因：「智囊團」人數有限，她最初找上的人，有些不願意進入政府任職。在有些例子裡，蔡總統做出了讓步，但我認為某些讓步讓人存疑。

另一項在她做這些決定時舉足輕重的因素，是她必須確保政府施政的連續性和穩定性。蔡總統和她的幕僚們很可能都知道，兩岸關係將會出現挑戰。此外，二〇一六年也是美國的選舉年，台北需要釋出訊息，保證新的民進黨政府不會破壞亞太地區的穩定，也不會讓未來的美國總統頭痛。重要的是，必須在這裡指出，即使陳水扁下台後八年了，不少外國政府依然對民進黨不信任；有的是出於正當理由，有些則有失公允。有好幾次，在幾個國家首都舉行的會議中，我個人親眼見證了這些政府對民進黨的觀感依然帶著幾分怨恨。顯然民進黨在海外的形象有問題，蔡政府必須去修補。值得讚許的是，在這方面蔡總統做得很好（見第七章）。

最後，蔡英文能夠贏得二〇一六年大選，是因為她吸引了溫和派選民，爭取到立場搖擺的中間選民，這些人本來很可能投給國民黨候選人。因此，蔡總統需要維持這些重要選民對她的信任。從二〇一六年五月二十日起，她不僅是在一月十六日投票給她的六百八十九萬台灣民眾的總統，她更必須對全國兩千三百萬人口負責。

隨著北京開始挖走邦交國，增加火力破壞台灣在國際間的能見度，台灣內部要求蔡總統展開報復行動的壓力逐漸升高。暫時忍耐一下似乎還可行，但在北京連續幾個月提高敵意，並且逮捕了台灣民運人士李明哲之後，綠營的部分人士已經受夠了。他們要求蔡總統採取行動，展現台灣的決心。但在大部分情況下，蔡政府的動作只限於發表官方聲明——至少是公開發布。一段時間之後，這樣的不作為開始引來指責說：蔡總統太溫和了，尤其是正值國民黨十分虛弱和混亂之際。更糟的是，對她批評最烈的部分人士指控，她沒有代表台灣；她的政府還是中華民國，是一個流亡的非法政府。

「她不是我的總統，」有人開始這樣說，好像蔡總統統治的是存在於平行宇宙裡的另一個實體。

稍早討論過，蔡總統認為台灣等於中華民國，這樣的主張並不被台灣所有人接受。很多人仍然對「國旗」有意見，認為那是他們被迫接受的東西，不應該是在國際間代表台灣的旗幟。其他人，完全基於合法性的理由，仍然把中華民國當作是一個一黨專政的政體，在第二次世界大戰後對台灣人民做了殘忍的事，從一九四七年的二二八事件開始，接下來是長達數十年的白色恐怖。所有這一切都是可以理解的。不過，那個一黨專政的中華民國已經不存在了：過去幾十年來，它已經被它想要控制的人民給吸收和改造。在國內外的雙重壓力下，國民黨甚至被迫在一九八〇年代實施自由化，這是台灣邁向民主化重要的第一步。今日，民主已經是台灣唯一的遊戲規則，只有像統促黨和新黨這樣的局外人還真心相信非民主的替代方案是可行的。你將會發現，每找到一個還在呼應一九七〇年代言論的國民黨黨員，你就會找到另外十個擁抱今日台灣獨特民主價值的人，尤其是在較年輕的世代。

無可否認的，官方名稱、憲法和許多符號象徵，都會讓人回想起那個時代，今日的若干治理制度亦然。但在日常生活經驗裡，在那些把這個國家團結在一起的價值裡，在這個國家的絕非如是裡，中華民國已是台灣。這不是突然就走到這一步的，而是逐漸演進而來，是一個持續至今的過程。

然而，台灣艱困的國際情勢卻讓部分綠營人士相信，劇烈的改變是唯一的出路。對他們來說，除非捨棄在中華民國這個名稱下的事實上獨立，透過公民投票達到法理上的獨立，更改國名並通過新憲法，否則台灣永遠無法真正獨立。換句話說，對他們而言，唯有宣布獨立才能夠確保台灣主權及其人民的尊嚴。對他們來說，維持「現狀」和擁有獨立地位是完全不同的。

隨著北京施展外交戰，並且成功逼迫國際企業不把台灣稱作「台灣」，採取正式獨立行動的需求變得更為迫切。有些人認為中國搶走台灣的邦交國其實是幫了台灣的大忙，他們表示，等到失去最後一個邦交國的那一天，台灣就可以脫掉中華民國這塊遮羞布。唯有在那時候，才會出現一個有主權的台灣，就像鳳凰一樣，將會從中華民國的灰燼中浴火重生。

台灣絕對有權尋求正式獨立、更改國名和寫出一部反映現實的憲法。不幸的是，台灣人民的渴望卻受到鄰人的挑戰，這個鄰居不但否定他們的基本權利，還威脅說如果台灣膽敢獨立，就要使用武力對付。台灣與中國之間的力量懸殊，加上經濟因素使得國際情勢持續對北京有利，若台灣此刻正式宣布獨立不啻自殺。這麼做不僅會引來中國發動毀滅性的攻擊，也會讓華府認為是台灣的行為「激怒」了北京，因此他們沒有義務根據台灣關係法協助台灣。這樣做的風險太高，沒有任何總統會犧牲人民的安全來從事這樣的冒險。所以重點不是公平正義或人權；而是現實考量，必須做出明智的選擇和戰略，確保台灣以一個獨立國家的身分生存和發展下去。

兩岸「現狀」絕非靜止不動

我要指出，對蔡總統最為批評，以及最常發言支持正式宣布獨立者，很多都是住在海外的台灣人，他們不會直接感受到這樣的政策決定會在台灣引起什麼惡果。他們很多人也批評台灣人太膽小，甚或說他們被國民黨「洗腦」了，所以甘於卑躬屈膝。作為一個已經把台灣當作自己永遠的家且在這裡心有所繫的人，我不認為這是膽小，甚至也不能說是被惡靈迷惑：這是務實主義，就這麼簡單。

就目前而言，這種務實主義呼籲維持「現狀」，而且，儘管有些人會覺得難以接受，但中華民國就是台灣的官方名稱。然而，「現狀」絕不是靜止不動，近幾年來它已經轉變得對北京有利，因此有人要求台北及其世界盟友們必須採取各種修正行動。其中幾項行動已經被採用，還有很多行動應該實施。

若宣布獨立後，除了軍事干預的高風險，沒有人能夠保證在目前的地緣政治環境下，國際社會會承認台灣共和國。迫使各國政府採納「一個中國」政策的那股勢力依舊存在，毫無疑問北京會繼續堅持和中國的外交關係是零和遊戲；換句話說，沒有任何政府是可以在與台灣建交的同時，又和中國保持外交關係。因此，宣布獨立雖然可以滿足其支持者，卻會讓台灣如今日頂著中華民國的國號存在下那樣的孤立。顯然更改國名也許如某些人主張的，確實可以消除中華民國這個國名所造成的誤解和困惑，但即使如此，我認為其實是那些支持獨立的人過度誇大了這種據說普遍存在海外各地的困惑。（有誰真的會把大韓民國〔Republic of Korea〕和朝鮮民主主義人民共和國〔Democratic People's Republic of Korea〕搞混嗎？就像台灣和中華人民共和國，這兩個社會在過去多年來已經清楚朝著不同方向前進。）

支持宣布獨立的人似乎也相信（假設沒有引發台海戰爭），新生的台灣共和國將更能夠治理自己。換句話說，去掉舊有的名稱和符號之後，將會神奇地生出一個更好的政府。這種論調的問題就在於，它預設台灣的政府機構將會有一場全面性的改造，幾乎可說是革命。然而，由於台灣已經以現代化國家的身分存在，難以全面改造各種機制，否則會造成動亂。也很難想像在正式獨立後，要進行一場大換血，取代原本在政府機關任職的數萬人員，因為無法找到幾萬名有資格的人來取代前朝空缺的職位。因此，即使在宣布獨立之後，台灣的政府機構將會跟以前一樣運作；同樣一批人，帶著同樣的包袱、信念和政治觀點，確保政府繼續運作。因此難以想像法理上獨立要如何改變這個國家的治理方式。這樣的改變必然是漸進式的；而即使是在現有機制和中華民國的稱號下，依然可以朝著更好的台灣逐步實現。

對於無法忍受中華民國這個國號的人，那是他們的苦藥；對他們之中的很多人來說，這個名稱以及與它有關的符號及象徵，都不斷提醒著他們傷痛的過去。然而，苦藥必須吞下。在現有環境下，台灣無法拋開務實主義的做法。偏離這個策略的風險太高了。

到目前為止，施壓要求蔡政府降低公民投票門檻以便舉行獨立公投的人，在綠營裡仍然是少數。在修改公投法時不列入修憲議題，蔡總統藉此表示她不向綠營內的部分壓力低頭。最近幾個月來，這群人又加入了前總統陳水扁和他的支持者。從我的觀點來看，蔡總統這樣做是聰明的。北京對台灣施壓，目的就是想要造成綠營內部分裂：一邊是主流的民進黨支持者，他們接受政府的兩岸關係政策；一邊則是深綠人士，他們希望政府採取更「極端」的行動路線。不用說，朝向政治光譜深綠那端移動，必定會讓蔡政府失去中間選民和淺藍者的支持，也就是在二〇一六年投票給她的人。擴大藍綠陣營的間隙，將會壯大兩個陣營裡的激進派，也會使得台灣社會本來已慢慢癒合的傷口再度撕裂。[1]

只要聽聽藍綠陣營內激進派的言論，就可以清楚發現他們的觀點不值得台灣嚮往：充滿不包容、不信任，堅信種族路線的國族建構，換句話說，就是再度回到台灣本省人對抗外省人的有害觀點。如果這樣的意識形態再度得勢，所造成的分裂只會讓台灣變得衰弱，從而讓北京得利。這就是為什麼作為台灣總統，首要就是應該避免陷入激進的泥淖。

最後，如果向深綠陣營的壓力屈服，對中國採取一種更具報復性的立場，只會讓北京有藉口加強對台灣的懲罰。台中東亞青運會主辦權遭取消的不幸命運就是一例，北京將會懲罰任何想要改變台灣選手在奧運中所用名稱的行動（不過也可以說，即使沒有正名運動，中國仍然會設法取消在台灣舉辦的運動賽事）。[2]然而，不管深綠人士對於從事和北京針鋒相對的戰爭感到多麼滿意，這是一場台灣沒有獲勝希望的對抗，因為土地大小和人口多寡都不利於台灣。台灣有的只是時間，但想要讓時間變得對台灣有利，就必須要有腦袋和有耐心。以不對稱的方式對抗中國的壓力。讓深綠陣營主導政策，將會把台灣帶回到二〇〇四和〇五年那段時期，當時處境艱難的陳水扁政府曾經一度轉向那個高度意識形態的陣營尋求支持。[3]結果並不妙。

因為如此，即使這麼做讓她和她的政府成員受到更多批評，像是一度是深綠寵兒的行政院長賴清德，蔡總統也必須維持她對兩岸關係的溫和立場。這不僅是著眼二〇二〇的總統大選，儘管她持續溫和的立場確實會讓她失去深綠陣營的選票；更重要的是，這樣做是避免腐蝕掉把台灣社會團結在一起的脆弱連結。台灣的未來寄望於中庸派，也就是那些能夠超越藍綠色彩和所謂省籍問題的人。一個負責任的領袖，不能允許政治光譜兩端的激進分子綁架政策，帶著大家回頭走上那條漫長、尚未完成的台灣人民的自我療傷之旅。

另一方面，深綠陣營也向蔡總統施壓，要求修改赦免法，發布特赦令赦免前總統陳水扁。陳水扁因涉及龍潭購地案而被判刑十九年，但從二〇一五年起就保外就醫，條件是不得從事政治行為。支持特赦陳水扁的人士宣稱，陳的案子有「不合法」之處，並且指控國民黨政府基於政治理由而把這位挑動政治爭端者下獄。對蔡總統來說，這股壓力代表另一個潛在的陷阱：特赦這位前總統雖然可以安撫深綠陣營，但無可避免會引來政治干預司法的指責，並會得罪大批藍營人士。更別提，創下這樣的先例後，將會為那些犯下各種罪行而被判刑確定的政治人物開啟特赦的大門，動搖國家司法制度的根基。除了特赦的壓力，陳水扁前總統參與政治並在公開活動中露臉，明顯違反了保外就醫的規定，但蔡政府對陳的「違法」政治活動視而不見，讓蔡總統顯得處境尷尬。[4] 儘管特赦陳水扁有很多好處，但陳和他的支持者已經讓蔡總統陷入困境，尤其她手邊有各種國內外難題等著她去處理，經不起再發動一場內部戰爭。

有時候綠營內部深綠人士的不滿，也會因為公民社會對於蔡政府未實現競選承諾的想法而被放大。不過我們必須小心不要把社會運動跟綠營劃上等號。事實上，很多社運人士是基於他們本身的使命感而批判政府，因此很可能帶著同樣的懷疑眼光看待民進黨，就像過去看待國民黨那樣。我們將在第八章看到，他們的要求聚焦在國內議題，而非台灣的戰略行動或兩岸關係。儘管如此，這些不滿已經加劇綠營內部某些人的認知，認為蔡總統很懦弱或是不值得信任。

到目前為止，綠營內部要求在面對中國時不要採取溫和立場的人尚屬少數，所以蔡政府可以忽略他們的激進訴求。有待觀察的是，肯定會持續到二〇二〇年的北京對台的懲罰行動，是否會變得更加明目張膽，或許還會增加懲罰的範圍。不管發生什麼情況，蔡政府必須衡量在下一次選舉中失去深綠選民支持的風險，以及疏遠中間與淺藍選民的代價，究竟孰輕孰重。蔡總統有個利基點，那就是深綠陣營在全國性選舉中沒有可行的替代選項——像時代力量這樣的小黨尚未具備挑戰總統大位的全國性政治勢力，而其他候選人，不管是國民黨推出的人選、甚或是柯文哲，都不是深綠選民會支持的。因此，蔡總統和民進黨可能面對的最糟糕狀況是：在選舉日當天，深綠選民決定留在家裡不去投票。

綜合上述，我認為不管如何，蔡政府經得起堅守溫和行動路線。綠營內部那股要求採取激進政策的力量，永遠不會大到如果不理會「深綠」要求就會讓全黨陷入不安。於此同時，抗拒國內這樣的壓力，將會確保一個對台灣更友善的國際環境，為台灣和全球社群中的朋友搭起友誼的橋樑，而他們的協助將會是台灣生存所不可或缺的。這些將是下一部要討論的，從區域和全球的脈絡來檢視兩岸關係。

第二部

區域與全球脈絡

The Regional and Global Context

第四章
台灣和中國的大野心：地緣政治和意識形態

台灣及其民主對國際社會很重要，因為這個島國是全球戰役的一部分，是對抗牴觸自由秩序的獨裁威權統治的防線。作為一個自由和民主的國家，如果台灣消失了……會鼓勵他們加強攻擊自第二次世界大戰結束後就存續至今的全球秩序和制度。

雖然台灣仍是中國共產黨的「核心」利益，統一更是其意識形態的主要元素，但重要的是要了解，中國對台灣的企圖並非憑空而來，事實上它們是更大戰略的一部分。儘管中國共產黨在其言論中很強調台灣，但台灣本身並不是目標，而是中國大戰略的變數之一。明白這一點，有助於我們理解北京不會僅滿足於併吞台灣，那只是中國區域與戰略野心的必要一步，而其主要目標是取代美國成為亞太地區的霸權。如此一來事情就變得很清楚，近幾年來有些分析家主張說兩岸衝突只是「家務事」，[1]認為美國應該「交換」或「放棄」台灣以安撫北京，這樣的說法其實是對中國大戰略的嚴重誤解。事實上，放棄台灣只會讓北京壯大和變得更大膽，甚至會對這個地區的權力現狀帶來更大的麻煩。

北京對台灣的計畫，有部分可以解釋為平復歷史仇恨——從「百年國恥」到韓戰爆發之後美國要求台灣海峽中立化——在低調隱忍了幾十年之後，中國現在已經有能力這麼做了。糾正歷史，重新取回中國在國際間的「正確」位置，是中國共產黨聲明的目標，實現這一點讓中國共產黨在中國民眾心中具有正當性。

在習近平掌權下，實現這些長期目標的行動顯然更為加強和密集。大膽躁進又缺乏耐性，習近平的外交政策正可以解釋為什麼「和平崛起」的希望消退，區域關係緊張起來，以及為什麼很多國家都在呼籲美國介入，還有其他國家，像日本和印度，已開始在印度洋和太平洋海域扮演更主動出擊的平衡角色。諷刺的是，由於中國表現得比以往更強勢，反而讓幾個國家因此團結起來，最重要的是，這樣的態勢說明了中國近幾年的擴張領土，而那是源自中華人民共和國於一九四九年成立以來就一直存在且未解的脆弱和不安全感。誠如，蘇爾曼瓦希夫．可汗（Khan, Sulmaan Wasif）在他的著作中提到，「習近平主政下的中國有一種奇怪的自相矛盾。這個國家已經變得比它成立以來的任何時期都更為強大，然而它卻覺得更沒有安全感，比一九六八至六九年蘇聯大戰威脅時更感到不安。」談到這個地區很多國家對此的反應，他做出這樣的觀察，「這些有關戰略地理的問題，已經變得更難處理，主要是因為中國力量不斷成長，使得它的鄰國和競爭者更加反抗。」[2]黎安友（Andrew J. Nathan）和施道安（Andrew Scobell）亦持類似看法，他們指出台灣是「地理縱深很深、政治不穩定的腹地，北京一定要加以控制，才能確保漢族心臟地帶的安全」。[3]

中國愈來愈獨斷獨行，軍事擴張、到處炫耀軍力、在南海占領島礁並加以軍事化、欺凌或拉攏小國，這些並不是實力和自信的表現，反而是不安全感所造成的結果。諷刺的是，中國占領的領土愈多，卻只是增加自身的脆弱感，這是在它之前所有帝國強權都會步入的陷阱。帝國主義者有其扭曲的邏輯，一個強權需要奪取更多領土來減輕它的恐懼，但搶來的領土本身又讓它感受到威脅，因此必須取得更多領土來加以防衛。

實際上南中國海（南海）已經被北京併吞，長久以來北京視其為一個需要防堵的戰略缺口。東海也是如此，北京在二〇一三年片面宣布一個防空識別區，涵蓋這個區域的大部分。這些行動目的是在解決（東海）外國強權的軍事通行權和行進路線的威脅，以及擔心其他國家可能在南海對中國實施禁運，因為中國經濟生存所需要的外國產品和能源，大多經由這條海道運送。而為了防衛這些占領區域，必須讓位於第一島鏈裡外的其他威脅保持中立。所有這一切都是企圖增加所謂的「戰略縱深」（strategic depth，**編按：指一個國家遇到侵略時的有效運作空間**）。

中國的戰略野心

台灣位於第一島鏈中間，以主權國家的身分持續存在並且和美國結盟，因此對中國及其近來在此地區「取得」的勢力而言，是一種威脅。北京認為，占領台灣就可以封鎖一條重要的海上走廊，讓美國部隊無法經此攻擊中國，同時又讓中國有能力威脅部署在沖繩和日本其他地區的美國部隊。但顯然中國拿下台灣後不會就此停手，因為這麼做會產生新的威脅，也需要保護新的領地，尤其要擔心東京和華府的反應。中國一旦併吞台灣，這套威脅的邏輯將會迫使北京向外推進——這也是為什麼我一直表示美國和國際間那些支持「放棄」台灣的論點是錯誤的——控制或限制對手進入第二島鏈，也就是太平洋上一條由日本、關島、帛琉到新幾內亞所串起的隱形防線。[4]俾斯麥曾說：「想要以讓步來收買敵人友誼的人，永遠無法致富。」這句名言是那些支持放棄台灣的人必須謹記在心的。

取得台灣後，中國可以利用這個島嶼擴張中國人民解放軍的計畫，包括海軍和陸軍。併吞台灣後對整個地區可能產生的動盪效應，更別提和人民解放軍在其傳統活動區外遭遇所導致的武裝衝突風險，都是不可加以低估的。最重要的是，「失去」台灣將會大大增加日本的不安全感，加上北京對琉球群島的領土主權主張，很可能促使日本領導者和北京展開危險的軍備競賽。

因此，習近平主政下的外交政策已經變成了「戰場」，標誌著中國的力量和弱點，「不同於表象，有時中國急於主宰一切是因為不安和自我懷疑作祟，而非理性相信自己終將獲勝。」[5]這個地區以及世界其他地區對於中國現象的反應，將直接影響了台灣挺身對抗這位強大鄰居的能力。艾利森·格雷厄姆（Allison Graham）指出，中國崛起以及挑戰美國在亞洲的第一地位，將會造成「修昔底德陷阱」（Thucydides Trap，**譯按：指若一個大國過於恐懼一個正在崛起的國家，就可能爆發戰爭**），增加這兩個超級強權之間爆發武裝衝突的風險。[6]是否一定會出現這樣的結果有待觀察。不過，可以肯定的是，只要北京持續感到不安，台灣將會繼續成為它的目標，不管有無附加中國共產黨的意識形態。所以這不僅是「家務事」，事實上，台灣是這整個地區權力鬥爭（涉及兩大霸權、數個中型國家和幾個小國）不可或缺的一部分。

中國併吞台灣的戰略也受區域和全球關係所影響，包括國際體系積弱不振。例如，俄羅斯在二〇一四年入侵且併吞克里米亞，但國際社會未能阻止此一侵犯烏克蘭領土完整的行動，中國共產黨肯定注意到這樣的訊息。在俄羅斯發動侵略行動後，國際間曾經對俄羅斯實施制裁，而中國領導人勢必從中學到如何減輕國際懲罰的手段，如制裁。國際社會沒有阻止中國併吞和軍事化南海島礁，或是不理會國際法庭的裁決，也是同樣情況。其他的發展，像是朝鮮半島，也可能製造出讓中國有機可乘的戰略機會。其中一種可能是美國對平壤發動軍事攻擊，北京則利用世人焦點轉移的機會對台出兵；但由於南北韓正在對話，這種可能性已降低。鑑於朝鮮半島和台灣的歷史淵源（韓戰期間台灣海峽被中立化），如果美國對北京的北韓盟友發動攻擊，中國共產黨可能將此視為向華府討公道的最佳機會，以抹除它在一九五〇年代遭受的恥辱。[7]美國對北韓採取軍事行動的可能性在二〇一七年似乎很高，但在二〇一八年六月川金新加坡峰會後，這種可能性就消退了；不過，從朝鮮半島的衝突本質來看，沒有人敢保證那樣的會談能夠產生什麼結果，在未來的幾個月和幾年，緊張情勢可能再度高升，讓美國再度考慮對平壤進行預防性軍事攻擊，一舉摧毀它的核子計畫並促成北韓政權改朝換代。

然而，太平洋並不是中國正在尋求加以改造的唯一地區。類似的努力也施展在絲路的戰略性復甦上。中國推出的「一帶一路」計畫，把中國和歐洲連結起來，沿途經過中亞、橫越歐亞。中國在這些地區向來積極部署，「減少或除去通往更大整合的具體障礙。」[8] 北京明白印度和太平洋地區的情勢不一定會對它有利，因此把眼光投向內陸，藉此擴大「戰略邊陲」（strategic periphery），企圖取得和發展替代路徑，讓中國不會成為海上禁運的目標，如同太平洋那樣。北京同時發動這些充滿野心的計畫，試著減少其戰略弱點。然而，如同亞太地區的發展，這條新絲路和歐亞計畫必須要有大量投資、收購、興建輸油管線和建設軍事基地，才能使計畫成真——反過來也會讓中國曝露在風險中，從而讓它更想要取得和保護更多土地，再度陷入帝國陷阱。

北京在亞太和其他地區展現強硬姿態的理論架構，呼應中國共產黨的政策基調——從黨內部領導班子做出的共識，轉變成以習近平的政策思想為中心，因此習在重要演說中使用的措辭變得格外重要，可以作為我們了解中國政策走向的線索。

二〇一七年十月十八日，在向中國共產黨第十九次全國代表大會發表政治報告時，習近平特別指出，「今天，我們比歷史上任何時期都更接近、更有信心和能力實現中華民族偉大復興的目標。」中國共產黨在此一偉大復興中占據要角，以及需要向現狀做出必然的挑戰，都是顯而易見的。「實現偉大夢想，必須進行偉大鬥爭。社會是在矛盾運動中前進的，有矛盾就會有鬥爭。我們黨要團結帶領人民有效應對重大挑戰、抵禦重大風險、克服重大阻力、解決重大矛盾，必須進行具有許多新的歷史特點的偉大鬥爭。」這些「偉大鬥爭，偉大工程，偉大事業，偉大夢想，緊密聯繫、相互貫通、相互作用，」習近平如此說。「關鍵是黨的建設新的偉大工程。」

提到國家安全問題，習說：「堅決反對一切分裂祖國、破壞民族團結和社會和諧穩定的行為；更加自覺地防範各種風險，堅決戰勝一切在政治、經濟、文化、社會等領域和自然界出現的困難和挑戰。」

為了確保國家安全，軍事改革是從十八大以來的重要工作。在提到十九大前五年的工作成果時，習近平表示：

強軍興軍開創新局面。著眼於實現中國夢強軍夢，制定新形勢下軍事戰略方針，全力推進國防和軍隊現代化。召開古田全軍政治工作會議，恢復和發揚我黨我軍光榮傳統和優良作風，人民軍隊政治生態得到有效治理。國防和軍隊改革取得歷史性突破，形成軍委管總、戰區主戰、軍種主建新格局，人民軍隊組織架構和力量體系實現革命性重塑。加強練兵備戰，有效遂行海上維權、反恐維穩、搶險救災、國際維和、亞丁灣護航、人道主義救援等重大任務，武器裝備加快發展，軍事鬥爭準備取得重大進展。人民軍隊在中國特色強軍之路上邁出堅定步伐。

對於未來五年：

國防和軍隊建設正站在新的歷史起點上。面對國家安全環境的深刻變化，面對強國強軍的時代要求，必須全面貫徹新時代黨的強軍思想，貫徹新形勢下軍事戰略方針，建設強大的現代化陸軍、海軍、空軍、火箭軍和戰略支援部隊，打造堅強高效的戰區聯合作戰指揮機構，構建中國特色現代作戰體系，擔當起黨和人民賦予的新時代使命任務。〔……〕

軍隊是要準備打仗的，一切工作都必須堅持戰鬥力標準，向能打仗、打勝仗聚焦。紮實做好各戰略方向軍事鬥爭準備，統籌推進傳統安全領域和新型安全領域軍事鬥爭準備，發展新型作戰力量和保障力量，開展實戰化軍事訓練，加強軍事力量運用，加快軍事智能化發展，提高基於網絡信息體系的聯合作戰能力、全域作戰能力，有效塑造態勢、管控危機、遏制戰爭、打贏戰爭。堅持富國和強軍相統一，強化統一領導、頂層設計、改革創新和重大項目落實，深化國防科技工業改革，形成軍民融合深度發展格局，構建一體化的國家戰略體系和能力。完善國防動員體系，建設強大穩固的現代邊海空防。[9]

在報告中，習近平花了相當的時間保證中國與各國達成經濟互惠條款的用意和目標，強調會完全尊重對話國家的利益和獨立。然而，這樣的保證不僅因為中國近來在東海和南海的行動而削弱，中國對外大量投資所造成的債務陷阱，亦凸顯了中國擴張的新殖民主義本質。對於這種現象的憂慮，最好的闡釋莫過於馬來西亞首相馬哈迪（Mahathir Mohamad）在二〇一八年訪問北京時曾當面告訴中國總理李克強：「我們不希望見到新型態的殖民主義出現，因為貧窮的國家無法與富裕的國家競爭。」在發表這項談話之前，馬哈迪已經決定取消中國資助馬來西亞的兩項計畫，包括造價兩百億美元的東海岸銜接鐵道，以及達二十三億美元的沙巴天然氣輸送管項目，而北京方面無法說服他取消決定。馬哈迪的談話被視為是中國一帶一路的重大挫敗，但他說出了很多被列為一帶一路目標國家的心聲，他表示中國的投資既不能養活這些國家，也不是他們需要的，而且經常只是滿足了北京的戰略利益。然而，還是有很多非洲和其他地區國家競相爭取來自中國的基礎建設投資和貸款；習近平和李克強推動和這些國家的「積極外交」（Proactive Diplomacy）。二〇一八年十月，獅子山共和國政府也宣布，終止向中國貸款興建的四億美元的機場工程。此一工程計畫是獅子山前政府與中國談判達成，由中國公司負責興建，完工後將由中國管理和維護。獅子山現任總統朱利葉斯．馬達．比歐（Julius Maada Bio）在宣布終止此一工程時表示，這個機場計畫不僅不必要，對他的國家人民來說亦是不公平的代價。[10]

經濟掠奪和債務陷阱

有愈來愈多人害怕，中國利用在海外撒錢的方式，「於全球某些最具戰略價值的地區取得據點，甚至故意引誘一些弱勢國家掉入債務陷阱，以便增加中國的勢力，尤其正值美國在開發中國家的影響力日漸消退之際。」[11]看看近來的例子，債務陷阱的結果是北京取消某些無力償還貸款之國家的債務，交換條件是中國取得這些國家基礎建設的控制權，包括港口設施。斯里蘭卡就是一例，根據二〇一七年七月簽訂的一項協議，斯里蘭卡政府把它的深水港漢班托塔港（Hambantota port）的經濟控制權，移交給中國半國營的招商局港口控股有限公司（China Merchants Port Holdings），租期長達九十九年。誠如一位評論家指出的，這項協議把斯里蘭卡變成了現代的「準殖民地」。[12]

可能已經落入中國「掠奪經濟」和「債務困擾」戰略陷阱的國家，包括太平洋的十一個島國，過去十年來他們已經累積了近十三億美元的債務。[13]他們之中很多都是台灣的邦交國，所處位置對於第二島鏈的完整性非常重要。另外，吉布地、塔吉克、吉爾吉斯、寮國、馬爾地夫、蒙古、巴基斯坦和蒙特內哥羅八個國家，都已掉入一帶一路的債務危機。[14]在此必須強調的是，北京對於一帶一路的計畫相當認真，除了投入數額驚人的金錢，中國政府還詳細研究了一帶一路目標國家的法律制度。筆者剛好有機會瀏覽兩冊皮革精裝書，書名是《一帶一路沿線國家法律環境國別報告》，由中華全國律師協會特別為此計畫所編撰。中國和沿線每個國家中最頂尖的法律事務所簽約，請他們針對中國投資者在該國可能面臨的法律環境提供詳盡的分析（中英版本皆有）。顯然這種高度專業的分析是要找出各國的法律弱點和「灰色地帶」。

除了領土的擴張，中國共產黨亦基於意識形態發動戰爭。二〇〇八至〇九年的金融海嘯使得全球民主危機更形惡化，加以川普上台後美國可能重回孤立主義和保護主義的跡象，創造出一個戰略良機（或說北京如此認為），修正主義勢力可以挑戰從二次世界大戰結束以來奠定國際關係基礎的美國領導的自由民主世界秩序。於是，中國開始宣揚其「精英式獨裁」的「中國模式」是比「混亂的」民主更合適的治理形式，並且主張民主已經破壞了世界很多地區的成長。在中國知識分子當中，宣傳此一模式最力者莫過於風險投資家及政治學者李世默，二〇一二年他在《紐約時報》一篇名為〈為什麼中國的政治模式是優越的〉（Why China's Political Model Is Superior）的社論中寫道：

> 西方與中國目前的競爭並不是民主和獨裁的對峙，而是兩種根本不同的政治觀的衝突。現代西方把民主和人權視為人類發展的頂峰。這種信念以一種絕對信仰為前提。
>
> 中國所走的道路則不同。如果讓民眾更多地參與政治決策真的對經濟發展和中國的國家利益有利，中國領導人就準備這樣做，就像他們在過去十年中所做的那樣。
>
> 然而，如果國家的情況和需要改變，中國領導人就會毫不猶豫地削減這些自由……
>
> 華府和北京之間看法的根本差別在於，政治權利是不是上帝賜予的，從而是絕對的，或者，它們應該被視為特權，是可以根據國家的需要和國情來加以談判。
>
> 西方似乎無力變得更不民主，即使在其生存全賴於這種轉變的時候。從這個意義上講，

今天的美國類似於昔日的蘇聯，因為當年蘇聯也認為自己的政治制度就是最終目的。歷史並沒有對美國模式做出好的預示。事實上，基於信仰的思想傲慢，可能很快就會讓民主制度墜入懸崖。[15]

上述論點的謬誤將在本章稍後討論。無庸贅言，「中國模式」確實在世界很多地方受歡迎，而不只是在想要效法中國成功發展經濟又能箝制政治自由的發展中國家。川普總統發言批評全球化和自由貿易，也讓北京有機會自詡為全球貿易和多邊主義的新霸主；這麼做也讓北京有機會重寫他認為向來較有利於西方世界的遊戲規則。有些開發中國家需要基礎建設的投資，但是像國際貨幣基金和世界銀行這些組織在提供貸款時，往往連帶要求國家政府必須透明和當責，這時候中國就成了救星，提供他們迫切需要的資金且顯然沒有附帶要求——然而，如我們所見，「債務陷阱」反而可能對這些債務國的主權造成嚴重後果。中國作為全球的貸款人，已經強化了非民主政權，點燃了全球民主的危機，以效率為名助長貪腐。

如同領土問題，台灣處於自由民主世界與由中國和俄羅斯領導的修正主義勢力的意識形態戰爭的交口。台灣符合主權國家的定義，不同於北京主張國家是文明的產物；台灣也是亞洲社會裡能夠調和孔子思想和民主實踐的範例。事實上，儘管還有很多未竟完美之處，在東亞所有的民主國家當中，台灣的民主可以說是最成功，當然也是最自由和最有活力的。除了持續的政權和平轉移，以及定期舉行自由與公平的選舉，台灣還有一個非常活躍的公民社會，在很多人權領域方面已經成為領導者，包括LGBTQI（女同性戀者、男同性戀者、雙性戀者與跨性別者）的人權。

除了作為對抗獨裁主義的「防火牆」，台灣的民主、開放社會以及自由媒體，也直接挑戰北京提出的另一種治理形式和國際秩序。這就是為什麼中國近年來對台工作的主要焦點在於打擊台灣的民主機制，破壞台灣人民對這種治理形式的支持。北京在台灣和世界其他地區以心理戰和政治戰（銳實力）、各式宣傳、假訊息和貪腐來破壞民主，增加其替代制度的吸引力。就跟俄羅斯對付克里米亞一樣，中國共產黨運用假訊息向來是「企圖扭曲邏輯與事實的蓄意行徑」。[16]但常見的是，對台灣鮮少投注長期人力的國際媒體會誤信並傳播這些網路訊息。

對抗獨裁威權統治的防線

北京也積極想要塑造管理網路空間的國際規則和制度。「對於擬定網際規則，中國顯然把更多力氣擺在聯合國，」紐約外交關係協會（CFR）數位暨網路空間政策計畫部主任史國力（Adam Segal）在發表於《外交事務》（*Foreign Affairs*）上的一篇文章中如此說道。北京傾向以國家為中心的模式，希望創造出一種網路管理的未來模式，讓國家可以凌駕於私人企業與社會之上，並且已經尋求「動員〔聯合國〕裡的開發中國家投下支持票，不少這些國家也想要控制網路和資訊的自由流通。」[17]中國的一帶一路政策也導致一條「數位絲路」，其中大部分數位基礎建設，包括光纖電纜、行動網路、衛星轉播站和資料處理中心，都是由中國企業開發。透過參加世界互聯網大會，並成功讓蘋果公司執行長提姆・庫克（Tim Cook）和Google執行長桑德爾・皮蔡（Sundar Pichai）呼應中國對開放網際網路的官方說辭（儘管北京其實嚴格限制言論自由），中國影響著全球網際網路的未來，並且可以破壞其境外的網路自由。中國在二〇一八年施壓國際航空公司和國際大企業，要求他們更改網頁和應用程式裡的語文，若這種控制網路的行動未被阻止，未來將出現更多這類情事。

如果能夠抹掉台灣作為一個成功民主國家而存在的事實，不論是動用武力或持續施壓破壞，都將是中國共產黨的重大勝利。此外，這會對世界其他地區對民主的追求產生不良的影響。因此，對北京來說，取得台灣不僅是為了安全所需，也是除去中國共產黨在全世界發動意識形態戰爭的首要對手。

台灣是東南亞很多國家的希望來源，提供迫切的援助給這個日漸重要的地區裡從事人權和推廣民主的公民社會、非政府組織和政黨。亞洲地區對民主的渴望，以及伴隨而來的透明化和當責的規則，已經阻礙了中國的野心。馬哈迪在二〇一八年五月勝選，以及他反對中國在馬來西亞的投資，就是最明顯的證明。北京政府發現和馬哈迪的前任納吉・拉薩（Najib Razak）打交道要容易得多；納吉政府因為貪腐和不民主作風已聲名狼藉。跟台灣的情況一樣，民主「防火牆」使得專制政權更難從其他國家取得他們想要的。九月下旬，曾經被扯進中國和印度攻防戰的印度洋小國馬爾地夫進行大選，北京支持的現任總統阿布杜拉・雅門（Abdulla Yameen）落敗下台；他是一位高壓的獨裁者，在五年任期內帶著他的國家向中國靠攏。勝選的易卜拉欣・穆罕默德・索利（Ibrahim Mohamed Solih）已保證要恢復和印度的關係，減少國家對中國的依賴。[18]雅門政府推動的一系列基礎建設由中國提供貸款資助，估計金額高達十三億美元，相當於這個群島小國國內生產總值的百分之二十五以上，批評者憂心這將導致中國對這個國家施加不當的影響。[19]（學術研究顯示，民主與降低貪腐之間沒有直接關連。就民主來說，光是舉行民主的最低要求選舉，尚不足以遏止貪腐。適當運作的機制，對公眾負責，透明化，成熟的公民社會和自由的媒體，這些都是必要的。相反的，缺乏成熟民主的這些附加條件，高階和系統性的貪腐就很可能發生，即使很少被報導。）[20]

在一些例子裡，台灣和東南亞的公民社會及民主政黨往來時，甚且讓親北京的政權指控台灣干預政治，如柬埔寨的洪森政府，此不實指控再經香港和台灣的親中媒體報導，抨擊台灣政府和民進黨向外推銷民主。[21]台灣也遭北京和親北京的香港人士指控支持主張民主和獨立的運動，在香港煽動不安。

對台灣來說，面對威權的中國時，光是保持民主（不論對內或對外）並不足以期待可以獲得國際社會的協助。不幸的是，這經常是台灣政客和台灣的支持者不加思索就會提出的論調，他們想要用這一點來說服他人應該伸出援手。台灣應該做的是，告訴大家為什麼保持台灣民主和自由符合他們的利益。換句話說，台灣的支持者不應該仰賴利他主義，而是訴諸自身利益：台灣及其民主對國際社會很重要，因為這個島國是全球戰役的一部分，是對抗牴觸自由秩序的獨裁威權統治的防線。作為一個自由和民主的國家，如果台灣消失了，可能世界上多數國家不會有直接感受，事實上，在亞洲之外，多數人甚至不會知道發生了這件事。但這樣的損失將是反民主勢力的一大勝利，會使得修正主義者變得更為大膽，並會鼓勵他們加強攻擊自第二次世界大戰結束後就存續至今的全球秩序和制度。如果中國共產黨和其他威權沒有遭遇反抗（台灣就站在這種反對力量的第一線），有那麼一天，那些不知道台灣民主已經被消滅的同一群人將會發現，他們必須對抗已經站上他們家門口台階的修正主義。事實上，今日這種情況已然發生：中國網民來到我們自己的國家裡，指揮我們應該在公司網站上怎麼稱呼台灣，或是指出哪一幅中國地圖才是「正確」的。

台灣海峽直接串連到一個更廣大的領域，也就是是網路空間裡的經濟間諜。如同前面討論過的領土和意識形態之戰，中國正以網路間諜作為其全球戰略的一部分，建立並強化其經濟和科技實力，以取代競爭對手。美國國家反情報和安全中心（U.S. National Counterintelligence and Security Center）在二〇一八年的報告中指出，「中國已經擴大手段取得美國科技，包括敏感的貿易機密和專利資訊。中國持續利用網路間諜支援其戰略發展目標：科學與技術升級，軍隊現代化，以及達成經濟政策目的。」中國使用一套「複雜、多面向的技術發展戰略，同時利用合法和不合法的方法來達成目標」。[22]

除了直接鎖定台灣公司，報告中列舉的很多策略都是利用台灣在全球高科技產業扮演的重要角色，以及它和美國的密切關係，使得台灣同時成為受害者和不知情的同夥。這些策略包括：非傳統收集者（以科學或商業為專業目標和取得美國科技的個人）、合資企業、研究夥伴、共同研究學者、科學與技術投資、併購與收購、幽靈公司、獵人頭公司、情報機構，以及對外國公司不利但有利於中國公司的法律和規定。根據這篇報告，網路間諜活動優先鎖定能源／替代能源企業、生物科技、國防科技、環境保護、尖端製造，以及資訊和通訊技術。報告指出四十九項被網路間諜列為優先目標的產業和科技，從先進的壓水反應爐和高溫氣冷堆核電站，到智慧電網、生物製藥、新疫苗和新藥、航太科技、雷達與光學系統、節約能源系統、３Ｄ列印、高性能複合材料、太空基礎建設和探勘技術、人工智慧、高端電腦晶片和量子電腦與通訊。

若要解決這種特殊的威脅，美國不僅需要和私人企業合作，「透過網路研究解決科學與技術之間的缺口，找出方法減少這些威脅者在網路空間裡的惡意活動，」也必須和國際社會的盟友合作，包括台灣在內，因為他們同樣遭到惡霸中國的威脅。鑑於全球經濟體系的互聯性，科技業、私人企業和政治領袖都有責任防堵這些潛在的缺口，以免被像中國這樣的國家利用。因此，如同領土和意識形態的戰鬥，當美國和世界其他國家聯合起來對抗網路間諜的威脅時，台灣作為國際社會中一個負責和守法的成員，將是不可或缺的夥伴。

我們也應該指出，這三個領域是相互連結和呼應的，而台灣正好處於這三個領域的交叉點——中國透過猖獗的網路間諜活動建立起國防力量，更有利於軍隊現代化，進而威脅其鄰國，立足亞洲挑戰美國，開發各種技術和軟體以強化在國內和世界各地的威權統治。這三個領域的挑戰，正好給了台灣政府及其公民社會和國際社會接軌合作的機會。這麼做的同時，台灣將會進一步證明它作為獨立的民主國家是全球社會的重要資產。

對習近平的挑戰和威權統治的脆弱性

中國從二〇一三年以來就表現得更加強勢，主要歸因於習近平的性格和世界觀——缺乏耐性，強烈的歷史使命感，以及自大偏執。對習近平來說，中國夢就是現在，而不是只能在未來實現。他的治理風格和對權力的鞏固，也助長了一種全面防堵的態勢。習近平在中國共產黨內的多位潛在對手，像薄熙來和曾任中央政法委書記的周永康等人，都像蒼蠅一樣被掃到一旁，他們很多人是在反貪腐運動中被捕，而根據中國媒體報導，此一反貪腐運動受到民眾廣泛支持，並且已經向上燒到中國共產黨和人民解放軍高層，包括前中央軍事委員會委員及中國人民解放軍總參謀長房峰輝上將（習是中央軍事委員會主席）。兩位擔任過中央軍事委員會副主席的郭伯雄和徐才厚上將，也被反腐大網套住而遭捕下獄，和房峰輝同時擔任中央軍委的張陽則在二〇一七年十一月自殺。據新華社報導，自從二〇一二年十八大以來，「共有一百多名人民解放軍團級以上軍官，包括兩位中央軍事委員會副主席，遭到調查和懲處。」美國布魯金斯研究所資深研究員李成（Cheng Li）在二〇一六年的文章中，估算被捕的人數有一百六十位高級官員，包括副部長級和副省長級或更上級的文官，以及少將或更高軍階的將領。[23]美國政治學家裴敏欣指出，人民解放軍內部的「集體貪腐」已達「大流行」，而人民解放軍則是「中國共產黨生存的最終保護者」。[24]同樣的情況也適用於中華人民共和國國家安全部，這個負責紀律檢查的部會本身也遭到貪腐醜聞打擊。據裴敏欣指出，儘管習近平想要大力根除貪腐，「權貴資本主義以及集體貪腐的根，向下伸入極深」，並且將繼續破壞國家的安定。[25]

有很多遭到調查和逮捕的人與習近平的幾位前任領導人關係密切，這表示其中很多中箭落馬的高官和「老虎」的命運與黨內派系有關。

習近平成功剷除潛在挑戰者的同時，也加緊對意識形態的控制，影響及於中國社會的各個層面，並且出現一種自毛澤東以來不曾見過的個人崇拜。例如，「習近平新時代中國特色社會主義思想」在二〇一七年秋天被寫入中國共產黨黨章，到了二〇一八年春天，習思想更被寫入中華人民共和國憲法。

除了這些過度的行動，二〇一七年十月，中國共產黨第十九次全國代表大會決定取消國家主席任期的限制。原來的國家主席兩任任期限制是鄧小平提出的，這個機制的目的是要防止再度出現毛澤東式的至高領導人，因為毛的權力和野心曾經造成大躍進和文化大革命這樣的大災難。個人崇拜再加上取消任期限制，引起某些中國圈擔心無所節制的毛澤東思想可能會捲土重來，這也引來中國國內外的批評聲浪。現任加拿大維多利亞大學政治系教授的吳國光就曾經指出，「毛澤東以後的領導人愈來愈需要這些黨代會認可他們的合法性和權威……也許正好顯示，弱勢領導人和黨代會選舉制度化的必然連結。」[26]雖然目前還不能斷言習近平是不是二十一世紀毛澤東的化身，但可以確定的是，他是一位「強勢領導人」，是毛澤東以來最強勢的。而且，跟毛澤東一樣，習近平似乎不覺得他需要透過這些法規化和制度化的行動來正當化他的個人統治。

習近平的反貪腐運動也引發「紅二代」（革命時期共黨領導人的子女）和「太子黨」的不滿，因為他們都是在鄧小平改革開放期間的企業家，已經累積了相當驚人的財富。有不少太子黨成員從二〇一二年以來就支持習近平，但現在黨規要求六十八歲以上的人就要退出政治，所以這些人在十九大後被迫下台。這些發展可能已經造就一群心存不滿的前官員和黨員，因為他們現在被排除在制度之外。軍人的退休金改革也讓一些退伍軍人不滿，在二〇一八年出現前所未見的抗議行動。

所有這些引發謠傳說，二〇一八年八月在河北省避暑勝地北戴河的一場會議上，曾經爆發一場權鬥，讓很多人懷疑習近平是否真正能夠控制中國共產黨。根據多數分析家的說法，習近平已經能夠掌控情勢，可能要經過很長的時間後才會有人出來挑戰他的領導地位。中國政治缺乏透明度，一些中國專家必須在官方報紙上搜索，算算在重要文章中一共提到習近平幾次，以及看看這位中國領導人的照片是不是被放在頭版位置，藉此找出中國共產黨可能爆發內鬥的一些線索，這種現象使得評估這個政權的穩定度成了猜謎大賽。儘管如此，但可以這麼說，加強對全中國的控制，鎮壓網路和公民社會，把反貪腐運動政治化並用來剷除競爭對手，以及推動意識形態滲入政府機構、學校、情報單位和軍隊，所有這些都象徵著習近平這位領導人對於自己的掌控力尚無完全的自信。也可以說，作為一名領導人，習近平不受愛戴，而是讓人害怕，而一旦他的施政出現了弱點，很快就會被批評者拿來對付他。

有個重要的問題，如李成在《習近平時代的中國政治》（*Chinese Politics in the Xi Jinping Era*）提問的：習近平在取代集體領導的過程中，是不是「幸運地剛好走到一個時間點，在鞏固權力的同時（推翻中國共產黨領導階層的日漸僵化並防止黨的分裂），又能夠獲得中國大眾及其他大部分中國領導人的歡心，尤其是目前中國共產黨中央政治局常務委員會的一些成員」；或者，他能夠掌權，其實是「透過不擇手段和詭計多端的權謀，以及聚集了大批強烈忠誠的支持者，因此讓中國共產黨回到強人政治時代」。[27]這個問題的答案將是決定習近平是否能夠繼續掌權的關鍵，以及誰將以什麼方式取代他，是透過黨的機制或是經由政變。

習近平把自己當成實現中國夢的指標和不可或缺的行動者，顯示他已經擺脫之前歷任中國領導人以多數意見為依歸的治理方式。因此，只要事情是朝著對中國有利的方向前進，不論國內和國外，那麼習近平應該可以安穩坐好他的位子。然而，萬一情勢惡化，作為權力頂峰的習近平將要承擔搞砸國家的罵名。他的獨裁傾向和全面控制黨國機器，使他很可能無法從幕僚那裡接收到需要的資訊，以致於在處理複雜問題時無法做出正確決定。我們可以把這稱之為「馬屁精和獨裁者」陷阱。最後，取消國家主席任期限制，等於關閉了對未來領導組成表達不滿和談判的一個可用管道。這表示，以往中國共產黨未來的接班人都知道，他們只要在旁默默等待，時間到了就有機會晉升到黨的最高層。但現在這個可能性沒了，比較不和平的政權轉移手段變得可能，像是政變，而這也是造成動盪不安的主因。誠如福德漢姆大學（Fordham Law School）法學院教授明克勝（Carl Minzner）指出的，在習近平恢復獨裁統治後，「中國現在正穩定地啃蝕它自己以前的政治制度化……這本來是黨國體制安定的來源。」[28]

這些都發生在中國正面臨非比尋常的挑戰之際，包括國內和國外。經濟成長緩慢、環境惡化和快速老化的社會（將對社會安全網構成嚴重威脅），這些都是中國共產黨領導班子很快將會面臨的問題。對外，和美國日益擴大的貿易戰爭，中國內部有些人已經在批評習近平處置失當，加上愈來愈困難的戰略環境，且同樣有人指責習的外交政策過分躁進，這些都會讓習近平的中國夢脫軌，或者至少造成延誤中國夢的實現。

中國經濟目前雖然還表現得相當不錯，二〇一八年的成長目標是百分之六．五，但無可否認它正在趨緩，而且不可能回到過去幾十年那種可觀的數字。金融過度（Financial Excess）現象和房產泡沫造成的問題持續影響中國的經濟前景，和美國的貿易戰爭可能會把這些數字往下拉且延長這場貿易戰的時間，並讓華府實施更嚴厲的關稅。至二〇一六年底，債務已占這個國家國內生產總值的百分之二百七十七。中國共產黨努力改革市場，把中國經濟從仰賴出口模式轉移到成長較為緩慢、更加注重自給自足的經濟模式，但這些改革只在初期階段，並不能保證一定成功，而刺激國內消費的招式也隨著使用次數的增加愈來愈沒有效果。

環境惡化，從空汙到河川汙染，對中國社會造成嚴重風險。二十一世紀最初五年，環境惡化造成的經濟成本（主要為醫療和人命損失）占中國國內生產總值將近百分之八到十二，而隨著中國經濟和工業發展快速進行，這個數字預料還會上升。[29]光是土壤汙染，據說就要耗掉中國國內生產總值的百分之一．一，水汙染百分之二．一。據說，全中國目前存在的

「癌症村」就多達四百五十九處，其中很多就位在高度汙染的河川附近。缺乏誘因、過度仰賴口號和運動，以及系統性貪腐和過度仰賴化石燃料，也可能不利於解決環境惡化，而環境的持續惡化又將增加醫療成本和相關的社會問題。

於此同時，中國正邁入全球最老化的社會。到了二〇五〇年，中國的平均年齡中位數將達四十九歲，比同一時期的美國老了九歲，二十到二十五歲的人口數將會減少一半。隨著人口逐漸老化，一些慢性病也會跟著增加，像是失智症和糖尿病。到了二〇四〇年，中國的年齡中位數以及伴隨而來的問題，將會類似今日法國、德國和日本的現象。不過，中國的人均國內生產總值將會比這些國家低了很多，甚至更為不平均，而這將迫使中國領導人做出不一樣的預算分配。這樣的改變可能最早在下一個十年出現，或許是調降國防預算占政府總預算的比例（二〇一七年為百分之六．一，也就是國內生產總值的大約百分之二）[30]，或者為了避免這樣做，中國共產黨將必須「接受爆炸性增加的老年人口的貧窮程度繼續成長」，甚或可能擴大國內的貧富差距。[31]經濟下滑或只是經濟成長變緩，都將無可避免地使問題惡化。傅好文（Howard W.French）指出，「在不遠的未來，想要籌措中國像氣球般鼓起的社會安全成本，將會替中國社會製造出沉重的新負擔，我們今天針對這個國家的財富與權力所做的絕大部分線式思考，到時候都會被這些負擔破壞殆盡。」[32]

在此同時，因為缺乏官僚政治的改革，以及國家加諸公民社會的控制，損及中國處理這些問題的力量。美國密西根大學政治學系副教授洪源遠（Yuen Yuen Ang）寫道，如果想要充分處理國內這些挑戰，「政府一定要釋放和引導公民社會的龐大創造潛能，必須允許更大的言論自由、更多的民眾參與，以及減少政府的干預。」如果習近平還是缺乏彈性，堅持對中國社會實施嚴格控制——「在他眼中，要以中國共產黨的統治遏止政治威脅」——那麼，「他就不能期待政府官僚會有所創新，或是達成跟過去一樣多的成就。」[33]類似的政治限制已經妨礙了處理環境汙染威脅的作為。如美國外交關係協會高級研究員、亞洲部主任易明（Elizabeth C. Economy）在其書中所言，「北京正強烈約束公民社會的角色，禁止挑戰政府政策的權威人士或活躍分子出聲，在非政府組織內部安插黨的委員會，監督這些組織的活動，限制他們和外國對應組織的合作。」[34]她繼續寫道，對非政府組織加強管制的結果，就是「出現這樣的一個社會：缺乏獨立，沒有能力要求政府負責任。不像在二〇〇〇年代末期，這些團體曾經幫助政府發起清除空汙的運動。」

從所有這些來看，顯然習近平的偏執妄想，加上他的意識形態動機，以及擴大限制宗教團體、公民社會以及與外國非政府組織交流的能力，再再傷害了這個國家。這些決定純粹是基於政治考量，目的是要保護中國共產黨不受中國社會內部的批評和來自國外的威脅，這些決定已經翻轉了從二〇〇三年以來中國的很多制度化改革，何況這些改革本來也只進行了部分。此一決定，以及其民粹主義和中央集權，可能會全面反撲，讓習的對手們（目前這些人大致保持沉默）有可以逼他下台的彈藥。

上述這些問題也可能危及習近平的政治目標，而這些目標正是他正當性的主要依恃。或者說，完成目標的機會之窗也許會快速變小，像是併吞台灣。如此一來，習近平可能推斷他必須先實現中國夢，才能轉過頭去處理國內問題，像是經濟、環境、日漸老化的社會和其他問題。換句話說，他可能會意識到自己的時間已經不多。倘若如此，就可以解釋為什麼會出現看來似乎是適得其反的獨裁主義復活、更嚴格的意識形態控制、民粹主義、極端民族主義、軍國主義，以及在國外進行的冒險行動，這些都是在習近平上台後的中國特色。不用說，這是一場豪賭。就如同傅好文在《天下萬物》（*Everything Under the Heavens*）書中說的，「習近平已經與鄧小平著名的等待時機戰略分道揚鑣」，並且「決定中國一定要抓住現在能夠取得的任何利益，以免機會之窗在未來十年，或最多二十年之內，被關上。」[35]他接著表示，「這將使得即刻的未來變成美國和中國間風險最高的時刻」——而就台灣而言，併吞台灣是習近平的野心和歷史傳承的核心。

如果傅好文說的沒錯（我相信他是對的），那麼對台灣來說，二〇一八至三八年是風險特別高的時期。我們已經看到中國很有可能計畫在二〇二〇至二二年間以武力犯台。就如上一章討論的，中國對台灣發動大規模軍事行動的可能性和幾個要素相關，包括北京或許會認為統一可以不需要使用武力，以及台灣本身的嚇阻能力，還有台灣從其主要的安全保護國美國及日本和國際社會其他盟友所獲得的支持有多少。倘若蔡英文（或其他民進黨候選人）在二〇二〇年連任成功，並且預期在另一個四年裡統一不會有所進展，那麼北京可能就會相信武力是唯一選項，尤其如果中國共產黨認為，由於人口統計學趨勢和經濟原因，使得以軍事手段奪取台灣的機會之窗正在快速關閉。所有這一切表示，我們不能將習近平之前中國相對謹慎的對外政策或「理性」決策視為理所當然。即使我認為習近平不會貿然將他的歷史名聲賭在一次無法預料且可能會失敗的台海軍事冒險行動，但他在處理其他幾項問題時，並未遵照前任幾位領導者的做法，包括推翻之前的制度化改革，這顯示我們是在跟一位新形態的中國領導人打交道。從很多方面來看，習近平是日裔美籍政治學家法蘭西斯・福山（Francis Fukuyama）所說「對地位的渴望」（megalothymia）的具體化身，福山指出，具有這種人格特質的人，「努力要表現得與眾不同：敢於承擔巨大風險，從事巨大奮鬥，尋求做出重大影響，因為這一切都將讓人們認為他比其他人優越。」[36]對台灣及其盟友來說，首要之務是確定中國不會在危險的機會之窗期間屈服於對台動武的誘惑。因此，台灣必須繼續爭取時間。最重要的是，台灣必須對自己的嚇阻武力、戰備和訓練做更大投資，以及更明確定義美國和日本的「紅線」——什麼情況下他們會干預台灣海峽的戰事。相同的邏輯適用於世上其他也被習近平列為目標的地區。

我們也不能寄望一個可能性（目前還微乎其微）：如果習近平的領導遭遇嚴峻挑戰且被拉下台，取代他的領導人一定會比習更有耐心，或是比較不那麼民族主義。換句話說，很快就會知道，習近平的強勢專斷究竟是異數，或者是中國社會，尤其是中國共產黨，發展的趨勢之一。

第五章

美台關係和睦

美台之間的親善進展是逐步進展的，而非突然出現，其中很大部分是雙方之間持續進行但十分低調的交流……倘若不顧後果和美國往來，很可能引來北京對台灣做出高度懲罰性的行動，因此基本上台北和華府都應該衡量新的交流會帶來什麼樣的實質利益。

從第二次世界大戰結束後，對台灣來說，沒有任何國家比美國重要，至今亦然。儘管二〇一六年台灣政權從國民黨轉移到民進黨手中，以及同年底川普當選美國第四十五任總統，使得台美關係蒙上不確定因素，但無可否認台美雙邊關係在過去兩年來，以對台有利的方式顯著深化。

這有部分要歸功於蔡英文政府的政策強調穩定和可預測性，尤其重視讓華府安心。在歐巴馬任期最後幾個月以及川普新政府上台之初，台北成功維持平衡立場，一方面保護台灣自身利益，一方面向華府保證台灣不會是台海的不穩定來源。雖然蔡總統向北京伸出橄欖枝，包括承認兩岸在一九九二年會面的「歷史事實」、尊重中華民國憲法、承諾維持「現狀」等等，引發台灣綠營內部分人士不滿，但這也是在向美國當局表示，她的政府不會從事可能引發台海武裝衝突的行動，因為這樣的衝突將會迫使美國出兵干預並被捲入跟中國的戰爭。蔡總統亦明智地迴避了修憲和更改國名的公投，因為這樣的行動不僅會給北京更多施壓的藉口，造成台海動盪的舉動也會讓美台關係降到冰點，如同二〇〇五年陳水扁政府考慮進行這種公投時的態勢。

蔡政府謹慎任事，以及在我看來，對於這種三角關係的聰明做法，使得北京無法像在陳水扁時代那樣，說服華府和國際社會相信台灣或民進黨是台海不穩定的主因。事實上，從二〇一六年以來，北京的懲罰性戰略已經對台灣產生（有限的）影響，但這種打擊台灣的行動受到壓倒性的負評，北京被認為是台海關係中不負責任的一方；是北京意圖改變「現狀」，是北京以及習近平被冠上「麻煩製造者」的稱號。

伴隨而來的是華府及其他各國終於明白，台海之所以關係緊張不是因為民進黨或其獨立言論，而是台灣和中國這兩種制度間的不相容。換句話說，這樣的衝突超越台灣的政黨，即使國民黨在二〇一六年勝選，或是在未來的選舉中重新取得政權，台灣和中國的衝突仍然存在。當然，其中最主要的原因，是過去多年來已經在台灣發展成熟的公民民族主義，最明顯的展現就是台灣人民向來熱烈擁抱民主。我們也不應該低估香港發展的影響，當地的「一國兩制」讓很多分析家和政府人士開了眼界，過去他們對這個制度多持肯定態度，以為同一套制度也適用於台灣，並且認為台灣拒絕接受是不負責任的做法。儘管中國曾保證會尊重香港的社會制度和生活方式，但中國共產黨統治的真實情況已慢慢為國際社會所了解，也讓更多人明白為什麼台灣會反對「和平」統一。北京不人道對待新疆維吾爾族穆斯林被揭露後，並且有報導說新疆出現集中營以及實施大規模再教育計畫，也讓世界各地開始相信，台灣拒絕接受一個對自己人民做出這種情事的政黨統治是聰明的。

然而，最重要的是，華府和全美各地機構終於明白，美國長期以來基於假設交流會讓中國更為自由（就算沒有更民主）的中國政策，顯然是失靈的。一直到幾年前，這個看法仍然在美國政府、學界和商界擁有不少支持者。支持和中國打交道的人會告訴我們要耐心等待，給中國經濟足夠的時間去創造出一個中產階級，這套理論還會說，中國共產黨別無選擇只能擁抱一些民主化。全世界在等待的同時也閉上了眼睛，對中國侵犯人權和網路間諜活動視而不見，也無視有愈來愈多的證據顯示中國模式是重商重利和貪婪的，對外國競爭者亦不公平。有些企業打算在中國大賺一筆，結果卻被騙走技術和智慧財產；其他企業仍然勇往直前，競相在中國投資，認為可怕的故事不會發生在自己身上。在此同時，很多西方國家允許中國國營企業收購他們企業的股權，或是直接收購公司，或是參與電子通訊和其他產業的重大項目的投標，完全沒有注意到隨著這些交易產生的潛在的國安風險。

川普的中國政策大轉彎

所有這一切都正在改變中，有一個人比任何人都更要為這種情況負責，就是習近平。在他的治理下，人們不可能再主張說，進一步的交流將會改變北京的政治走向。相反的，北京政府和中國共產黨採取各種手段，加強掌控中國社會以及與其接觸的所有人。在習近平主政下，中國的社會環境變得比其前任治理時更為壓抑；在他的指揮下，人民解放軍開始挑戰區域秩序，讓中國的很多鄰國陷入恐慌；在他領導下，中國共產黨強化作為改寫國際秩序，破壞世界各地的機制。過去在華府和其他地方發表親北京言論的那些人，現在應該明白國際社會過去的慷慨，只是幫助中國強化國力，讓它可以挑戰既有秩序，站穩大國之姿。原本寄望對它好可以約束它，或是放鬆對中國共產黨和中國社會的意識形態箝制，但希望已然破滅。胡錦濤主政時，還有可能相信會出現較好的結果；換上習近平，若還有誰仍然存有這樣的幻想，應該遠離決策圈。

華府政治圈的這種轉變一點也不值得驚訝。由於這個結果，愈來愈多的美國決策者和學者不再把台灣視為中國的附屬品，而是一個獨立的夥伴。雖然台灣永遠不可能完全與中國脫鉤，但這個島嶼國家提出的替代方案，以及它承諾要當一名負責任的國際社會成員，相較於讓國際社會苦於應付的中國，正好形成強烈對比。美國態度的轉變是制度性的：從行政部門到國會，從國防部到國務院（後者長期以來被視為是親北京的），及至整個智庫圈，現在中國都被視為是對手、挑戰者，以及對自由民主體制的威脅。一般認為川普總統善於「交易」及其難以預測的行事作風，也引發了恐懼，迫使美國政府的其他部門多為台灣發聲與捍衛民主，以防川普和習近平就台灣問題上達成某種「交易」時可以作為反制。

從而，自二〇一六年以來就存在的台美緊密關係，不純粹是蔡總統或川普的影響結果。台美雙邊關係的背景已出現重大變化，而且只會讓台北和華府的關係更為和睦。[1]其中只有極少部分（若有的話）是川普當選所造成的結果，也就是一個碰巧置身白宮橢圓辦公室裡的局外人造成的瞬間異常，甚至也不是兩個大國爆發貿易戰的結果；相反的，台美的緊密關係是自二〇一二年以來的趨勢發展和中國做出的選擇結果，華府只是對這些做出反應。中國不但沒有製造出一個更容易實現統一的世界，反而從習近平接掌權力以來，其種種行為給了台灣以及世界更多理由支持台灣繼續以一個獨立主權國家的身分存在。對美國來說，一個主權獨立的台灣已遠超過華府根據台灣關係法應負起的責任，但中國的好戰性格以及對區域和全球秩序的威脅，讓美國更願意支持亞洲的國家，因為一場文明的衝突已然降臨，而這些國家就置身衝突的最前線。

二〇一六年十二月，蔡總統和美國總統當選人川普之間著名的十分鐘電話交談，媒體已經報導很多。對台灣許多人來說，史無前例的祝賀交談是一個信號，代表美國對台灣的主要政策即將有重大轉變。北京方面則警覺著這個發展，並且將此歸因於川普缺乏經驗。在這次事件後，北京官員擴大對川普團隊施力，確保不會再出現這種「冒犯」了「一個中國」政策的事件。

這位總統當選人是否因為沒經驗才接下蔡總統打來的電話，這一點有待商榷；但更加確定的是，讓這次交談成真的那些幕僚都是外交政策經驗豐富的人，也非常明白就宣傳而言這十分鐘的寒暄所具有的象徵意義：一個剛當選的民主國家總統跟另一位民選領袖通電話。對蔡總統來說，這次電話交談也具有合法性的效果，等於是向北京發出一項信號：身兼民進黨黨主席身分的她，和美國的關係將不會跟陳水扁時代一樣。換句話說，這代表台美關係已經獲得修補。[2]

儘管只具象徵意義，但長久以來每次台北和華府關係出現改善跡象時，北京都會做出反應——而每一次因此受害的都是台灣，不是美國。[3]從那一刻起，北京就決心懲罰這個三角關係中較弱勢的一方。隨著時間經過，將會使台灣人民和海外友人思考，為了這些象徵性的收獲，是否值得承受北京必定的報復措施。但慢慢的我們明白，重點應該是強化台灣主權的發展或是其他實質收獲，而不是象徵性的姿態，雖然那很讓人開心且振奮士氣，但對於台灣對抗中國以及在艱難的國際環境中的地位，實質助益有限。

對於北京全力引導這位即將上任的美國總統走上它偏好的方向，在川普接聽蔡總統電話後一個多星期，北京首先得到的「回報」是：川普質疑美國是不是應該繼續遵守「一個中國」政策。川普是在接受「週日福斯新聞」（Fox News Sunday）節目主持人華萊士專訪時發表這番言論，威脅要推翻美國過去四十年來的政策。川普的言論除了引發北京驚愕，也加劇了北京的恐懼：台灣可能被拿來當作其他問題的「談判籌碼」。「我完全理解『一個中國』政策，」川普在這項專訪中說，「但我不懂的是，除非我們和中國達成一些協議，包括貿易，否則為什麼要被這個政策綁死？」[4] 隔天北京表示「嚴正關切」，隨後又發表聲明說，中國「從來不在國家主權或領土完整的問題上和華府討價還價，」明顯包括台灣問題。幾個星期後，中國採取報復行動，派出軍機和海軍艦艇穿越台灣海峽，包括航空母艦「遼寧號」。經過一陣你來我往的交涉後，在二〇一七年二月九日和習近平的電話交談中，川普同意遵守「一個中國」政策。[5]

雖然川普在「一個中國」政策上有三百六十度的轉彎，結束他挑起的一場虛驚，然而他揚言放棄美國長久以來對台灣和中國的政策，還是提供了一個機會向美國以及全世界其他人說明「一個中國」政策究竟是怎麼回事。令人驚訝的是，很多人，甚至包括政府內部的人員，往往把他們國家的「一個中國」政策和北京的「一個中國」原則搞混；而北京確實刻意維持這樣的混淆。新聞人員、官員和學者經常忘了，「一個中國」政策是某國政府和中華人民共和國建交時達成的一種協議。根據這項協議，這個國家「認知」（acknowledge）或「注意」（take note）到北京的觀點，也就是北京認為只有「一個中國」，而台灣是中國的一部分。但經常被忽略的細微差別是，事實上，「認知」或「注意」並不是同意台灣是中國的一部分，更別提是中華人民共和國的一部分。同樣也被很多國家忽略的是，他們在和台灣往來時，在其「一個中國」政策的範圍內，什麼是可以做的。不幸的是，北京利用這種欠缺認知的機會逼迫這些國家迴避台灣，或是限制和台灣往來以避免風險。

兩個月後，川普在弗羅里達州的海湖莊園舉行了他和習近平的第一次高峰會，這次峰會雖然性質較輕鬆，卻暗示中國和美國的關係經歷一開始的顛簸後已走回了坦途。[6]某些分析家甚至主張，這次高峰會帶來審慎的樂觀：中國和美國將可以在南海、北韓和台灣問題上有所進展。

在和蔡總統破天荒的電話交談不到六個月後，川普的鐘擺已經從質疑「一個中國」政策回到重申支持這個政策（後來他甚至稱讚習近平的威權統治和終身任期）。[7]在台北，有人擔心台灣將會成為華府和北京間交易的一部分，尤其北韓顯然是川普政府最優先要處理的問題；不過，有些人，包括筆者在內，則認為川普不能夠一意孤行，而且美國政府的其他部門絕對不會支持片面拋棄亞洲這位長期的盟友。

在接下來的一段時間裡，儘管還存在著一些不確定和疑懼，但情況大部分已恢復正常，美國、台灣與中國的關係應該會維持下去，不會再有驚人之舉出現。

美國國會的態度與印太戰略

儘管如此，從一開始就有些問題。其中最重要的是，川普第一位國務卿雷克斯・提勒森（Rex Tillerson）上任後，花了很長的時間任命國務院內的重要官員。川普就任滿一百天之際，國務院將近半數的職位還空著，包括多位駐外大使。很多前任政府的官員只好以「代理」的身分留任，等待新的人選出現。雪上加霜的是，川普政府竟然決定將一些高級官員的任命案延後推出。二〇一七年十月，新政府上台都六個多月了，美國政府內部還有一百多位高級官員的任命案尚未得到參議院的認可。川普上任一年時，國務院十個最高職位裡，還有八個懸而未決。[8]

有幾個月時間，「霧谷」（Foggy Bottom，美國國務院代稱）陷入混亂。對駐外的美國官員來說，包括派駐美國在台協會的外交官，遠在華府的混亂經常造成了士氣低落。有好幾次，他們想要請求華府做出指示，或是請求批准進行某些跟台灣有關的行動時，往往必須等上幾個星期才會得到答覆；當努力工作的美國在台協會官員打電話回國務院時，經常是無人回應。

除了國務卿提勒森的組織混亂所造成的問題，在這位新任國務卿（或者新總統的）的議程表上，推動民主並未占據太重要的位置。因此儘管台灣的民主地位，以及將民主作為和各國政府及非政府組織交流的「軟實力」，但華府對推動民主興趣缺缺，限縮了台灣的外交能力。在一些例子裡，非營利機構必須介入才能確保某些跟民主有關的活動得以進行，而這本來是國務院應該承擔的。

久而久之，加上二〇一八年三月邁克・蓬佩奧（Mike Pompeo）接替提勒森出任國務卿，情況已有所改善，美國在台協會官員和華府互動時終於能夠恢復正常運作。

在美台關係上，眾人經常把焦點放在華府出售武器給台灣的大案子，鮮少關注有助於全面強化雙邊關係的其他項目。雖然軍售案（本章稍後會討論）具有國防和政治意義，並且會登上新聞頭版，還經常引來中國的憤怒，但其他一些比較未引人注意的雙方互動將有助於對抗北京想要在國際間孤立台灣的意圖。美國與台灣之間有一項前景看好的合作，就是「全球合作暨訓練架構」（Global Cooperation and Training Framework, GCTF）。此項計畫自二〇一五年創立以來，一共在台北舉行過十五場GCTF研習營，研習項目包括跨國犯罪和法醫鑑識、腸病毒診斷、人道救援和災難援助、電子商務和提高媒體識讀來對抗假新聞等等。誠如美國在台協會台北辦事處處長馬啟思（Christopher J. Marut）於二〇一五年六月在台北賓館宣布成立「全球合作暨訓練架構」並簽署瞭解備忘錄的儀式上所說的，此一新架構「將以以往的成果為基礎，持續開創新方法，運用美台的專業與團隊合作，共同為區域和全球做出貢獻。唯有採取互補的經驗、觀點和特長，才能解決當今世界面臨的艱鉅挑戰。不論是推廣女性賦權和創業精神以驅動經濟發展，還是培養活躍的公民社會成為民主的先鋒，台灣都領先群倫。台灣有很多值得分享學習之處，本架構將讓台灣廣為分享其經驗。」[9]

這些研習營的經費都由台灣政府資助，提供良機讓美國和全球其他地區的專家前來台灣，與各領域的台灣專業人員建立連繫管道。近來一些GCTF研習營擴大範圍，邀請此地區其他國家的專家和官員來台，包括日本和澳洲。

其他比較靜態的交流活動包括邀請國會議員與助理代表團、國會委員會、州長、學者、智庫分析師、國防專家、新聞記者、企業家、投資家及其他人士前來台灣訪問，GCTF提供機會給美國專家和官員可以直接和台灣對應的政府單位官員、學者及私人企業溝通。在大部分情況下，台灣的外交部會參與安排這些訪客的行程。由於筆者經常受邀替這些外國代表作簡報，因此可以作證從二〇一六年起，像這樣來自美國和其他國家的代表團的規模和來訪次數呈爆炸性成長，由此證明這些國家對台灣的興趣增加，除了想要了解台灣本身，也想要更了解這整個地區。

另一個美國近來也加強互動的區域，同時也會對台灣的對外關係產生正面效應者，就是川普政府提出的「印太戰略」（Indo-Pacific Strategy）。從很多方面來看，這是多年來美國反省究竟應該以亞太為「軸心」或是「重新平衡」來對抗中國的崛起之後，所推出的新戰略。此戰略涉及經濟（對中國一帶一路倡議的回應）、外交與安全，主要目的是要和東協（Association of Southeast Asian Nations, ASEAN）的會員國更密切往來。川普政府的印太戰略和日本提出的「自由與開放印度洋與太平洋戰略」（Free and Open Indo-Pacific）有所重疊；此一大戰略是日本首相安倍晉三在二〇一六年提出。其他國家，包括印度、澳洲和南韓，也開始推出類似戰略，希望增加和東南亞國家的互動。

川普總統的國防部長詹姆士・馬提斯（Jim Mattis）表示，在印太戰略背後「是世界體系的自由與高壓主張之間的一場地緣政治角力」，他同時也把印太戰略定義為川普政府的中心戰略，並指出華府「不能接受中國侵犯國際社會利益，以及破壞建立在制度規則上的世界秩序的種種行為」。[10]

印太戰略的核心要素是「四方安全對話」——美國、日本、印度和澳洲。這個對話本身仍然是一種模糊的概念，很多分析家認為，此一戰略想要成功，關鍵在於它的包容性，而非只限於這四個主要的參與國家。對台灣來說，印太戰略跟蔡政府的新南向政策有所交疊；新南向政策的目的是要讓台灣經濟多元化，減少對中國的依賴，同時希望在社會與教育層級上和東南亞國家加強交流。華府亦考慮是否讓台灣在印太戰略裡扮演角色，希望和其他國家的類似政策平行運作。二〇一八年四月，美國國務院東亞暨太平洋事務局副助理國務卿黃之瀚（Alex N. Wong）在華府的一場特別簡報中，如此告訴他的聽眾們：

> 並不只有印度正加強努力和東亞及東南亞國家交往。在這區域裡，目前有很多類似的戰略正在推動。如果你去檢視印度的「向東行動政策」、南韓的「新南方政策」、日本的「自由與開放印度洋與太平洋戰略」、澳洲的「外交政策白皮書」、台灣的「新南向政策」，你就會明白此區域裡的這些夥伴們，全都在尋求增加區域國家的政治、安全和經濟關係，特別是和東協會員國。而這是符合我們利益的。如果我們能夠把這些交互影響的關係組成一個強大的網絡，用來捍衛建立在規則基礎上的自由與開放秩序，那只會增強地區的繁榮和穩定，而那是我們支持的。[11]

有鑑於台灣在國際體系中的艱困地位，能否在印太戰略或四方安全對話中扮演積極角色（台灣學者已經能夠參加二〇一八年在東京舉行的「四方安全對話附加」〔Quad-Plus〕會議）[12]，取決於對話的會員國是否願意邀請台灣參加，以及華府的主導力。（第七章有進

一步討論）

雖然在善長「交易」的川普當選後，有關美國和中國是否會就台灣問題達成某種「交易」的緊張氣氛起起落落，但由馬提斯領導的美國國防部堅定承諾和台灣維持緊密關係。身為川普政府中比較「成熟」的一位閣員，馬提斯對台灣的堅定和表態支持提供了受歡迎的保證。二〇一七年六月，馬提斯在新加坡舉行的「香格里拉對話」（Shangri-La Dialogue）上發表演說，告訴台下各國國防專家、軍事和政府官員們：

美國國防部持續堅定保證同台灣及其民主政府合作，以提供它必要的防衛裝備。這與我們的台灣關係法所規範的義務一致，因為我們的立場是堅持任何議題都必須經由台海兩岸人民所能接受的方式和平解決。[13]

馬提斯的談話如預期地引發參加「香格里拉對話」的中國官員們的憤怒。人民解放軍大校趙小卓表示，這位美國國防部長的談話將會「鼓舞有獨立傾向的台灣政府，破壞兩岸關係的和平發展」。同時，在場的其他中國代表也批評馬提斯在演說中強調台灣關係法，並且重申，北京一再呼籲華府停止出售武器給台灣。親北京的媒體在報導時，標題暗示馬提斯此番談話已經「觸怒」中國領導人。[14]儘管有這些批評，第二年，馬提斯再度重提這項訊息，且幾乎是隻字未變，只不過加了一句「美國反對任何片面改變現狀的行動」，明顯是針對中國最近的霸凌行徑：

美國國防部將持續堅定致力與台灣合作，提供必要的防衛武器與服務，以確保台灣有足夠的自我防衛能力，期與美國在台灣關係法下的義務一致；美國反對任何片面改變現狀的行動，並將堅持任何解決兩岸分歧的方式必須符合兩岸人民意願。[15]

美國國會比以往更常發聲對台灣提供協助，主要是因為北京片面改變台海「現狀」，以及企圖防止川普總統可能和北京達成「交易」而片面決定放棄台灣。自二〇一六年以來，美國國會已成功通過多項法案，對台灣帶來實質好處。

反映華府態度的國防授權法

國會在鼓勵台美關係上扮演更主動角色，其中一個很重要但經常被人忽略的因素，就是跟台灣相關的這些法案都獲得兩黨支持。這不僅反映出前面提到的美國對中國態度的轉變，也代表美國兩黨已經改變過去的態度——一般來說，共和黨較支持台灣，民主黨較支持中國。由於台海情勢改變，以及了解到北京一直在片面改變「現狀」，所以共和與民主兩黨變得愈來愈支持與台灣交流。當然，美國總統願意簽署這些法案也是重要因素。

尤其是最近通過的兩項法案，「台灣旅行法」（H.R. 535,Taiwan Travel Act）和「國防授權法」（National Defense Authorization Act），都是對台灣有利的。台灣旅行法在二〇一八年一月九日由眾議院全體議員一致通過，接著在二月二十日由參議院通過，並在同年三月十六日由川普總統簽署成為法律。此法案包含三項條款：一、允許美國政府各階層官員，包含內閣層級的國家安全官員、普通官員，及其他行政官員，為了管轄事務旅行到台灣訪問。二、允許台灣高階層官員進入美國，包含下列條件：尊重符合該層級官員的尊嚴；訪問美國的官員，包含國務院、國防部及其他內閣。三、鼓勵台北經濟文化代表處及其他台灣的媒介在合眾國開展業務，包含國會成員、合眾國聯邦官員、州或地方政府，或其他台灣高階官員。[16]

台灣旅行法受到台北歡迎，卻馬上引來北京指責華府此一行為已違反「一個中國」政策、威脅到「現狀」，有傷害中美關係之虞。實際上，這項法案只是在提醒，在「一個中國」政策下，目前可允許的規定是什麼，而不是美國政策突然轉變。一些非官方規定跟明確的政策相反，結果造成美國和台灣高級官員無法至對方首都訪問。但那些期待在台灣旅行法生效後，馬上就會看到雙方高級官員互訪的人卻失望了，因為華府並未派出任何高階官員前來參加二〇一八年六月在內湖的美國在台協會新館的開幕儀式。雖然有些人原本希望川普的國家安全顧問約翰・波頓（John Bolton）將會出席這項活動，結果出席這項儀式的美國最高階官員，卻是國務院主管教育與文化事務助理國務卿瑪麗・羅伊斯（Marie Royce）。（後面會再討論）

最後，顯然不管是「允許」或是「提醒」，高級官員的訪問將視台北和華府的「成本與利益」分析而定，因為雙方都知道，長期以來的做法若突然改變，必然會引起北京對台採取更多懲罰行動。因此，高級官員想要加強互動，就必須採取漸進的做法；而這樣的互動固然讓人欣慰，卻必須再等等。這可以用來解釋為什麼蔡總統過境美國期間，會將訪問活動限制在休士頓和洛杉磯，而未向美國施壓要求讓她在華府和紐約停留。儘管有了台灣旅行法，對於台灣最高階官員訪問美國首都的可能性，即使是暗示這樣的行程安排，依然令人感到不安，如果這樣的訊息被過度宣傳，美國就會向台表達不悅。

對於加強美台關係，更有意義的是二〇一八和一九會計年度的國防授權法。川普總統在二〇一七年十二月十二日簽署「二〇一八會計年度國防授權法」，要求採取具體行動，包括根據台灣關係法和「六大保證」加強美台的防衛夥伴關係，以及正常化移轉防衛設備及防衛技術服務給台灣。具體而言，該法要求美國定期移轉國防軍備和提供國防服務給台灣，讓台灣能夠維持足夠的自我防衛能力，而此視台灣的需求而定；邀請台灣軍隊參與軍演，如「紅旗軍演」（Red Flag）；執行和台灣高級軍官及高級官員的交流計畫，改善雙方的軍事關係，如同二〇一七會計年度國防授權法一二八四款所載明；支持美軍對台灣軍事人員的實戰訓練的擴大交流，包括各軍種之間的交流；與台灣執行在西太平洋的雙邊海軍演習，包括演習前的會議；考慮重建台美海軍艦艇互泊港口的妥適性及可行性。[17]

在軍售正常化方面，「二〇一八會計年度國防授權法」載明，針對任何台灣政府對移轉防衛設備及防衛技術服務的要求，國防部長應逐案審查，而且需與國務卿協商，並以標準流程及程序貫徹，致力讓對台軍售流程正常化。所有這些都是為了不把多項對台軍售「綑綁」或「包裹」在一起，如此就可以加快軍售案提出和採購的流程，減少北京對過去幾十億美元軍購案的反應所導致的政治代價。（下面會再討論軍售問題）

果然如預期，北京確實被「二〇一八會計年度國防授權法」給激怒了。早在八月的時候，中國駐美大使崔天凱就已經寫過一封信給美國參眾兩院一些重量級議員，對於美國執意通過台灣旅行法、台灣安全法，以及國防授權法中有關台灣部分的文字，表示「嚴重關切」。他在信中提到，這些行為是「對中國主權、民族團結與安全利益的挑釁」，威脅美中關係的穩定，並為兩國關係帶來「嚴重後果」，他指責美國國會的行為已經跨越了「紅線」。[18]「二〇一八會計年度國防授權法」中的一句話，「考慮重建台美海軍艦互泊港口的妥適性及可行性」，更是引來中國的強烈反彈。十二月八日，在華府中國駐美大使館舉行的一場活動中，大使館的二號人物李克新公使（前面第二章提及此人，他在同月曾和統促黨及新黨人士在紐約見面）向與會的幾百名來賓發言，警告說：「美國軍艦抵達高雄之日，就是我解放軍武力統一台灣之時。」[19]李克新如此強硬的語氣是可以理解的，這是北京為了確保美國海軍艦艇不會做出這樣的行為。必須指出的是，「二〇一八會計年度國防授權法」只是建議美國政府「考慮重建台美海軍艦艇互泊港口的妥適性及可行性」；該法絕未鼓勵或呼籲進行這樣的行動，這就像台灣旅行法裡的條件，要華府和台北審慎考慮之後才會進行。（進行這類訪問的艦艇本身的性質，也會影響中國做出的反應：一艘配備神盾戰鬥系統的美國海軍軍艦前往台灣訪問，要比一艘海軍醫療艦的來訪會引起中國更大的警覺。）

「二〇一九會計年度國防授權法」被稱作「馬侃法案」（John S. McCain Act），由川普總統在二〇一八年八月十三日簽署。此一國防授權法案被媒體形容成是「親台」法案，接續前一年相同法案的任務，進一步與台灣加強合作，同時對中國採取更強硬的路線。在美國與台灣關係上，此法案建議美國政府（直接引用法案原文）：

國防部應與合適的合作夥伴，共同對台灣的軍力，尤其是後備軍力，提出全面性的評估。該評估需包含下列各領域中，針對台灣的自我防禦，應如何改善其效率、打擊力、備戰能力、恢復力等之建議：

一、人員管理與兵員佈建，特別聚焦後備軍力。

二、軍隊招募、訓練與軍事課程。

三、指揮系統、（軍隊）控制、通訊與情報工作。

四、（軍事）科技之研發。

五、國防相關採購與物流運輸。

六、軍事策略規劃與資源管理能力。

〔……〕

一、在本法案生效後一年內，國防部長需與國務卿諮詢後，向美國「適當的國會委員會」提出正式報告，報告中需包含列內容：

A、依據（a）項防禦評估之報告摘要。

B、根據上述評估結果提出的建議列表。

C、可供美國執行之方案，包括運用「適當的國安授權」，以便於：

i、促進上述B項建議之完成

ii、擴大資深軍事人員之交流，與美台軍隊共同訓練之規模。

iii、支持美國對台進行軍售與其他相關裝備之運送，特別聚焦增加台灣面對「不對稱戰爭」之能力。

〔……〕

一、台灣關係法及「六項保證」，為美國與台灣關係的基礎。

二、美國應強化與台灣的防衛及安全合作，協助台灣發展必須的防衛軍力、軍事準備與現代化的武裝，以維持台灣充分的自我防衛能力。

三、美國依據台灣關係法，應經由對外軍售、直接商業銷售及（軍事）工業合作等方式，強力支持台灣購買、取得防禦性武力，特別著重於面對「不對稱戰爭」之戰力，及水面下作戰能力。

四、美國應透過加強即時檢討與回應台灣所提出的軍購需求，改善對台軍售的可預期性。

五、美國國防部長應積極推動國防部的交流政策，以強化台灣安全，包括：

A、增加與台灣共同進行實戰訓練及軍事演習的機會。

B、依據台灣旅行法，加強推動美台資深國防官員及一般官員的交流。

六、美國應擴大與台灣在人道救援及救災方面的合作。

七、國防部長應考慮將台灣納入美國年度「太平洋夥伴」任務之一部分，透過派遣美國醫療船訪問台灣，除達成上述目的，並能強化美台合作關係。[20]

請注意，在最後一項裡，明確提到一艘美國「醫療船」，而不是像前一年的國防授權法裡模糊提及「美國海軍艦艇」。（二〇一八年十月，隸屬美國海軍研究辦公室、三千兩百五十噸的科學研究船「湯普森號」〔Thomas G. Thompson T-AGOR-23〕停靠在高雄港。）

美國現在把中國視為「戰略競爭國，企圖將這個世界塑造成他們的威權統治模式，透過各種破壞穩定的行動，威脅美國及其盟友的安全」。「二〇一九會計年度國防授權法」對美國政府做出以下建議（再一次，最聰明的做法是引用法案的原文）：

- **禁止所有美國政府機構使用由華為或中興這兩家公司所生產的高風險科技產品，因為**

這兩家公司和中國共產黨的情報機構有關。國防授權法也禁止任何和美國政府做生意的公司使用華為或中興技術。國防授權法也禁止使用由另外幾家和中國政府有關係的中國公司所生產的跟安全功能有關係的設備。（這項提議受到跨黨派廣泛支持，也和聯邦通信委員會最近一些無異議通過的規範行動一致。）

- 主導一個政府一體的對中戰略，解決中國共產黨利用其政治影響力、經濟手段、網路活動、全球基礎建設和發展項目、軍事活動，來針對美國以及盟國的問題。
- 要求美國國防部長提交「印度及太平洋穩定倡議」（Indo-Pacific Stability Initiative）的五年計畫，支持美國國防部的努力，為在印度太平洋地區規劃和提供必要的軍隊和軍事基礎設施，以及後勤能力。
- 將海事安全倡議（MSI）的授權再延長五年，將「東南亞海事安全倡議」（Southeast Asia MSI）重新定義為「印度洋及太平洋海事安全倡議」（Indo-Pacific MSI），包括孟加拉和斯里蘭卡作為援助和培訓的受援國，並增加印度為受涵蓋國家，旨在增加南海和印度洋的海上安全和海域警覺性。
- 要求制定有具體基準的戰略，以加強印度作為美國主要國防夥伴的地位，強化與印度的國防和安全合作。

- 禁止美國國防部長邀請中國參加環太平洋軍事演習，除非國防部長能向美國國會軍委會證實，中國已經停止在南海建造島礁以及將南海軍事化。
- 要求公開報告中國在南海的軍事和威脅活動，以及鼓勵國防部長要求公開發布有關中國在此區域活動的訊息。
- 修改中國軍事和安全發展年度報告，以包含中國的惡意影響活動（影響媒體、文化機構、商業、學術和政策社群），以及使用非軍事工具（如掠奪性貸款）以支持其全球性安全和軍事目標。
- 禁止美國國防部為設有孔子學院的大學院校的中文課程提供任何資助。

法案中的語氣已經明顯改變，反映了華府發展與轉變中的態度。二〇一九國防授權法的各項或任何建議是否會付諸實施，尚有待觀察。但是這麼做的意圖又響亮又清楚。

台灣利益與美國利益

二〇一八年九月，緊接著台灣失去邦交國薩爾瓦多之後，美國一項新的兩黨法案被提出，名為「台灣盟邦國際保障與強化倡議法案」（Taiwan Allies International Protection and Enhancement Initiative Act, TAIPEI），簡稱台北法案。這項法案尚待美國總統簽署，其中要求「美國必須採行一項戰略，與世界各國政府接觸，以支持台灣的外交承認或加強與台灣的非正式關係」。該法案指出，如果有任何國家對台灣採取不利行動，法案授權美國國務院降低與這些國家的外交關係，並授權國務院暫停或改變美國對該國的援助，包括軍事融資援助等等。[21]共和黨籍聯邦參議員賈德納（Cory Gardner）在一篇新聞稿中說：「這項兩黨共同提出的立法，要求以政府一體的方式對抗中國對台灣的霸凌，並向那些考慮將外交關係從台灣轉向中國的國家發出強烈訊號，表明這樣的行動會產生嚴重後果。」[22]我們在前面已經看到了，在薩爾瓦多與北京建交後，華府馬上召回駐多明尼加共和國、薩爾瓦多和巴拿馬三國的大使，「就這些國家最近決定不再外交承認台灣之事，進行磋商」。美國國務院表示，這些外交官將在華府與美國領導人見面，以「探討美國如何在中美洲和加勒比地區支持堅強、獨立、民主的制度和經濟。」[23]根據國務院的說法和先前的回應，顯然華府認為，台灣和美國南方這些國家的正式外交關係，有助於這個地區「堅強、獨立、民主的制度和經濟」。換句話說，在中美洲和加勒比海地區，台灣的利益已經跟美國的利益合一；而近幾年來，中國在這些地區進行巨額投資。

經過多年延宕，新的美國在台協會館舍終於在二〇一八年六月十二日正式啟用。鑑於之前的種種傳言，猜測華府將派遣哪位高級官員（如果有的話）前來參加儀式，以及時值川普和北韓領導人金正恩在新加坡舉行高峰會，這項啟用儀式再度證實兩國由來已久的關係。新的美國在台協會建築相當於一所中型規模的大使館，共有大約四百五十名館員，耗資兩億五千萬美元，這是美國將在此地永久駐留的明確訊號，美國也樂於做出實質的投資，代表它存在這個國家。（位於台北市信義路的前美國在台協會建築年久失修，無法反映出美國在台灣外交駐點的重要性。）

在新館啟用儀式上，美國主管教育與文化事務助理國務卿瑪麗・羅伊斯告訴現場來賓，此一新建築「不只是一棟鋼筋水泥和玻璃的建築物，更象徵著二十一世紀美台夥伴關係的穩固與活力」。她接著針對自由與民主的共同價值觀，繼續說道：

過去數十年來，台灣對民主的重要性建立起深刻的信念，並鼓足勇氣面對各種劣勢和逆

境，打造輝煌的城市，發展先進的經濟。台灣也發展出活躍的公民社會，以及蓬勃的多黨民主政治。

美台之間或許隔了一座海洋，但我們共享的信念、價值和信任，為我們在廣泛的議題上塑造堅實的合作基礎。[24]

有關美國是否會在新館部署美國陸戰隊以確保館員安全的猜測——美國在世界各地的大使館都會部署軍隊——終於在二〇一八年九月塵埃落定，報導說美國國防部長馬提斯已經拒絕國務院的這項請求。如同美國在中東和非洲地區的其他使館和非官方外交駐點的做法，美國在台協會將會委請私人單位負責館區的安全。美國有線電視新聞網（CNN）引述不願具名的國防部官員的說法表示，決定不派遣海軍陸戰隊進駐美國在台協會館區，「是因資源有限」，也因為國務院「未事先告知國防部，美國在台協會新館需要派駐美軍陸戰隊使館警衛隊的分遣隊。」官員否認這項決定是為了避免激怒北京政府。[25]

不管真正的原因是什麼，但此情勢轉變已經敲碎台灣支持者對於美軍進駐將使美國在台協會更接近大使館等級的希望。就象徵意義而言，這也許讓台灣感到失望；但到頭來，重要的是，花費兩億五千萬美元建造新館，加上館內辛勤奉獻的人員，都是美國承諾繼續強化對台關係的證據。

對台灣來說，另一項象徵性的勝利，就是蔡總統二〇一八年八月前往巴拉圭及貝里斯正式訪問期間的美國過境之旅。我們在前面已經提過，蔡政府並不堅持要在華府和紐約停留，因為這樣做將會增加這次訪問的複雜性，並讓北京有更多理由對台展開報復。「蔡總統的審慎和對川普政府的尊重，」劉世忠如此評論，「已經贏得華府的正面回應，以及獲得更好的過境待遇……蔡總統的團隊和他們的美國對應團隊向來密切合作，確保這位台灣領袖獲得一次沒有任何意外和更受尊重與更有尊嚴的過境之旅。」[26]

有了這些堅實的基礎，蔡總統能夠好好利用她在洛杉磯和休士頓停留的時間，媒體形容這是過去十五年來，台灣總統最高調的美國過境之旅。在這次過境期間，她創了一些先例，包括美國「允許」蔡總統在洛杉磯發表一次公開談話，談話中還觸及政治議題，並且提前發布她的完整行程，以及允許隨行的台灣記者在美國發布新聞報導。蔡總統也跟幾位美國國會議員舉行會談，包括聯邦參議院外交委員會亞太小組主席柯瑞・賈德納、眾議院外交委員會主席羅伊斯（Ed Royce）、眾議員布拉德・謝爾曼（Brad Sherman），以及華裔國會眾議員趙美心（Judy Chu）。[27]民主黨籍的謝爾曼議員還利用此機會公開聲明，美國應正式邀請蔡總統訪問華府。

對這位來訪的台灣總統如此溫情接待，果然引來中國的譴責，並在媒體上質疑美國是否已經改變其一中政策，對此美國官方則加以否認。如同之前很多情況，這次事件再次顯示出，北京以及一些未加注意的媒體，利用人們的健忘而對台灣及其國際社會的盟友施加壓力。每一次台灣和他國往來，北京就故意掀起風暴，讓人以為那些國家、組織、甚或只是個人跨越了紅線。但在過去出現這樣的交流活動時，北京並沒有發出太多雜音，現在卻無法接受；幾年前做過的事，現在卻被說成違反「一個中國」政策，傷害中國和違約國的關係。根據北京的說法，是美國破壞協定，允許台灣總統過境美國領土，但過去幾年發生過好多次這樣的情況，包括李登輝、陳水扁，以及蔡英文之前的馬英九。（馬英九的過境之旅，包括二〇一三年過境紐約，北京都沒有叫嚷，明顯是當時兩岸關係比較熱絡。二〇〇六年，由於中國施壓，陳水扁被要求在阿拉斯加過境，而不是在某個美國大陸城市。[28]而二〇〇三年，陳水扁甚至能夠在紐約停留，領取一項人權獎。）外國媒體就跟鸚鵡一樣，經常學北京那樣嘎嘎叫、胡亂指控，沒有查證歷史事實。這樣做等於擴大了北京對台灣的壓力，造成不必要的危機感（在人民解放軍實彈演習和美國海軍軍艦通過台灣海峽時，他們也是如此）。

華府絕對沒有改變其「一個中國」政策，即使允許蔡總統過境美國、會晤國會議員，甚或訪問位於休士頓的美國國家航空暨太空總署（NASA）的詹森太空中心，對此她的公關團隊肯定會藉機宣傳其象徵效果。並不是一定要有台灣旅行法，才能夠讓這些參訪成真，但還是有人把這次成功與高調的過境之旅，視為是對此法案的「測試」。事實上，在蔡總統回到台灣之後，一位美國官員告訴我，除了取消對蔡總統行程的限制，以及讓台灣記者可以在美國本土發布新聞，在這場過境之旅期間，並未創下什麼先例。像這樣的危機感，其實只是北京出言恫嚇所造成的結果，例如在蔡總統臨時起意到洛杉磯一家85°C連鎖咖啡館稍作停留後，北京對該企業的施壓，而媒體只會報導聳動新聞，有時候並沒有詳加查證。

美國對台軍售問題

美台雙邊關係當中，引起最多關注的是美國對台軍售，而這是根據台灣關係法進行的，也是政策的一部分，亦即美國協助台灣取得用來保護自己、對抗中國侵略所需的軍備。過去多年來，軍售已經變得高度政治化，不僅是因為北京的反彈，也因為軍售案的規模、內容和次數被視為是美國對這個民主島國的政治支持度的氣壓計。因此，長時期沒有軍售案提出，就如小布希和歐巴馬政府期間，就被認為是美國對台支持度下滑的象徵。二〇〇九年歐巴馬就任的第一年，完全沒有向國會提出任何對台灣的重大軍售案；二〇一一至一五年間，四年沒有向美國國會提出對台軍售通知。

由於川普交易式的行事作風，以及他上台之初對中國關係的三百六十度翻轉，所以台灣對於美國的支持開始感到不安，而在川普上台幾個月之後，同樣沒有向國會提出新的對台軍售案，也讓這樣的不安更為加深。直到二〇一七年六月，川普政府總算向國提出一項軍售通知，這才讓台北鬆了一口氣，即使這項十三億六千三百萬美元軍售案裡的軍備，大多是歐巴馬政府時代未能釋出的。[29]

這個問題的部分原因在於，台灣想要取得美國軍售的過程十分耗時，美國政府必須先知會國會。雖然就象徵意義來看，這項軍售案傳達了美國繼續支持台灣的明確訊息，以及具有新聞報導的價值；但從軍售案的本質來看，卻是沒有時間效率的。事實上，整個軍售過程會造成武器裝備運交上的延誤，而這些軍備都是台灣在提升自衛能力時所必須的。

最近幾年，各方都努力想要解決武器取得過程出現的空隙，並且讓軍售案正常化。首先，就是不要把多項軍售案「綑綁」或「包裹」成一案，而是讓金額和數量變得較小，次數變得更多，如此就可以終結美國國會研究服務處前研究員簡淑賢（Shirley Kan，長期研究美國對台軍售的分析家）所描述的「扭曲做法」：把所有東西全都丟進一個大包裹裡，然後送去等待批准和交運。如果軍售案正常化了，台灣將根據現在或未來的需求提出軍購要求，而這項要求將以一個單獨軍售計畫的形式進行個案評估（以及知會國會），而不是把不同項目的採購計畫合併成一個計畫。對於軍售程序正常化，最常出聲支持的人士之一，就是目前在川普政府裡擔任國防部亞太事務助理部長的薛瑞福（Randall Schriver）。

二〇一八年九月就宣布了像這樣的一項軍售案，美國國會批准估計約三億三千萬美元的外國軍售案，內容是出售台灣「F-16 戰鬥機、C-130 運輸機、F-5 戰鬥機、經國號戰鬥機等四型機五年份標準航材零附件，以及相關後勤支援系統」。[30]

美台商業協會（USTBC）發表聲明評論這項軍售，「這次對美國國會的軍售通知，似乎已經改變過去『包裹式』的對台軍售做法，令人感到鼓舞。」聲明接著表示，「採取依個案情況逐一通知，是積極的發展，也顯示年底和二〇一九年初可能有更多類似活動。自從二〇〇八年開始採取包裹式軍售以來，本會就一直支持改採現在這種做法。」[31]

儘管九月這項軍售宣布出現了「不綑綁」的跡象，觀察家仍然認為，對台軍售過程還存在著其他問題。其中最主要的問題，就是美台商會在聲明中指出的，事實上，從二〇一一年以來，「美國對台軍售幾乎集中在維持與維護台灣現有能力，美方似無意評估台灣新的武器能力。」美台商會指出，在台灣提出購買新型武器或是評估的初期階段，美方就拒絕或阻擋台灣的請求。在其他相關演說和聲明中，美台商會繼續指出，國務院已經提到，有必要做出「聰明」的對台軍售，「這留下一些懸而未決的問題，包括軍售標準和目前的軍售過程。台灣可以自由提出任何要求，或是只能提出被認為是『聰明』的要求？誰來決定什麼是『聰明』的，以及要在評估過程的哪一個階段做出此一判定？」

美台商會會長韓儒伯（Rupert Hammond-Chambers）在同一篇新聞稿中指出，川普政府的「既定政策」是，台灣可以提出軍購要價書（Letter of Request），要求針對「台灣覺得他們在發動可靠的防衛時，所需要的任何武器平台或系統」，定出價格和供應能力，而且台灣「有權接受美方對他們的要求做出跨部門的全面評估和及時的回應」。

「這就觸及到軍售過程正常化的核心，」他說。「台灣是不是能夠提出要求，要求得到它覺得需要的所有武器，然後讓美方接受它的要價書——不會因為被認為『不聰明』而被擋下——並且評估它的可行性？如果美國認為某項要求在當時是不可行的，他們會提出替代方案嗎？不是任何一個部門就可以判定什麼是『聰明』的，而是必須發動跨部門的全面審查程序，以確保根據台灣關係法的要求，讓台灣能夠發動可靠和全面性的防衛。」

鑑於海峽兩岸的軍力差距愈來愈大（有部分是因為美國限制出售武器給台灣，而北京卻能夠向俄羅斯買到極先進的武器系統），台灣如果無法取得先進的武器平台，將會是一大問題。雖然如此，很多國防分析家卻主張，與其花費巨額向美國購買新的武器，台灣不如「精打細算」，專注於投資本土的武器更新計畫，以及從大平台式的國防定位，轉向以分散性和存活性為優先考量的防衛態勢——換句話說，小型、快速、能夠規避雷達偵測和相對低成本的陸、空、海基「不對稱」武器平台，配備反登陸作戰能力，所有這一切目的就是要強化台灣的「豪豬戰略」（Porcupine Strategy）。如我們所見，美國繼續出售武器給台灣其實是有政治考量的，所以台灣的生存關鍵是在外國與本土武器的取得和研發上，找到正確平衡。同時應注意的是，台灣必須繼續仰賴美國援助國內無法研發的技術，像是台灣自製防禦潛艦（潛艦國造）的射控系統，[32]或是第四．五代或第五代戰鬥機（例如F-35戰機）的研發和取得，因為台灣目前的戰鬥機隊正面臨老化問題。

由於蔡政府決心加強台灣本土國防製造能力，所以提供新的獎勵給台灣的國防工業，協助他們與外國企業合作，而且不僅限於跟美國公司合作，共同研發和製造未來的新武器。這裡再度面臨相同的問題：台灣和外國公司合作開發與大量生產國防裝備的能力，將受限於美國政府是否有意願和台灣合作，並且共同面對來自北京的壓力；台灣政府還要說服台灣企業進行必要的改革，才能展開這樣的合作。

雖然還有很長的路要走，華府和台北的一些分析家已經呼籲把台灣併入區域情報收集結構，像是美國與南韓及日本在亞太海域追蹤潛艦的行動。再次，所有參與國家的政治意願都是必要的。此外，要實現像這種性質的情報分享，台北必須向其安全夥伴們保證，所收到的高度機密資訊將會安全處理，不會被中國竊取。系統整合，以及長期以來台灣在情報分類和安全許可上的鬆散，將需要更加嚴肅以待。由於台灣的地理位置和語言優勢，成了提供有關中國共產黨和人民解放軍的通訊、電子與人員情報給此地區盟國的最佳地點。而且台灣已經擁有這個地區最強力的早期警報長程雷達系統，就位在台灣新竹縣的樂山。所以台灣能夠把利用這套系統收集到的資訊和美國以及這個地區的盟國分享，回報則是能夠取得這些國家收集到的情報，改善台灣的預警能力以及即時反應。但想要完全融入這個區域結構，台灣需要贏得這些相關國家的信任，其中最重要的就是美國。其實台灣早已經採取行動向華府保證；但需要做得更多，並且希望雙方的軍隊成員能夠進行更高階和更頻繁的接觸，而這些都將受惠於國防授權法和台灣旅行法，進一步加強雙方的信任和結盟，協助台灣改善處理高度敏感資料的能力。

還好美國國務院明白跟台灣往來的好處，並且視其為戰略資產。是時候美國貿易代表署也要明白這一點了。此外，美國貿易代表署應該超越目前的美台貿易暨投資架構協定，開始思考與台灣簽訂全面性的自由貿易協定。台北本身也可以採取一些行動，讓美國國內更容易支持與台灣達成自由貿易協定，例如解決美國貿易代表署所說的，「長久以來一直未獲保證的對美國牛肉與豬肉的貿易障礙，要加強我們之間的任何貿易關係，必須除掉這些障礙」，也要加強對智慧財產權的保護、立法和執法。在牛肉與豬肉的爭議上，美國政府可以採取更多行動，讓這些問題不要跟大戰略的思考連結在一起，因為美國和台灣加強交流對雙方都有好處。同樣的情況也適用於台灣，可惜的是牛肉和豬肉問題已經被國內的政黨政治所挾持，這是短視和自打嘴巴的做法，因為這些問題已經阻礙了在戰略層級上更重要的交流。美國貿易代表署如果能夠像美國國防部一樣，視台灣為一項戰略資產，那將是邁向正確方向的一大步，並且讓美國貿易官員相信，把這樣的戰略思考和本質上只是雙方貿易中一個微小的問題「連結」在一起，是不明智的。33

總之，美台關係近年來已經有了重要進展，這要感謝蔡政府的謹慎決策，以及在體認到來自中國的威脅後，美國朝野全體逐漸出現的制度轉變。美台之間的親善進展是逐步進展的，而非突然出現，其中很大部分是雙方之間持續進行但十分低調的交流，這樣的交流很少登上頭條新聞。這是很聰明的做法，且是按照計畫進行，不過也許無法令台灣人民和他們的支持者感到滿意，因為他們比較喜歡見到，在對抗北京的威脅時，台美雙方能夠進行更明確

和更公開的高階層的交流。倘若不顧後果和美國往來，很可能引來北京對台灣做出高度懲罰性的行動，因此基本上台北和華府都應該衡量新的交流會帶來什麼樣的實質利益，以及中國會施加什麼代價。就如本章迄今所討論的，我們應該重視的是雙方交流所達成的具體成果，而不只是具有高度象徵性，但其實影響力有限的一些發展，例如最高階層政府官員的訪問。

接下來兩章我們將討論，在北京限縮台灣國際空間之際，台灣及其鄰國間已發展出更緊密的關係。

第六章

日本與台灣關係的未來

台灣不能坐著等待其他國家主動發現，想要擁有一個自由、開放的印度及太平洋，台灣是不可或缺的；台灣也不能期待整個世界都會跑來幫助你，只因為你是個民主國家。

除了美國，對台灣的國家安全來說，沒有任何國家比日本重要。這不僅是因為兩個國家的地理位置相近，也因為歷史以及日本曾統治台灣半個世紀（1895-1945）。對老一輩的台灣人來說，像是我另一半的祖父母，或是目前仍健在的那個世代的長輩們，日語是他們的母語。日語在台灣的發展，部分是因為日本統治台灣時，其本身正處於西方式的現代化過程，它自視為發展中的強權帝國，想要把台灣變成一個模範殖民地。不同於日本統治下的朝鮮——日本對朝鮮和滿洲國皆採高壓統治，目的是要榨取兩地資源——日本確實控制台灣，但肯定沒那麼嚴苛，例外的是對台灣原住民的鎮壓。

選擇性記憶是日本統治台灣這段歷史的特色，主要由於接續發生的事。日本於第二次世界大戰戰敗後不久，國民黨部隊渡過台灣海峽來到台灣，強行宰制台灣人，告訴他們將得到「解放」並和所謂的祖國統一。但台灣人沒有得到「解放」，反而是一群烏合之眾的國民黨軍人和官員對台灣人民實施更嚴厲的統治，從一九四七年的二二八事件開始，接下來是長達幾十年、被稱作白色恐怖的戒嚴統治。因此，日本統治時期和國民黨來台之後的強烈對比，導致台灣人對國民黨來台之前的那段歷史產生某種修正主義式（倘若不是美化的話）的觀點，而這種看法延續至今。

這種特殊的連結是在中國或韓國待過很長時間的外國學者都無法理解的。他們很多人試著找出台灣對日本的敵意和大型抗爭，結果只是徒勞。而他們經常在中國或韓國看到這樣的敵意和抗議，像是慰安婦議題、日本政治人物前往靖國神社參拜，或是針對東海釣魚台列島的領土爭議。台日兩國人民這種特別的關係，也可以說明為什麼當自然災害，像是大地震、颱風或海嘯襲擊日本或台灣時，兩國都會向彼此展現出驚人的慷慨和無私。日本人來到台灣時，永遠不會忘記趁機向台灣致謝，感謝台灣人在二〇一一年日本東北地方太平洋近海地震和海嘯之後，對日本的慷慨捐款。那次地震和海嘯共奪走日本一萬六千人的性命，造成估計高達三千六百億美元的損失。也許日本人這麼做也是因為罪惡感所致，因為在災害一週年的紀念儀式上，日本政府並沒有適當地承認台灣的捐助。

當然，美國占領日本與日本在戰後實施和平憲法，以及在那之後日本不再是好戰的經濟強權，這些都有助於台日建立良好關係，台灣人也不用害怕又會出現一個傲慢專橫的鄰國。兩國人民之間的關係從殖民統治時代就開始，成千上萬的台灣人前往日本接受高等教育，還有更多的日本人前往台灣，大部分是在日本殖民政府任職，這樣的交流持續到現在，目前主要是從事商務和觀光。日本在台灣各方面都留下了足跡，包括文化、時尚、食物、語言、音樂、文學、建築、都市計畫、鐵路系統、醫學和各種價值觀；不同於在韓國的情況，這些日本傳承都被台灣人完整接受。戒嚴時期，國民黨政府曾經努力要對台灣人實施「再中國化」

（並禁止教授日文），儘管成果有限，但無可否認這項禁令確實創造出一整個台灣世代不太會或根本不會說日文，就今日而言不一定是好事。

儘管在第二次世界大戰結束後，兩國人民間的溫情一直存在，且撐過了一九七二年九月日本承認中華人民共和國，但對一般日本人來說，台灣並不是重要的優先。他們喜歡台灣人，有些日本人也許對於日本在台灣早期發展上曾扮演多數為正面的角色感到驕傲；但他們沒有注意到，早期的台灣民族意識是反抗外來強權的統治。對絕大部分日本人來說，日本公眾並不會有意識地把台灣持續作為一個主權國家存在和他們自己的安全感連在一起。

亦敵亦友的現實關係

跟美國一樣，日本對中國的態度在近年來已經改變，雖然比較沒那麼公開。主要是因為日本是中國的近鄰，這個地區的情勢發展會對它產生更直接的影響。中日關係也有複雜的歷史包袱，而一旦需要展現公眾憤怒時，中國共產黨便經常藉此煽動民族情緒。有幾次在釣魚台的爭議上，中國政府發起的抗議活動失控，造成人員受傷和財物損失，促使一些日本公司重新評估繼續在中國設廠是否明智。

因此，日本和中國的關係最多只能說是「亦敵亦友」；在某些圈子裡，彼此公開表示友好，但當關係惡化之際，就成了競爭的對手或者是敵人。中日關係在過去幾年經歷了好幾個輪迴。走筆至此，日本安倍政府正利用中國和美國爆發貿易戰（中國固有的弱點）的機會，支持和北京「重新調整」關係，減輕彼此之間的緊張氣氛。安倍晉三和習近平的互訪已經敲定，東京甚至考慮在一帶一路上和北京合作。過去我們也見過這樣的努力，然而長期以來的歷史和領土糾紛，加上中國扶植激烈的民族主義，以及日本政壇保守勢力的影響，使得這些爭執一直遙遙無解。美國外交關係協會日本事務專家希拉・史密斯（Sheila Smith），在她有關於中國崛起與日本國內政治關係的研究專書中指出，「從二〇〇六年開始，中國和日本領袖就一直想要重新定義他們的外交關係，以反映一種『對等』和『互惠』的新關係。日本和中國可以找出一個『雙贏』模式來建立未來的合作關係，可惜這種想法卻因國內的不滿情緒而淪為空談。日本領導人愈來愈難以替他們和北京的合作提出合理解釋，因為國內民意對中國的行徑愈來愈敏感，也愈來愈懷疑中國的動機。」[1] 這是兩個亞洲強權自然敵對狀態下的自然結果，偏偏這兩個國家的地理位置又連在一起。對日本來說，中國崛起也威脅到亞洲地區現狀，而這樣的現狀本來一直很符合日本的利益。近來，日本人對中國的懷疑和負面觀感更為加深，因為中國在習近平領導下表現得比以往更專橫。跟美國的情況一樣，中國的惡劣行徑已經打破了日本精英與商界傳統上對日本外交決策的掌控，讓抱持懷疑態度的新利益團體有機會影響這些政策。人民解放軍的海軍艦艇和飛機不斷闖入，以及中國海警船和漁船進入日本領海騷擾，偶爾還會發生撞船事件，再再讓日本對中國的看法轉趨強硬。儘管台灣也宣稱對東海的釣魚台列島擁有主權，但台灣並未和日本發生危險衝突；事實上，雙方還能夠把這項爭議擺在一旁，於二〇一三年四月十日簽署一項漁業協議（二〇一五年修正部分條文，擴大允許捕魚的海域）。[2]在此同時，還有一項肯定讓日本不滿的發展，中國在二〇一八年三月宣布，將海警部隊全部劃歸武警部隊指揮，而中國武警部隊則由中央軍委直接管轄，象徵東海（以及其他地方）的海上力量開始出現軍事化。這項決定的可能後果就是，中國海警船的武力配備將更加強，同時民間衝突與軍事行動之間的界線將更為模糊。[3]讓中日關係更複雜的是日本對於中國和北韓「恩庇侍從」（patron-client）關係的懷疑，這兩個國家都把日本視為主要敵國，北京也對北韓的核子野心採取默許的態度。[4]

除了上述這些，我們也必須加入「美日安保條約」，這是中國想要把美軍勢力趕出亞太地區的野心和目標，所遭遇的第一個主要阻礙。

深入研究日本的安全環境很重要，因為這和東京與台灣合作的能力和意願有直接關係。在其二〇一七年版的《防衛白皮書》裡，日本防衛省提出以下觀察：

> **中國雖然倡導「和平發展」，但是，特別圍繞海洋權益衝突問題上，基於與現有國際秩序不相容的獨自主張，試圖依靠實力改變現狀等，持續採取可謂高壓性的應對措施，其中還有可能引起不測事態的危險行為。而且，對於依靠實力改變現狀，穩步推進既成事實化持續顯示出，毫不妥協地實現自己單方面主張的態度。我們強烈憂慮這種行動對包括我國在內的地區和國際社會的安全保障環境帶來的影響。**[5]

對於崛起的中國的看法轉變，多位台灣支持者提議重新評估東京向來謹慎與台北往來的做法，並要求加強雙方關係，包括安全領域。二〇一六年民進黨再度取得執政權，也被認為是好的巧合，因為民進黨一向對日友好，首相安倍對綠營也秉持正面看法，更別提保守的「鷹派」影響力大為增加，他們自然更願意跟台灣增加來往。

然而，實際狀況並沒有完全朝此方向發展，這可以從幾個因素來解釋。其中最主要就是，東京一直努力改善與中國的關係。只要這還是日本政府的主要政策，他們就會被迫限縮對台關係的範圍和能見度。幾位日本官員告訴我（這顯然會讓希望盡快加強台日關係的人感到失望），當東京和北京的關係穩定時，日本才會更放心和台灣從事更多交流。這表示，儘管日本對中國的態度正在改變，但東京和北京之間即使發生更多摩擦，並不必然會轉向立即跟台灣加強關係。至少，日本外務省內部的「親中派」不會讓這種情況發生。

在軍事方面，日本跟美國一樣，對於萬一台灣發生事故時，日本是否要進行干預，以及若真要干預將採取何種方式，一直維持戰略模糊的立場。有些人認為，根據一九九七年九月通過的「美日合作防衛指針」其中的一些條文來看，萬一台灣遭遇中國的軍事攻擊，日本將可以採取因應行動。日本媒體偶爾會在文章中鼓吹這種觀點。這種戰略模糊是刻意的，我要指出，「美日安保條約」裡的文字確實十分模糊（「在日本周圍地區可能發生的、對日本〔和〕亞太地區的和平與安全產生重大影響的事態」），在某些情況下，當事態危及日本的國家安全時，東京可以對台灣海峽的軍事事故進行反應。其中一種可能就是，日本自衛隊可以扮演支援美國陸軍的角色。[6]

就如馬利德（Richard McGregor）在《亞洲大盤點》（*Asia's Reckoning*）指出的，新條文「也許費力地逐字逐句推敲」，但是「它的意圖很明顯：〔一九九五至九六年〕台灣〔飛彈〕危機已經清楚顯示日本對中國的政策出現重大改變，面對來自北京不斷擴大的威脅時，東京主流決策者轉變成『不情願的現實主義者』」。而這就發生在一九九〇年代末期！

戰略合作的重要性

大部分國防專家和軍事策劃人員都同意，在台海發生重大戰爭的開戰階段，人民解放軍一定會認為必須先摧毀日本沖繩美軍基地的戰力，「這是這個地區裡位於台灣合理戰術作戰範圍內的唯一地點」[7]，如此才能防止美軍干預台灣戰事。任何對日本領土的飛彈攻擊，將會啟動「美日安保條約」第五條，「各締約國宣誓在日本國施政的領域下，如果任何一方受到武力攻擊，依照本國憲法的規定和手續，採取行動對付共同的危險。」[8]在日美軍五萬四千人中，約五成駐在沖繩，其使用土地占美軍在日本基地的百分之六十四。整個來說，沖繩共有三十處軍事基地。包括駐日美國空軍基地嘉手納空軍基地（Kadena Air Base），以及美國海軍陸戰隊航空基地普天間基地（Futenma）（預定遷往邊野古灣），在中國準備進攻台灣之前，這些基地都會成為彈道飛彈的主要轟炸目標，中國打算一舉擊潰在這些基地的美國空軍和陸戰隊戰力，阻止他們增援台灣。

駐守在嘉手納空軍基地的主要部隊是美國空軍第十八聯隊，根據該基地官方網頁上的說明，該部隊「可以釋放出無人能比的空中戰力和前進中繼基地，提供至高無上的選項，促進亞太地區的和平與穩定，確保我們盟國的共同防衛，強化美國無與倫比的全球作戰能力。」[9]普天間基地的主要戰力，包括擁有F-15鷹式戰鬥機的美軍第四十四戰鬥機中隊和第六十七戰鬥機中隊，和配備 KC-135空中加油機的九〇九空中加油機中隊，以及擁有E-3空中預警機的第九六一空中管制中隊。此外，基於「長程計畫部署的一部分……為了展現美國承諾繼續維持本地區的穩定與安全」，美軍已經開始在嘉手納空軍基地部署F-35A閃電戰鬥機。[10]過去十年間，F-22猛禽戰鬥機也例行性地部署在嘉手納空軍基地，二〇一八年，在經過四年的空窗期之後，F-22第一次回到沖繩島。[11]

普天間基地駐有將近四千名美國陸戰隊，有一條長二・七公里的跑道。美國第三海軍陸戰遠征軍的空中作戰主力部隊、美國海軍陸戰隊第一航空聯隊也在該基地內。其主要任務是執行空中行動，以支援艦隊陸戰隊部隊、攻擊性空中支援、空防、攻擊支援、空中偵察（包括主動和被動的電子反制），以及飛機與飛彈管制。普天間基地駐有各種固定翼、旋翼和傾轉旋翼機，像是V-22魚鷹式傾轉旋翼機，用以支援美國第三海軍陸戰遠征軍。

一位日本學者告訴我，人民解放軍如果攻擊沖繩，將會立即引發日本對中國開戰。這就是為什麼據信北京試圖向沖繩施加政治壓力，目的是要煽動沖繩居民要求搬遷或直接廢除這些充滿爭議且有時候還對社會有害的美國軍事基地。如果沖繩不再充當美國部隊干預台海戰事的一個可能的跳板，就等於除掉了中國對台野心的一個重要障礙。如果美國部隊不再駐紮沖繩，那麼美國想要對台海危機做出及時反應的能力將大受影響；同樣重要的是，中國也就不需要採取轟炸空軍基地和其他軍事設施的方式，擊潰駐防在沖繩島上的美軍戰力。除掉這些可能性之後，中國就不再需要對日本領土發動攻擊，如此一來就會大大減少日本介入台海戰爭的可能性。

中國持續利用沖繩居民長期以來對島上美軍的不滿情緒，來達成上述目標。這些基地對環境的衝擊和各式爭議，像是美軍強暴日本年輕女孩，以及造成日本公民死亡的車禍等等，都已經引發日本國內政治的議論，造成沖繩地方政府和東京中央政府之間的嫌隙，並且成為東京和華府多次談判時的主要議題，論及把美軍部隊移到日本境內其他地點，或是日本以外的地方，包括關島。但這些努力遭遇各種困難，因此直到今天這些軍事基地仍在原地。同時，安倍首相在邊野古灣的海埔新生地上興建新空軍基地的計畫也遇上抗議行動，迫使他下令暫時擱置這項計畫。民調顯示，當地大部分居民都反對這項新工程，希望把基地移出沖繩縣，或是直接移出日本。[12]

對安倍的自民黨來說，美軍基地搬遷計畫極其重要，這是向美國及川普總統證明，日本仍是美國最忠實和可靠的夥伴。二〇一八年十月，東京遭遇新的重大挑戰，自民黨支持的候選人在沖繩縣知事選舉中敗給玉城丹尼（Denny Tamaki）。玉城丹尼向來反對把普天間基地遷移到邊野古灣的計畫，他是日本自由黨的眾議員。競選期間，玉城丹尼告訴選民，他如果當選，將要求美國和日本政府關閉普天間基地，把土地還給沖繩，把基地遷出沖繩島。[13]

雖然很難評估北京戰略的影響，但「中華琉球研究學會」（Chinese Ryukyu Study Society）和「琉球民族獨立綜合研究學會」（Ryukyu Independence Study Association）都與支持台灣跟中國統一的團體有合作關係，像是張安樂的統促黨以及新黨。這些團體都在推動結束美國在沖繩駐軍，反對安倍的「日本軍國主義」，並且呼籲沖繩獨立。所有這些立場都和中國共產黨努力要把美國趕出亞太的目標相符。[14]中國也聲稱對琉球群島擁有主權。[15]二〇一三年，《環球時報》一篇社論警告說：「如果日本成為破壞『中國崛起』的急先鋒，大陸未來就應投入實際力量，在沖繩地區培育『恢復琉球國』的力量。」文章接著寫道，「如果日本綁定美國威脅中國的未來，中國就應做到讓琉球脫離日本，成為它的現實威脅。」[16]在二〇一三年的反美軍基地示威活動中，一些沖繩抗議者身穿中國軍裝，車輛上掛著反美軍的布條，還有毛澤東、金日成和金正恩的照片。擴音器大聲吶喊反美和親中口號。[17]

像這樣的事件已經引發猜測，親中國共產黨的分子可能正在從事政治戰，綁架和誤導普天間居民原本的抗議方向，把原來要求遷移基地的呼籲引向更為直接的反美運動。一位日本人曾形容這種偽裝的親中國抗議行動是「骯髒的把戲」，也可能經由傳統媒體的報導，從而製造沖繩和東京之間的緊張。滲透和扭曲民主機制，包括選舉在內，是中國用來破壞其反對者當選機會的手段，這種事情曾經在台灣出現過。因此，中國很可能在像沖繩這樣重要的地方，尋求達成類似的目標。

以抗議之名行政治目的之實

我們也不能低估組織性犯罪團體在推動中國共產黨的政策上所扮演的角色，不論是作為一種恫嚇機制，或是以金錢收買和影響政治人物的工具。如我們所見，統促黨和新黨曾經和沖繩的親北京組織有過接觸，這些組織鼓吹琉球獨立和趕走美國軍隊。二〇一八年一月，張安樂的兒子張瑋和幾十名竹聯幫成員前往沖繩首府那霸訪問，和當地的暴力犯罪組織「沖繩旭琉會」舉行會談。[18]已知這兩個組織的成員曾經在二〇一五和一七年互訪，建立合作關係。張瑋在台灣有過犯罪紀錄，罪名是在國立台灣大學暴力攻擊抗議的台灣人，以及在台灣桃園國際機場攻擊香港民運人士。雖然他的沖繩之行以及和日本犯罪組織的接觸，極有可能純粹是犯罪業務活動，但從竹聯幫在台灣的經驗來研判，像這樣的行動可能和政治活動有關。可以確定的是，以沖繩為目標的政治戰若真的發生，將和中國對台的訴求直接相關。

在台灣的親北京團體，像是張安樂的統促黨和中華愛國同心會，也都瞄準民進黨和日本的緊密關係，經常指責執政黨替日本做事。有一次，幾十名統促黨成員穿著日本皇軍制服，聚集在民進黨總部外面，企圖突破警察的封鎖線衝進黨部，但沒有成功。雖然現場沒有人受傷，在場人士也對這些年長的抗議者企圖唱日本軍歌的舉動感到驚訝，但抗議者高舉諷刺日本黑暗過往的「感謝狀」標語，引起駐台的日本外交官不滿。

這些團體也不斷騷擾位於台北的日本台灣交流協會的日本官員，諷刺的是，日本台灣交流協會距統促黨的主要辦公室不到五分鐘的路程。二〇一八年九月初，由國民黨動員抗議慰安婦問題的活動中，支持統一的團體把油漆潑在交流協會大樓的入口、門廳和玻璃窗。[19]這同一批團體也抗議釣魚台的領土爭議（表面上他們是在抗議日本侵犯在此區域的台灣漁民的權益），二〇一八年八月，新黨成員在這個實質的日本大使館外面擺放一尊「慰安婦」雕像。[20]過去多年來，統促黨和愛國同心會一再利用日本的戰爭罪行（日本從來沒有對其在第二次世界大戰中犯下的暴行正式道歉）以及慰安婦問題來聲討日本，並破壞日本的國際名聲。過去兩年間，統促黨和愛國同心會成員多次在日本交流協會外面抗議，並用擴音器大聲辱罵協會裡的人員。有幾次日本官員不得不找來警察處理。

支持統一的團體也攻擊日本過去在台灣留下的象徵。二〇一七年六月，四名統促黨成員被起訴，罪名是他們在前一個月砸毀北投逸仙國小一座具百年歷史的守護神「石狛犬」雕像。[21]

雖然以日本為目標的抗議行動在二〇一六年前也在台灣發生過，但那時候他們只限於重要日子，像是「慰安婦日」，或是抗議釣魚台的爭議。但從二〇一六年開始，這些抗議行動變得更為頻繁且具破壞性，無疑反映出北京愈來愈蠻橫，也希望造成台灣和日本分裂。到目前為止，日本官員似乎已經能夠區別支持中國共產黨的麻煩製造者和統促黨、愛國同心會及台灣社會的其他人。但這種不斷的騷擾當然對駐台的日本外交官是一種長期折磨；如果這種情況持續惡化下去，可以理解的是日方將會要求台灣當局加強對這處實質大使館以及館內人員及其家屬的警力保護。

諷刺的是，日本交流協會外的抗議活動增加，顯然是反應了交流協會的更名：二〇一七年一月，日本「公益財團法人交流協會」正式決定，「正名」為「公益財團法人日本台灣交流協會」。同年五月，台灣在日本的外交單位「亞東關係協會」，也改名為「台灣日本關係協會」。這兩次更名皆象徵雙方關係更為緊密，而且把各自的國名放進外交機構的名稱，代表雙方關係更加正常化，即便東京仍遵守其「一個中國」政策。日本駐台北的一名官員說，更名是為了「增進認知」。

如預期，中國外交部表示中國「極不滿意」這項更名行動，並且將東京的做法視為「日本在台灣問題上的負面行動」。[22]

更名的同時，台灣和日本的合作也在近幾年變得更加密切，雖然主要都是關起門來進行，因為雙方關係敏感，可能引起中國反應。就跟台灣和美國及其他國家交流的做法一樣，台灣和日本間的第二管道代表團的交流也更為頻繁，日本表示有興趣加入美台之間的「全球合作暨訓練架構」（GCTF）。在國家安全方面，雙方的軍方人員也經常往來，且都是在未著軍服的情況下見面。日本有位實質的軍事武官派駐在台灣，這名武官從一開始都是由日本自衛隊退役軍官出任。

二〇一七年三月，日本總務副大臣兼內閣府副大臣赤間二郎（Jiro Akama）來台從事公務訪問，創下台日交流的歷史。赤間是過去四十五年來（從日本和中國建交算起）訪問台灣的最高階日本官員。[23]不出所料，北京果然發出抗議，指責此訪問「已經對中日關係的改善造成嚴重困擾」。[24]當然，北京的憤怒和威脅並不致命，台灣或日本的天沒有塌下來。同一個星期，安倍更稱讚台灣是「重要的夥伴，擁有跟日本相同的價值觀和利益」。[25]

日本也展現出對建立更多正式溝通管道來制度化雙方關係的興趣。其中最重要的一項計畫是，讓兩國的國家安全會議直接對話。這樣的構想最先在馬英九政府時期提出，但只要國民黨掌權，日方就不想這樣做。儘管宣稱跟日本保持良好關係，但馬總統經常掩不住他對日本人的蔑視，也因此破壞了雙方的信任。有一次，來台灣訪問的日本代表團竟被外交部安排前往台北中正紀念堂參觀一項有關慰安婦的展覽。用不著說，此一外交失禮令到訪的日本人十分不悅。

台灣可能扮演的角色

民進黨執政後，建立台日國安會直接對話的可行性大大增加；然而，據一位退休的日本官員表示，安倍政府替這個計畫加上一個先決條件：台北必須取消對來自日本福島縣某些食品的禁令；二〇一一年大地震後，福島發生核災。這樣的「連結」類似美國堅持取消對牛肉和豬肉產品的禁令，再加上台灣的食品議題已經被政治化（國民黨將會指責說，台灣重新開放來自福島的產品，就是民進黨政府向日本壓力屈服，以及完全不顧台灣人民的健康），使得此一計畫的進展更加困難。

在日本方面，食安問題已漸趨緩和，最近東京公布一些科學數據，並且是以一般消費者也能理解的方式，證明來自災區的食品已經可供人類安全食用。此外，日本當局還出資邀請台灣媒體、學者和其他人士前往福島縣，讓他們在當地品嚐各種食物，親眼見證當地在經歷天災多年後的重建進度。

前述那位退休的日本官員表示，由於感受到台灣駐東京的代表缺乏主動，讓努力想要在某些問題上和台灣接觸的日本官員感到沮喪，迫使他們繞過台灣駐日代表處而直接和台北接觸。

引發更多爭論、在某些圈子裡熱議的一件事，是讓台灣也加入「自由與開放之印太」（Free and Open Indo-Pacific, FOIP）戰略的可能性。由於日本、美國、澳洲和其他國家已經警覺到，中國對一些太平洋島國的企圖（第四章討論過），他們也理解維持這些小島國家和台灣的正式外交關係，符合他們的戰略利益。儘管東京主張，不應該把「自由與開放之印太」變成「約束」或「包圍」中國的戰略，然而，毫無疑問的，此一倡議的目的就是要把這些國家重新集結起來，因為他們有共同的價值觀，以及至少都有阻止中國這種威權政治進一步擴張的共同願望。最重要的是，所有這些國家都想要保護他們規則明確的制度，也理解在該區域內的政制結構都有其地緣政治的意涵。因此，和這些弱勢小國進行更多接觸是必要的，包括提供安全保護和替代性的經濟援助，尤其若要緩和或對抗中國在這些地區的邪惡影響力的話。例如，美國、日本、澳洲、新加坡、印度、南韓和台灣這些已開發國家，可以把更多高消費能力的觀光客帶進這些國家，像是帛琉，其因堅持和台灣維持外交關係，已經成為中國「觀光武器化」的受害者。

台灣可能扮演的角色，包括與日本、美國及其他國家同步努力，把發展援助引進太平洋的這些島國，幫助他們加強執法能力，強化和支持這些國家的民主機制。所有這些行動並不需要大張旗鼓。跟很多其他事項一樣，默默但有效的外交與交流，有時候反而對台灣更有好處，勝過高度象徵性和大力宣傳的行動。

這也表示台灣的「財團法人國際合作發展基金會」（ICDF）將扮演更重要的角色，以及這類組織與參加「自由與開放之印太」戰略的國家的對應機構之間將有更好的合作。就此而言，台灣也可以在亞太其他地區加強和日本的合作。雖然近幾年來中國的一帶一路倡議獲得許多關注，但大家忘記了，日本仍然是這個地區最大的投資國和捐贈國。二〇一六年，安倍首相宣布了一項兩千億美元的計畫，五年內要在亞洲和非洲各國興建道路、港口和電廠（日本外務省最近進行人事改組，這也表示本來在中國事務部門多位會說中文的外交官將被派往非洲，因為東京已把非洲視為和中國競爭的新領域）。

事實上，日本對這個地區的經濟援助已經進行了幾十年。透過像是「亞洲開發銀行」（Asian Development Bank）和「日本國際協力機構」（Japan International Cooperation Agency）

這些金融組織，日本提供了「大量金錢和指導」建設亞洲地區的道路、鐵路線、都會捷運和港口。二〇一六年十二月，日本宣布成立一家合資企業，由三菱日聯融資租賃、日立金融和東京三菱銀行出資，這家企業名叫「日本基建措施」（Japan Infrastructure Initiative）。此一企業打算投資高達八億七千八百萬美元，用於由日本指導的各項基礎建設工程，包括在亞洲、歐洲和美國各地的鐵路和電廠。[26]

看到這種潛能，二〇一八年七月，行政院長賴清德發言表示台灣和日本應該加強經濟關係，聯合開拓南亞和東南亞各地新興市場的商業機會，他指出日本目前的政策和蔡政府的新南向政策相符。[27]台北也應該繼續鼓勵東京支持台灣加入「跨太平洋夥伴全面進步協定」。

雖然東京表示願意在一帶一路上和中國合作，這麼做也確實符合日本的戰略利益，但這兩個競爭者間的合作究竟會持續多久，以及會進展到什麼樣的程度，仍有待觀察。萬一中日關係惡化（未來很可能再度出現這種狀況），那麼東京將有更強烈的動機擴大對這個地區的投資和援助計畫，以抗衡中國日益擴張的影響力。甚至即使中日雙方維持穩定，仍然有幾個領域是日本會想要獨自去開發的，而不是只在一帶一路上跟著中國搖旗吶喊。

在這些領域裡，台灣的「財團法人國際合作發展基金會」、非政府組織和其他組織，都可以參與，在他們專長的領域裡跟日本合作。如果他們能夠和日本國際協力機構合作，甚或加入日本基建措施的某些項目，都有助於讓台灣在一些重大基礎建設投資上成為重要的參與者，而這些建設可以用來替代中國的一帶一路——這些替代項目強調善意指導、人權，而且可以避免掉入中國的「債務陷阱」。目前很多接受中國慷慨贈與的國家都擔心自己將會掉入中國的「債務陷阱」，必須犧牲主權作為代價。

日本和台灣可能合作的其他領域，包括自由航行：自第二次世界大戰以來第一次，日本海軍艦艇，包括一艘潛艦[28]，以及一艘直升機母艦，目前正在日本的經濟生命線南海參與美國舉行的軍事演習與聯合巡邏，他們的主要任務是維持此一地區的海事安全，並在台灣和日本之間及其附近、東南亞其他地區，執行必要的搜救行動、人道支援和災難救助。由於軍方對軍方的交流仍屬高度敏感，勢必會引起中國的強烈反應，因此民間層級的合作，包括海岸防衛隊、執法人員等等，比較不那麼會引起爭議，而且可以獲得更多成果，只要雙方意願的話。二〇一八年七月，台灣的「工業技術研究院」和日本的「海上災害防止中心」（MDPC，日本政府唯一授權的海上災難防止研究機構）簽署一份備忘錄，在發生毒性化學物質災難時進行合作。這項協議將促進雙方陸地與海上救援專家進行交流，加強毒性化學物質災難的應變能力，協助雙方改善環境汙染意外的處理方式。[29]

在軍事方面，如我們所見，台日交流確實發生，但一般都是在非官方場合。透過適當管道可以進行情報分享，但台灣必須要向其日本情報圈及自衛隊的夥伴保證，所有這些情報將會被安全保存，不會遭洩漏給中國。

隨著人民解放軍空軍軍機和海軍艦艇不斷通過台灣和日本四周的國際海域，並穿過台灣和日本的專屬經濟區、防空識別區、連接海域、甚至領海與領空，而且次數在近幾年變得愈來愈頻繁，東京和台北應該加強溝通，針對各種應變做出更好的協調，才能對這個日益嚴重的問題做更好的管控。包括退役美國海軍上將丹尼斯．布萊爾（Dennis Blair）在內的一些國防專家都建議說，台灣和日本軍方應該停止長期以來的做法，也就是每次都出動戰機去攔截和「伴巡」這些故意闖進來的中國飛機。「雖然這種攔截和伴巡政策，似乎是保護國家主權的明智方式，亦顯示這個國家的武裝部隊隨時都在警戒，能夠保護他們的領土，」布萊爾評論表示，「但代價則是降低軍事效能。」[30]他接著說：

出動警戒戰機去攔截闖進的中國飛機，以及快速出動警戒中的艦艇去攔截中國船隻，其實只是一種戰術，只能提供對戰時技巧有限的訓練價值。而每次的回應模式，反而提供人民解放軍更多有關日本和台灣偵查及反應能力的情報資訊，在實際作戰時，人民解放軍就可以利用這些情資做出對他們有利的行動。

這種「什麼都要攔截與伴巡」政策的預算效應其實更重要。它們會消耗飛行與航行時數預算，剩下更少的錢進行可以磨練戰時所需的困難戰技的複合式演習。在有限的國防預算裡，購買用來攔截和伴巡任務的替換或額外飛機和艦艇的經費，會排擠掉用來購買大量長程海對空飛彈、潛艦或其他武器系統的經費，而這些軍備在打敗中國企圖進攻和占領台灣的軍事行動中，可以發揮更大的效用。

布萊爾在文章中寫道，採行這種「什麼都攔截」的政策結果，日本和台灣等於「降低了在戰時防衛領土的戰備能力，以及降低了對中國軍事侵略的嚇阻力量」。布萊爾認為，台灣和日本軍方應該決定要花多少預算在海空伴巡任務上，他們也可以做出闖入對方領域的反制行動。這麼做當然會引來北京的抗議，但正好暴露中國論調的矛盾。他表示，台灣和日本應該把軍事演習的時間安排在人民解放軍正好通過之際，以此向北京和他們各自的民眾發出更強烈的訊息。

布萊爾正確指出，東京和台北政府都面對「每一次中國機艦靠近他們的領土，就要攔截與伴巡的強大政治壓力」。沒錯。而且不難想像，如果不這樣做，泛藍媒體和國民黨將會如何政治化這樣的決定，把蔡總統形容成國防軟弱且無法捍衛國家主權。當然，所有這些動作只是為了拉攏選民。如果東京和台北能夠聯手開發和宣布一項共同戰略，用於處理人民解放軍機艦通過各自領海和領空的問題，將有助於化解這種拉選票的政治活動。

國防產業是另一項有望的合作領域，台日雙方有可能和美國國防企業合作，聯合開發和大規模量產各種國防軍備。「退休」的日本工程師來台灣對正在進行中的國防項目提供技術援助，像是潛艦國造，也是可行的範圍，不過這樣的安排必須默默進行。在可預見的未來，日本仍然不可能直接出售武器給台灣，原因包括中國因素以及日本本身的出口管制，儘管最近已經做了修改，但武器轉讓仍屬難事。

期待安倍首相考慮日本版的美國台灣關係法或是防衛條約，這樣的期待不會在短期內實現。日本跟台灣的關係雖然有所改善，但仍然極其小心。不同於美國，日本不是超級強權，因此必須採取更為平衡的做法以保護國家利益；率爾破壞與中國的關係並不符合日本的利益。雖然加強和台北的關係也算符合日本的利益，但它和台灣的接觸必須是實際的、戰略性的，因此必然大部分會在非官方層級進行。

就如本章開頭提到的，多數日本人都很喜歡台灣，但這樣的觀點並不會轉變成認知到台

灣是日本國安重要的一環。了解這一點，也鑑於日本的協助對台灣的生存是不可或缺的事實，台灣的執政者應該發動一項重要的公共外交行動，教育日本民眾了解雙方關係的這個面向。換句話說，台灣應該向日本人解釋，為什麼一個自由和主權獨立的台灣是符合他們的利益，以及為什麼日本應該以更多行動來幫助台灣維護其自由。這表示要擴大服務範圍，找到具有合適技能的人才，包括日本語文人才，讓他們前往日本跟大學生、社區及其他人士接觸。和政府部門及智庫定期交流當然有所幫助，卻不足以說服日本一般民眾。如果台灣在這方面一直處於被動，就無法期待日本人民會要求他們的政府做更多努力。台灣不能坐著等待其他國家主動發現，想要擁有一個自由、開放的印度及太平洋，台灣是不可或缺的；台灣也不能期待整個世界都會跑來幫助你，只因為你是個民主國家。

第七章

台灣與世界：孤立主義 vs. 創意交流

這個特別的時機替台灣開了一扇窗，可以去發展新關係並加強現存的關係，讓台灣能夠更緊密地融入國際體系，加入民主國家陣營。我們不知道這扇窗會開放多久，但我認為只要習近平還在位，重新評估讓台灣加入國際社會的聲音就不會停止。

台灣近年來積極向外發展，除了美國和日本，也開始重視和非正式外交盟國的接觸。雖然台灣還是希望維持其僅存的邦交國（執筆至此，台灣還有十七個邦交國），但顯然也理解到不可能打贏這場北京占盡上風的外交戰。舉例而言，單就中國的經濟規模來看，這就不是一場平等的戰鬥，尤其是被捲進這場外交爭奪戰的那些國家都需要實質的開發援助。如果這場戰鬥只是金錢競爭，在大部分情況下北京必定勝出。

台灣政府明白這一點，也知道所有邦交國對國際政治的影響力極其有限（教廷梵蒂岡也許是唯一例外，本章稍後會討論），所以已經將觸手伸向較大的民主經濟體，以及這個地區的其他國家，努力強化和多元化向外接觸，即使大多屬非官方的交流。如我們先前所見，中國愈來愈強勢，各國擔心中國可能透過一帶一路推展其殖民計畫和「債務陷阱」外交，這樣的全球環境變化同時為台灣打開了在幾年前還緊閉的門窗。中國想要改寫全球秩序的野心，以及它對各地主要民主政體的運作影響令人堪憂，亦增加了台灣身為一個穩定、負責任的民主夥伴的吸引力。

台灣緊鄰中國，過去幾十年來一直在兩岸關係的風險與機會中尋求平衡。當然，台灣和中國擁有相同的文化和語言要素，對於那些剛開始思考如何應付一個全球性強權的國家來說，台灣是個吸引人的資訊來源，畢竟中國在很多問題上想的跟我們不一樣。面對中國，台灣可說是經驗豐富：軍事威脅、間諜、網路戰、政治戰、假新聞、犯罪集團、智慧財產；比較正面的則有商業、投資、合資企業、觀光、文化交流、宗教、民間交流等等。

台灣仍然在學習如何適當地回應很多挑戰，因此無法期待它能夠對所有挑戰提供完整的解決方案。但在過去幾年裡，台灣無疑已經對這種情勢有深刻的理解，因此能夠看出誰在演戲以及他們的做法，這是他國比不上的。

因此，台灣和世界其他地區的關係變得更為互惠互利，這是台北不可以錯失的良機。這個特別的時機替台灣開了一扇窗，可以去發展新關係並加強現存的關係，讓台灣能夠更緊密地融入國際體系，加入民主國家陣營。我們不知道這扇窗會開放多久，但我認為只要習近平還在位，重新評估讓台灣加入國際社會的聲音就不會停止。

這樣的情勢導致一種諷刺的現象：北京加強力道挖走台灣的邦交國，阻止台灣加入或出席多邊組織，以此孤立台灣，而且從二〇一六年以來，中國在這兩個方面都有不少斬獲；但於此同時，世界各國卻愈來愈有興趣和台灣增加互動。台北抓住這樣的機會，也接受這些交流與互動大多是低調且非官方層級的現實。台灣在國際的特殊處境，已經迫使它變得更為務實，即使從象徵層面來看，這讓那些渴望擔任真正外交使節的外交官員受到打擊，也讓不滿這種非正式關係的一般台灣人感到挫折，在他們看來這樣做貶低了台灣，也侮辱了作為一個主權國家的台灣。

這些情況都不理想，也不公平。但這是台灣人向來要面對的情勢，他們必須務實和戰略性思考才能好好利用這個局面。

台灣加強與各地區國家往來

除了前面幾章已經討論過的美國和日本，還有其他國家已經重新展現與台灣合作的興趣。在這個地區裡，包括澳洲、紐西蘭、新加坡、印度（他們對台灣的重要性終於被發現），以及蔡政府新南向政策目標十八個國家當中的七或八個國家。[1]對於澳洲，台灣為十多個向該國尋求政治庇護的重病難民提供先進醫療服務，根據和坎培拉簽署的一項備忘錄，這些人被留置在諾魯。[2]至於印度，二〇一八年五月，台灣的「中華民國對外貿易發展協會」在新德里設立新的辦事處，這是貿協在印度的第四個辦事處，也是該會在全球的第六十一個辦事處（包括在中國的十處），負責對尋求在南亞地區擴展業務的台灣企業提供更多協助。[3]台灣也推出很多優惠計畫，吸引更多來自印度科技產業的大學畢業生，為將來的合作預作準備。到目前為止，台灣和印度共簽署了十二項協議，但沒有任何一項是透過政府單位進行。

台灣也加強與其他地區的國家往來，像是德國（綠色能源）[4]、法國（教育）[5]、英國（文化與教育[6]、航太科技[7]、金融[8]、沿海風力發電[9]），以及歐盟（科技[10]、風力發電[11]、智慧財產[12]）。二〇一八年五月，台灣貿協與以色列出口及國際合作局（Israel Export Institute）簽署合作備忘錄，加強兩國在貿易與私人及公共產業的經濟發展。同一個月，貿協高階代表團前往以色列訪問，團員包括創投基金負責人和高科技公司高層人員，與以色列這個被稱作「新創企業之國」及「全球高科技工業中心」的國家探索合作戰略良機。[13]

台灣也與其他國家有重要的互動，像是捷克，儘管中國已經在捷克培養出很大的影響力，且其大部分資源皆被像華信能源這樣充滿野心的公司所壟斷，台灣還是成功打入這個國家。在這些國家的台灣外交官已經學會如何引導這些政府的恐懼和想望，推動貿易、網路、文化等各種活動，以及在官方及半官方層級進行接觸。他們已經學會如何主動尋求合作夥伴，而當這些國家的政府覺得時機不妥時，他們也會耐心等待，好比說當該國元首即將前往中國進行正式訪問之際，或是某個中國官員即將訪問該國。在這些國家的台灣代表處（如捷克）也已經學會，繞過咄咄逼人的中國大使館，因為中國使館會恫嚇駐在國政府，強迫他們切斷與台灣的所有關係；值得注意的是，在很多國家，中國答應的投資一直沒有實現，而且在很多情況下，台灣才是更大投資者，為當地製造出很多就業機會。在一些國家，台灣代表處的很多成就都是默默且務實地達成。基於現實必要，我們很少聽到這些成就；一個接一個，台灣正加強與全歐洲及其他地區非邦交國的關係。為了確保這些任務能夠成功，台灣外交官辛苦地工作著；而在我看來，他們的努力未得到應得的認可。筆者剛好有機會在世界各地遇見他們之中的很多人，有幾位與我分享了他們的希望、理解和挫折。很多人覺得他們的努力遭到台灣民眾誤解。趁此機會我要向辛苦工作的他們致敬——其中幾位現在已經成了我的朋友。

儘管有了這些成就，但從二〇一五年十月十九日賈斯汀・杜魯道（Justin Trudeau）領導的加拿大自由黨在大選中獲勝後，加拿大就成了台灣對外關係中的一大挑戰。最主要是因為該黨向來和中國友好，親北京勢力掌控了杜魯道政府的顧問圈以及情報圈，再加上杜魯道道政府一直渴望與中國簽署自由貿易協定，在川普威脅要廢掉北美自由貿易協定（NAFTA）後，這個目標顯得更加急迫。值得觀察的是，在二〇一八年九月三十日最後關頭達成的協議，挽救了北美自由貿易協定並更名為「美國墨西哥加拿大協定」（United States-Mexico-Canada Agreement, USMCA），[14]是否會迫使加拿大重新考量，尤其是美墨加協定裡有一項條款規定，可禁止該協定的會員國與非市場經濟國家簽署自由貿易協定；很多人認為，這項條款是針對中國而來。[15]

杜魯道政府對加拿大航空爭議事件保持沉默，加航最後向中國壓力屈服而把台灣稱作「台北，中國」，這件事也顯示加拿大不願就台灣「問題」和中國對抗。[16]據多位消息人士透露，派駐加拿大的台灣外交官已經發現，他們本來可以和加拿大官員直接互動，但在自由黨於二〇一五年重掌政權後，這個管道已經受到限制。自由黨害怕跟台灣密切合作，或是他們未能在此問題上將他們的意識形態和政策結合，對此我有一個很清楚的例子，發生在二〇一八年底我的一次布拉格之行。在一場全球頂尖思想家、人權分子和民主人士的年度聚會中，我遇見一位加拿大高級官員，他當時擔任加拿大駐歐洲某個大國的大使。這位經驗豐富的外交官在加拿大國內也擔任過要職。在喝咖啡休息時，我們短暫聊了一會兒，我有機會跟他交換意見，他和我一樣都來自魁北克。言談中我提到「加拿大駐台北貿易辦事處」，把它說成是「加拿大大使館」——提到和台灣沒有外交關係、而在台北設立的某些國家的半官方機構時，我們經常用這種簡潔術語來稱呼；同樣的，我們經常把台灣派駐在外國的代表稱作大使。這時這位加拿大官員馬上打斷我的話。「我們在台灣有大使館？」他問我，有點受夠了的樣子。沒有，我回答，我指的是加拿大駐台北貿易辦事處。「我們必須很小心用字遣詞，」他接著告訴我，「否則就會惹上大麻煩。」說完這個，我們的談話結束。用不著說，我對這位外交官的缺乏道德勇氣有點失望。然而，我也知道，這代表加拿大政府對台灣政策的高度敏感，甚至可以說是恐懼。就外交政策而言，加拿大的保守黨比較願意和台灣加強關係，主要是基於意識形態的原因。對台灣及其支持者來說，不幸的是，由於全世界的保守派在歷史上都比自由派和改革派更傾向支持台灣，所以批評者很容易把對台灣的支持說成是由右派勢力、軍火商和西方情報機構在操縱。

請讀者們容許我對我的祖國多說一點，主要是因為我認為標誌著加拿大和台灣之間關係的那種無奈和無力，也困擾著其他成熟的民主國家。身為一個對自己國家在促進世界良善的角色上引以為傲的加拿大人，我對於杜魯道政府不願在兩國共有的價值之下與台灣打交道感到很沮喪。[17]撇開情感不談，這是一個很重要的教訓，讓我們了解真正影響和推動一國外交政策的優先考量是什麼。我清楚看到也但願別人看得到，光是民主並不足以說服一個國家（不管這個國家有多自由和民主）相信和台灣交流是有益的。如果加拿大的民主黨、自由黨和改革派政黨無法明白這一點，就表示那些關心台灣前途的人士必須設想新的策略、新的語言和新的架構，教育其他國家明白為什麼台灣很重要，就如同任雪麗（Shelley Rigger）的《為什麼台灣攸關重大》（*Why Taiwan Matters*）一書的意涵。[18]

顯然加拿大不是唯一一個因為害怕會招致北京憤怒，所以和台灣打交道時採取避險策略的民主國家。在很多例子裡，有些國家官員甚至拒絕考慮對台新措施或與台灣接觸，因為他們猜想中國必定會有負面反應。因此，北京以及喧嚷的中國使節們甚至不必做什麼或說什麼：恐懼會替他們把事情辦妥。有時候其實只是這些官員擔心，如果在處理跟台灣有關的事情時出了差錯，會讓自己失去升遷機會。這種情況很多時候是因為搞不清楚自己國家的「一個中國」政策和北京的「一個中國」原則，加以中國官員和宣傳的鼓動。

一些國家已經允許台灣官方代表團前往訪問，但堅持某些規定以降低被北京察覺所造成的傷害。再一次，在這種情況下台灣官員必須放下他們的自尊，專注於完成任務而非尋求增加能見度和努力獲得認可。少數國家也考慮替他們設在台灣的代表處更名，日本已經這樣做了，如此才更能反映出這些辦事處是在執行近乎大使館的功能；二〇一五年，英國在台灣的代表處將名稱從「英國貿易文化辦事處」（British Trade and Cultural Office）改成「英國在台辦事處」（British Office Taipei），不過官員旋即強調這只是「換個招牌」。[19]有些政府則因為害怕這樣的更名行動將會「激怒」北京，所以遲遲不願這樣做，或是因為誤解了他們自己的「一個中國」政策，使得更名行動一再拖延，讓被派駐在台灣的官員和代表們感到沮喪，他們之中很多人持續努力推動加強他們國家和台灣的關係。[20]

各式各樣的交流活動

從第二管道的雙邊安全會談到「四方安全對話」和「自由與開放之印太」戰略，再到開發新的投資機會，以及合作對抗這個地區的風險，從二〇一六年起，台灣和其他國家已經在這些方面獲得很好的進展，其中有些成就是建立在蔡總統的前任執政者們的努力。例如，有一項已經進行了十幾年並持續推行的計畫，是由台灣的法務部調查局負責訓練亞洲各國數百名執法官員，成效斐然。美國和台灣的「全球合作暨訓練架構」（參閱第五章）也吸引本地區的其他夥伴國家，他們表示希望能夠參加該架構未來的會議。有些國家也已經開始評估是否應該和台灣成立自己版本的「全球合作暨訓練架構」。這些交流活動大部分都在學術與半官方層級進行，不過有幾次亦有現任政府官員參加，有幾次還是部長級官員。這個層級的活動很多，包括一些甚至連專家也不知道的活動。由於其中很多活動的性質敏感，我選擇不在本書討論。

儘管「全球合作暨訓練架構」形式的論壇、定期雙邊會談或臨時措施都還有改進空間，但仍然是重要的第一步，可以幫助台灣避開中國設下的障礙，尤其是阻撓台北努力想要爭取被邀請參加需要具聯合國會員國身分的國際多邊組織，像是國際刑警組織、國際民航組織和世界衛生大會等等。儘管台灣的一些民主國家盟友，包括日本和美國，在幕後努力協調，鼓勵這些國際組織允許台灣以「有意義」的方式加入（或者以觀察國身分），但到目前為止，北京都能夠成功說服這些組織不讓台灣參加。這一點提醒我們，中國在這些組織已經培養出很大的勢力，經常都是和聯合國大會裡很多非民主小國同謀；最近幾年，這些國際組織當中有很多都是由中國藉人士擔任負責人。除非這種情況有所改變，否則台灣及其盟國需要設想新方法，讓「全球合作暨訓練架構」這樣的平台能夠成形且擴大會員數，如此才能讓台灣對國際社會做出貢獻，同時從國際社會間取得資料、經驗和資源，這些可能都是台灣在碰到危機時需要的，例如爆發新的SARS疫情、發生大地震或是空難等等。透過外交部發起的一項運動，台灣已經向外釋出訊息，表示它願意在國際社會裡扮演充分且具建設性的角色，並且指出允許政治綁架台灣主權的危險性，因為這會在全球網絡裡創造出一個「盲點」，總有一天可能會回過頭來害了全人類。就如某些觀察家說的，疾病、跨國犯罪、恐怖主義、走私和航空交通，是不會分辨或不管什麼人為疆界的，也不會考慮北京對台灣主權的訴求。在出現對人類健康和安全的重大威脅時，全世界應該在這種哲學思考下做出回應。

在某些領域裡，由政府成立的非政府組織（「官辦非政府組織」）主導和外國對應組織及官員合作進行的計畫；若是和台灣政府單位直接接觸，會給這些國家引來很多「爭議」。

因此，積極、合適且獲得授權的「官辦非政府組織」，能夠和對方建立起台灣本來無法取得的溝通管道。

台灣和世界各國進行官方性質的接觸能否成功，也要看台北派駐人員的努力。在代表處人員比較積極的國家裡，像是英國和德國，雙方關係已經朝著樂觀方向發展。但在其他國家，像是台灣在中東大部分地區的任務，則因缺乏主動而有損台灣。

除了政府對政府以及第二管道交流，台灣也善用在一些國際組織裡的角色（或是一些政黨在其中的角色），像是亞洲自由民主聯盟（Council of Asian Liberals and Democrats）、國際自由聯盟（Liberal International）、民主社群（Community of Democracies），雖然後者不願意給台灣應得的能見度與正式會員國身分，即使台灣是很大的捐款國家。透過這些以及其他網絡，台灣已經和這個地區裡所有國家的公民社會發展出良好關係，並且協助推動和鞏固民主運作、人權與透明度，而藉由日本和美國這些國家的持續努力，為中國向一帶一路國家輸出的威權模式提供另一種自由民主的替代選項，所有這些價值已經流通開來。此外，在某些情況裡，亞洲幾個國家的公民組織成員最後經由選舉進入政府，例如馬來西亞的淨選盟2.0（Bersih 2.0.）。因此，這些政府就有很大的可能想要跟台灣有更多接觸，態度上也會比較軟化。換句話說，在公民社會層級培養雙方關係是一項投資——不僅會鼓勵這整個地區對政府做更好的監督，也可以創造未來的合作夥伴，而說不定在將來的哪一天，這些夥伴會成為這些國家的執政者。

蔡政府的新南向政策

所有這些行動大多和蔡政府的新南向政策契合，重點不僅在於分散台灣的商業和投資地點，以減少台灣對中國的依賴（這種現象在馬英九政府時代的最後三年就已經開始），同時也要推動人民對人民的關係，還有文化、科技交流等等。光是在商業方面，二〇一七年，此一政策實施以來完整的第一年，對新南向政策國家的出口就成長了百分之十二。還有，如我們之前所見，來自新南向政策幾個國家的觀光客，從二〇一六年以來出現驚人的成長，早已超過大幅減少的中國觀光客人數。

此外，先前的南向政策主要聚焦於鼓勵台灣企業在東南亞建立據點，但在新南向政策下，也邀請東協和南亞的企業前來台灣投資，「建立以互惠管道為基礎的多邊合作制度」。[21]以前的政策是吸引東協和南亞國家的學生前來台灣留學，新南向政策同樣鼓勵台灣學生前往本地區各國留學或實習，目的是要讓台灣和本地區的未來夥伴建立更緊密的文化和語言關係。以二〇一七年來看，來自東協和南亞地區的留學生人數，已經超過來自中國的留學生。二〇一七年三月，教育部公布新南向人才培育計畫，包括一筆新台幣十億元的基金，用來資助各種計畫，促進台灣和新南向政策目標國家之間的教育合作。

新南向政策的做法更完整，強調人民與人民之間的關係、加速東南亞觀光客的簽證處理、城市與城市互動，以及「軟實力」——甚至保證讓穆斯林觀光客很容易找到可以品嚐清真美食的穆斯林餐廳——這是「台灣外交政策的擴展」。

就如前一章提到的，由於日本和本地區的接觸愈來愈頻繁，再加上其他民主國家的參與，使得台灣在新南向政策之下獲得多種合作機會，不是參與基礎建設計畫，就是參與很多「較軟性」的領域，這些都會對民主（如果存在的話）和良好的治理產生影響。台北已經表達出搭上這波浪潮的意願；台灣是不是有能力做到，就要看相關的國家是不是願意讓台灣扮演這樣的角色。台灣本身曾經是破壞性強震和颱風的受害國，因此擁有災難救援行動的豐富經驗，在推動其外交和新南向政策時，這樣的經驗可以做更好的運用。

儘管有這些進展，新南向政策仍然很容易受到中國的政治干預，再加上台灣和十八個政策目標國都沒有邦交，因此一旦北京認為台灣的新南向政策成功到讓它覺得不安，那麼中國可能就會對台灣的這些夥伴國家做出威脅，揚言報復，迫使他們遵守「一個中國」政策。如同國立中興大學國際政治研究所陳牧民教授，以及印度國立伊斯蘭大學助理教授沙海麗（Saheli Chattaraj）指出的，菲律賓的兩所大學已經拒絕高雄的國立中山大學在他們那裡成立東南亞研究中心的提案，主要是因為中國的大學在設立類似研究中心時可以提供更多資源。由於很多協議和備忘錄都不是在政府層級簽署的，將來在提供資金和永續經營上都會面臨挑戰。

到目前為止，中國大多嘲弄新南向政策，貶低其重要性，部分原因是要顯示蔡政府想多元化其經濟夥伴所做的各種努力都是徒勞，同時也是因為新南向政策並沒有威脅到中國更具野心的一帶一路。目前有兩派論點正在爭論，到底是擴大新南向政策的角色，讓它成為「自由與開放之印太」的一部分，還是日本對這個地區的新基礎建設投資倡議，會讓北京更加注意台灣的行動——可能迫使中國當局進行打壓，或者相反的，台灣會進入一個更大的多邊體系，獲得更大的保障。由於尚未得到驗證，我們只能猜測北京將會做出何種反應。

跟魔鬼打交道

最後，談談梵蒂岡，這是台灣在歐洲最後一個邦交國。中國長久以來一直在策動梵蒂岡不要承認台灣，轉而擁抱中華人民共和國，這早已是公開的祕密；中國有一千兩百萬的天主教徒，目前分裂成國家支持的中國天主教愛國會，以及宣誓效忠梵蒂岡的教徒。過去幾年來，有關任命主教的爭議以及中國當局鎮壓不受政府保護、分散在全國各地的「地下」教會，成了雙方想要建交的障礙。

不過，北京和梵蒂岡已在二〇一八年九月二十二日簽署一項歷史性的臨時協議，讓教廷未來在中國任命主教時有發言權，以及教宗決定承認未獲教廷批准、由中國政府任命的七位中國主教；對梵蒂岡來說，這些主教本來都被視為是「非法任命」。不久後，教廷也宣布中國主教將獲准出席在梵蒂岡舉行的「世界主教會議」；這是很高層級的天主教會議。[22]

九月二十六日，教宗方濟各向中國信徒發表文告，承認這項協議有不足之處，但他第一次看到了希望，「持久合作因素」已經被引入，因此中國當局和梵蒂岡「希望能為天主教團體保障良好的牧者」。他說這項協議只是工具，不是目前所有問題的解答，接著又表示，「假如不伴隨著更新個人態度和教會行為的積極努力，那將是無效力和無果的。」[23]

雖然梵蒂岡主張這項協議不是政治性的，很多分析家卻把這個發展看作是政治協議的前導。有人把這項協議說成是跟「魔鬼打交道」，認為北京也許正在晃動魚鉤，準備把梵蒂岡拖向正式承認中國，而且無法回頭。透過漸進的方式，一次針對一個問題，北京就可以框住教廷，最後讓這整個交易的條件取決於不承認台灣。到了那時候，梵蒂岡將很難往回走了，即使它明白中國共產黨將繼續對所有宗教抱著很深的懷疑，因此不會停止對教徒集會和活動施加種種限制。北京終於和梵蒂岡達成的這項協議，其實跟中國的宗教自由沒有關係，儘管一些樂觀人士如此認為。任何人只要看看中國共產黨目前怎麼對待新疆的穆斯林、西藏的佛教徒或是法輪功學員，就會知道他們一直把有組織的宗教看成是一種威脅，而不是應該自由存在的公民社會元素。二〇一八年九月達成的這項臨時協議，主要是關於宗教的控制，而且不管教廷說什麼，無可避免的這項臨時協議就是政治性的。

就實質面來說，失去梵蒂岡這個邦交國其實對台灣影響不大。然而，心理影響以及失去了台灣在歐洲僅有的一個邦交國，影響深遠，尤其是對台灣的三十萬天主教徒來說。失去梵蒂岡將會造成一些行政問題，像是必須找新的機制供天主教會據以管理輔仁大學和文藻外語大學，但這是可以解決的，如同從二〇一六年以來失去其他小邦交國的情況。

就如本章所顯示的，台灣將繼續面對艱難的國際環境，因此必須規畫制定一些有創意的政策與其夥伴國接觸，而且經常必須是在非官方層級進行。雖然「靜默」和非官方接觸會傷

害台灣尊嚴，但在目前這種方式是必要的，蔡政府似乎也理解這一點。除了美國和日本，我們不能理所當然認定其他國家會願意跟台灣接觸，而且這不是台灣有能力去控制的，主要還是要看國際間對中國的認知而定。到目前為止，由於中國立場愈來愈強硬，造成很多民主國家對中國的態度有所改變，這對蔡政府十分有利。就如我們在第五章討論過的，這種改變可以歸因於習近平的狂妄自大。台灣應該利用這個機會，盡可能在國際間建立更多的關係。

修改國內法規（經常是保護主義的條款），因為這些規定對於台灣市場想要吸引外國投資者有不利影響，雖然這樣的修正有點遲了，但現在應該把它視為國家安全問題來處理。台灣一定要盡快改善國內環境，吸引外國公司、投資者和人才，因為我們可以設想，愈多外國利益存在於台灣，中國愈不可能使用武力併吞台灣，因為這麼做將會危及許多非台灣人的安全。換句話說，在台灣的外國投資將會增加台灣的嚇阻力量。能夠加強台灣和國際社會關係的任何行動都必須去做。為了達成這個目標，蔡政府已經採取了一些重要行動。但需要努力的還有很多，而且在未來仍要持續下去，不管是哪個政黨執政皆然。

第三部

台灣的未來之路

The Road Ahead

第八章

民進黨治理下的民主：記分卡

雖然不完美和難以控制，台灣的民主仍然是一堵不可或缺的防火牆，是其外交政策的最佳工具。這種民主典範是台灣人民自我認同不可分割的一部分。

誠如本書及前著所指出的，台灣對抗北京併吞野心最強的預防劑，就是台灣堅實的民主。雖然威權統治者在他們自己的國家裡洋洋得意、為所欲為，並且受惠於與其往來的國家中類似的機制，但民主還是設下一連串當責的規則、檢查和制衡，以及固有的矯正機制，經常會挫敗獨裁者的野心。如同我在《島嶼無戰事：不願面對的和平假象》所論述，中國共產黨之所以仇視台灣的民主，並不是如很多人所主張的因為它挑戰了中國現行的體制，主要是因為民主為台灣築起一道防火牆，讓北京想要根據其遊戲規則、遂行其目標，幾乎成了不可能的任務。

因此，中國共產黨對台灣民主的全面攻擊（在本書和前著中皆有詳載），就是想要侵蝕、破壞、詆毀和繞過台灣社會所認同的機制與行動準則，以利達成其政治目標。就如哲學家葛瑞林（A. C. Grayling）對民主所做的描述，他說民主固然「笨重和缺乏效率」，但相對的，它可以帶來「公民自由，以及賦予人民在合法政府中的選舉和自治權」。[1]在確保公民自由和賦權的情況下，民主使得人民更可能在政策的形成和實施過程中擁有發言權，尤其是關係到國家生存的重大議題。民主可以確保政府官員不會驟然改變政策，以台灣的例子來說，就是讓總統或政府極不可能把台灣賣給中國——曾有人指責馬前總統企圖這樣做。有個很好的例子可以說明台灣民主的堅實健全，以及執政者需要屈服於其意志，那就是二〇一四年的太陽花學運，他們拒絕接受引發爭議的「海峽兩岸服務貿易協議」，並且防止馬政府在其剩下的任期內更靠攏北京。如果沒有這樣的制衡，亦即選民可以用選票加以懲罰，以及當民主機制失靈時，被賦權的公民社會可以介入，那麼馬政府很可能早就已經頒布兩岸服貿協議，北京也會接著推出一連串措施，進一步把台灣拉進它的勢力範圍。由於台灣的民主以及政黨願意尊重民主規則，讓台灣民眾可以決定政府對中國的親善能做到什麼程度。在二〇一六年選舉時，他們選了一位承諾在兩岸關係上採取更謹慎做法的領導人，而下台的國民黨必須尊重這樣的選擇。

然而，民主是鐘擺，不是靜止狀態。因此它需要不斷地維護，必須不斷改進以確保有能力適應不斷變遷的環境。一個國家有了民主不表示就可以確保永遠幸福。因此，重要的是不斷評估政府做得如何，是否遵照民主準則行事，以及是否努力改善國家的民主機制。如果一個政府的作為破壞了民主工具的功能，那麼這堵防火牆終將弱化。

本章將簡要地討論在蔡政府任內出現的幾個與民主有關的重要議題，評估它們對台灣民主現況的影響。《島嶼無戰事：不願面對的和平假象》一書對國民黨政府的民主紀錄做了批判，並且較為嘉許民進黨，這或許只是因為在那本書所涵蓋的時間裡，民進黨是反對黨。現在，民進黨已然當權，台灣民主的健全是它的責任。有件事是肯定的：執政要比當反對黨困難得多，一個人或組織在政府體制外支持的理念，一旦其加入了體制，就經常必須妥協，或是成為妥協的目標。

年金改革和轉型正義

蔡政府上台後，需要最優先處理的兩件事引發了爭議，招來政府批評者的警告。那就是年金改革和轉型正義。前者是要改革過度優厚的公務員、教師和軍人的退休金制度，這被視為是必要的，既是為了保護國庫，也是為下一代的權益著想。長久以來，公務員退休金被認為太過優渥，對剛進入職場的新人來說並不公平，也對國家財政構成威脅。陳水扁和馬英九政府都曾經表示願意處理這個問題，但面對來自退休公務員以及支持此一不公傳統制度的人士反對後，皆打了退堂鼓。在很多人看來，這套制度是國民黨在威權時期實施而傳承下來的一種庇護制度，目的是要拉攏公務員。蔡總統上任後，決心改革這種會造成財政窘境的制度，不管會發生什麼後果。平常行事謹慎的蔡總統這次展現決心，對抗來自某些圈子和群眾抗議的強烈批評，甚至個人安全也受到威脅，因為發現她身邊的安全人員可能被攸關國安的團體滲透（例如八百壯士捍衛中華協會），這些抗議團體竟然知道總統的行程。

年金爭議的焦點在於退休公務員享有的優惠利率。從優惠方案實施以來，此利率已經過多次調整，一九七〇年從最初的百分之二十一．六降到百分之十四．二五；接著，一九七九年上調到百分之十六．七；一九八三年再調升至百分之十八。一九九五年實施退撫新制，取消優惠存款利率，但公務員的退休福利增加，可以將月薪的一部分存進退休基金。換句話說，從一九九五年起，政府不再是公務員退休金的唯一金主。

不過，一九九五年前就職的公務員，退休後仍享有百分之十八的優惠利率（退休者拿到的退休金當中有多少可以享有利率優惠，要看他退休前的薪資，以及他在一九九五年之前已經服務多少年而定）。根據總統府年金改革委員會估算，截至二〇一六年六月為止，估計四十五萬七千名退休公務員存在銀行的台幣四千六百二十億元的退休金，有資格享受百分之十八的利率。這表示這些退休公務員每年就要從國庫領走新台幣八百二十億元，長久下去國家財政難以負擔。根據一些估算，退伍軍人的退休金制度到二〇二〇年就要破產，公立學校教職員退休金制度則會在二〇三〇年破產，公務員的則會在二〇三一年破產。

新的年金改革影響到約莫十三萬公務員、十四萬公立學校教職員、六萬三千名退伍軍人。根據此法案，每月優存利息高於三萬兩千一百六十元者，在二〇一八年七月一日到二〇二〇年十二月三十一日間，利率將降到百分之九；從二〇二一年一月一日起年息為零。每月領取台幣三萬兩千一百六十元以上的退休公務員的所得替代率也會逐年調降。服務三十五年以上公務員的所得替代率在十年內從百分之七十五降到百分之六十，服務滿十五年的公務員的所得替代率也在同樣十年間從百分之四十五減少到百分之三十。公務員可以領取完整退休金的最低年齡，將從二〇二一年起訂在六十歲，然後逐年提高，到二〇二六年，提高到六十五歲。危勞職務者的退休年齡則維持較低。[2]

軍人退休俸的刪減則較為緩和，無疑是要避免造成政府跟軍隊的緊張關係。根據軍人年金改革方案，退伍軍人每月領取的退休俸，將在十年間減少百分之二十。例如，一名退役中校的月退俸一開始會從台幣約七萬一千元稍微降至六萬九千元多一點，十年後則減少到將近五萬六千四百元。[3]

年金制度改革必然會造成個人損失，至少從個人月退休金來看是如此。有些不滿人士轉而捏造和製造「假新聞」，把自己說成是可憐的受害者，以後連飯也吃不飽。事實上，不少退休公務員有充足的存款、繳清貸款的房子，退休金還可供自己及家人出國度假。此外，由於台灣生活費相對較低，即使退休金被刪減，仍足供這些退休者的基本需求。退休公務員和退伍軍人因為在職時對國家有所貢獻，退休後理應受到政府的照顧。然而過去的退休優惠已經讓政府不堪負荷，也對年輕人極不公平，因為很多年輕人的薪水都比退休軍公教人員領的月退金還低，他們也沒有能力在大城市裡買房。蔡總統已明白宣示，這項改革努力攸關世代正義，要把省下來的錢挪給未來的世代。雖然這種所得再分配確實造成某些人的損失，民眾還是支持政府這麼做。

於此同時，二〇一八年五月，「促進轉型正義委員會」正式成立，負責揭開白色恐怖時期台灣人民遭國民黨政府迫害事件的真相。這個委員會是依據二〇一七年十二月通過的「促進轉型正義條例」而運作，將發動系統性追查真相的調查行動，釐清責任，並設立一套法律機制替受害者恢復名譽。此外，長久以來一般民眾接觸不到的政治檔案也將開放，並將針對該時期的歷史提出報告。二〇一八年十月初，這個委員會有了第一項工作成果，當時共有一千兩百七十名白色恐怖的受害者，在經過委員會調查後，由蔡英文總統特赦。他們在戒嚴時期「不法活動」的刑事紀錄也被撤銷。

雖然委員會主委黃煌雄（二〇一八年十月請辭）強調，委員會的主要任務是挖掘和追求威權時期的真相，而揭開歷史傷口的目的不是政治清算，但批評轉型正義的人，包括國民黨多位人士，卻把這些努力說成是民進黨企圖製造新的仇恨，以及要羞辱國民黨。在白色恐怖時期執行政治迫害的加害者，有很多人在今日仍然很活躍，有些甚至還是二〇一八年十一月台灣地方選舉的候選人。其中不少人表示，他們當年只是聽令行事，此外，自從民主化以來，國民黨本身也已經轉型，因此不應該把他們當作過去罪行的追查目標。

蔡政府必須在揭露過去的錯誤、釐清責任和確保曾遭受政治迫害的諸多受害者能夠平反之間做出平衡。在台灣這樣一個高度政治化的環境裡，想要糾正過去的錯誤，讓當年的加害者承擔起責任，必然會激起爭議，也會引發指責說蔡政府對其對手發動「綠色恐怖」。任何經歷過轉型正義的社會，像是南非、盧安達和前捷克，都曾在真相與和解的矛盾中掙扎。對很多受害者來說，沒有把加害者繩之以法，傷口不可能癒合。在某些情況裡，只要把涉及策劃和實施政治迫害的高層官員送辦就夠了；但在其他情況裡，則應該懲罰所有加害者。在某些國家，懺悔就足以達成和解；在其他國家，讓加害者入獄是必要的補償方式。沒有簡單的方法，每個必須處理黑暗過去的國家，都得找出自己的解決模式，即便是借鑑他國家的先例。南非的經驗告訴我們，完整的轉型正義不能只是找出加害者和受害者，以及進行和解程序。由威權主義者創造出來的系統性失衡，一群人凌駕於另一群人，這樣的問題一定要加以處理，否則在真相與和解的過程之後，失衡現象還是會持續存在。因此，在台灣，在開放過往檔案、釐清責任與和解之後，「促進轉型正義委員會」還必須把國民黨在一九四九年之後非法奪取的財產歸還給原來的所有人；國民黨當年取得這些財產後，幾十年來獲得龐大利益，相較於對手享有更多不公的財政優勢。南非只強調和解，疏於解決因種族隔離政策造成的系統性失衡，結果和白人族群相比，南非有色人種今日依舊處於劣勢。[4]

跟年金改革一樣，轉型正義也會創造出勝利者和失敗者，加深社會的分裂。如果真相與和解過程太過強調懲罰，主要目的是為了報復，那麼反彈會很強烈，有損和解的過程。相反的，若過於強調和解，受害者及其後人會指責政府未依法懲處加害者，過去的傷口將繼續流血。如剛剛所提，威權和極權統治的控制結構一定要去除，轉型正義才能對社會產生持續的影響。台灣需要幾年才能夠解決這個問題，而且不管結果如何，一定會激起對立雙方的不滿。由於台灣地位不穩定，加以北京往往會利用台灣每一次的政治分裂，因此政府必須謹慎處理這個問題，不能做出會激起雙方更大敵意的行動。也務必避免以執政黨的優勢報復其政治對手，以免引發惡性循環，結果只會造成國家的政治力量被削弱。在所有進行真相與和解的國家中，台灣可能是唯一一個在這個過程剛起步時，就要面對外部的生存威脅。

原住民的轉型正義及死刑爭議

除了針對過去威權時代展開的轉型正義行動，蔡政府也注意到台灣的原住民族群，長久以來原住民都是殖民主義的受害者，也受到歷來政府的不公對待。蔡政府成立了原住民轉型正義的特別委員會。第一步就是，二〇一六年八月，蔡總統對原住民正式道歉，她在總統府的儀式上對在場的原住民代表說：「對於過去四百年來，各位承受的苦痛和不公平待遇，我代表政府，向各位道歉。」[5]「未來，我們會透過政策的推動，讓下一代的族人、讓世世代代的族人，以及台灣這塊土地上所有族群，都不會再失語，不會再失去記憶，更不會再與自己的文化傳統疏離，不會繼續在自己的土地上流浪，」蔡總統表示。

這項具指標性意義的道歉受到國際媒體廣泛報導，也反映出蔡政府努力要頌揚台灣文化中的原民要素。然而，儘管做出道歉以及在國家舞台上擁抱原民文化，在民進黨主政之下，原住民土地被集體掠奪的情況仍然繼續發生，部落和被指定來照顧他們利益的「中華民國原住民族委員會」官員之間的歧見依舊。其中最重要的是，來自「原住民族青年陣線聯盟」和其他團體的原民運動人士，表達對政府公布的《原住民族傳統領域劃設辦法》的不滿，因為該法把原住民的「傳統領域」限定在公有地，排除私有土地。這些原民運動人士指出，現今企業擁有的很多私人土地，都是在殖民時代從原住民手中強行奪走的，然後在國民黨時代轉移給國營企業，最後再變成私人土地。原民運動人士指出，過去歷代政府從一百八十萬公頃的東海岸原住民傳統領域中搶走了一百萬公頃，再把這些土地指定為私有財產，而蔡政府實施的這項新辦法，等同於認定這種竊盜行為是合法的。[6]

在本來屬於原住民傳統領域裡的私有土地，也被拿來從事各項開發，但當地原民部落對此卻沒有決定權。原民團體曾經在總統府前靜坐抗議，呼籲蔡總統把這類土地的主權歸還給原住民。二〇一七年三月，經濟部把亞洲水泥的採礦權延長二十年，讓他們可以繼續在花蓮秀林鄉的太魯閣原住民保留地開挖水泥。這引發了二〇一七年六月的抗議行動，除了原民運動人士，還有環保團體加入。

儘管政府和原住民代表進行對話，雙方關係仍然緊張，原住民社區對政府的意圖依舊抱持戒心，而財團企業掠奪原民土地的行為還是層出不窮。因此，儘管就此蔡政府已經有所進步也做出承諾，但長久以來原住民權益與財團／政治需求之間的對峙，依舊是一個無解的難題，即使是在民進黨主政期間。對此問題缺乏進展，導致某些原民運動人士質疑蔡總統向原住民道歉的正當性以及原住民的轉型正義。

除了原民傳統領土的問題，一般的土地問題也成為台灣人民不滿的來源，凸顯個人權益與都市更新開發之間的衝突。儘管蔡政府主政時期的問題沒有馬政府時代多——其中一些事件，像是強制拆除台北華光社區以及苗栗大埔事件，在二〇一三年引發大規模抗爭，同年八月抗議者短暫占領內政部——在台灣，土地仍是珍貴和高獲利的商品，而社會弱勢族群通常都是土地爭奪戰中落敗的一方。

蔡政府也因為在二〇一八年八月執行一名囚犯的死刑而受到批評，這是自民進黨執政以來第一次執行死刑；上一次執行死刑是在二〇一六年五月十日，剛好在蔡英文就職的前十天。儘管台灣民眾高度支持死刑，但死刑的執行卻引來國際社會和人權運動人士的譴責，將台灣和幾個人權紀錄很糟的國家相提並論。（目前只有四個先進的工業化國家仍在執行死刑，包括美國、日本、新加坡和台灣。全世界共有五十三個國家執行死刑。）[7]此外，執行死刑的時機經常引來猜測，說這樣的行動是想要在選舉前增加民眾對執政黨的支持，或是為了挽救陷入困境的政府。執行這次死刑後，蔡政府打破了前總統陳水扁在二〇〇六年實施的死刑「凍結」。[8]其實在馬總統任內恢復執行死刑之後，民進黨再度執政後，各界都認為民進黨會再度凍結死刑的執行。蔡總統的第一位法務部長邱太三對執行死刑並不熱中已是公開的祕密，因此在他任內不太可能會執行死刑，儘管他也公開表示廢除死刑並未列入政府的議程。諷刺的是，二〇一八年七月，蔡清祥接替邱太三出任法務部長並且下令執行死刑，他隨後說政府逐步向廢除死刑目標前進的政策並沒有改變。

顯然蔡政府內部對這個問題存在不同意見。但民眾的壓力，尤其是在台灣發生一連串駭人的凶殺案後，終於迫使當局恢復死刑的執行。這是不是選舉的政治考量有待思考。但對台灣在國際社會的盟友來說，恢復死刑的執行是台灣人權紀錄上的一個汙點。然而，跟某些批評者所主張的不同，台灣在二〇〇九年批准的「公民權利和政治權利國際公約」（International Covenant on Civil and Political Rights），其實並不禁止執行死刑。

從人權觀點來看，這再度引起眾人探討冤獄處死的可能性，例如一九九七年二十一歲空軍士兵江國慶的案子，同時也引發對於死刑是否能夠嚇阻殺人行為的討論。我認為不能，因為任何一個準備好要殺害另一個人的人（不是在戰爭之下），已經處於一種不正常的精神狀態，無法以理智的成本效益來分析其行為。想要確保殺人犯不會再犯案，比較好的法子是，台灣應該實施終身監禁不得假釋的刑罰；否則，可以理解的，一般大眾及被害者家屬將會反對殺人者有朝一日可能獲釋。

如同土地和原住民問題，恢復執行死刑也讓民進黨政府失去部分支持者，主要是台灣社會裡思想較前進且經常是比較年輕的人，以及非政府組織的圈內人士。然而，對蔡政府傷害最大的或許是婚姻平權的議題，這是民進黨在二〇一六年競選中的主要訴求之一。在選舉前，民進黨推出幾部以同性伴侶為主軸的競選影片，還有很多民進黨的募款品項上都有多元性別族群的彩虹圖案和標誌，包括很多跟著蔡英文進入新政府的雇員現在都還掛著的掛繩。

多元性別族群與同婚議題

二〇一六年競選活動期間，吸引國際媒體的所有問題當中（從兩岸關係到台灣可能出現第一位女元首），當屬婚姻平權引起最多關注，尤其這代表台灣可能成為亞洲第一個讓同性婚姻合法化的國家。根據多項民意調查，八成的台灣年輕人支持同性婚姻合法化，對他們來說，多元性別族群的權益也是自我認同的問題：有助於讓台灣被視為一個先進的國家，和中國以及這個地區的其他國家形成強烈對比。

民進黨取得行政與立法的主導權後，時機已然成熟，舉辦過亞洲最具規模的同性戀大遊行的台灣，很快將會創造歷史。然而遲遲未見進展，蔡政府停滯不前。儘管競選期間做出保證，但同性婚姻合法化顯然不是新政府的優先議題，反而轉向如年金改革、轉型正義和勞工的問題。所有這些無疑都是十分迫切的問題，但對多元性別族群和海外觀察家來說，蔡政府突然對婚姻平權興趣缺缺令他們失望。更糟的是，很快就有人指責說，民進黨當年提出這個議題是為了吸引選票。不管指責是否屬實（民進黨內有很多熱心的婚姻平權支持者），但前景堪憂，那些等待立法的人（若非基於個人需求，就是贊同台灣社會有這樣的進步）既痛心又失望。更糟的是，蔡政府在這個問題上猶疑不定，正好給了反對婚姻平權合法化的團體時間和空間，讓他們能夠組織和發動各種活動。很快的，聲稱保護家庭和兒童權益的團體展開一系列的抗議和行動，向蔡政府施壓且企圖說服整個社會，一旦同婚獲得法律允許，可怕的命運將會降臨眼前。

我在別處發表的文章中提過，反對同性婚姻合法化的運動主要是由保守的基督教會領頭，他們複製類似「國際禱告殿」（International House of Prayer）這樣的宗教組織在西方傳播的網路迷因（meme，**編按：指網路上被大量轉傳而一夕備受注目的事物**）。「集體反抗」（MassResistance）這個美國團體甚至來台灣參與這項運動，在各個反同集會中發送文宣。[9]儘管屬於少數，但這些團體組織良好且資源充足，懂得利用人的弱點。他們知道只要聲音愈喧囂，蔡政府就會讓步愈多，像是表示需要更多對話和諒解、需要更多聽證會等等。蔡政府未即時履行承諾，卻是在那些支持人權的團體與標舉不科學和不寬容之宗教世界觀的團體之間，創造出虛假的道德平等；而後者基於本身的性別認同企圖剝奪某些個人的權利。

讓情況更為惡化的是，台灣基督長老教會也站出來反對同性婚姻合法化。由於在黨外運動期間跟民進黨建立起歷史連結，台灣基督長老教長久以來都支持人權。但在同性婚姻問題上，他們選擇站在台灣社會的保守勢力那一邊。此一變數讓民進黨更不願意履行競選承諾，尤其是長老教會還威脅說，如果民進黨朝同性婚姻合法化邁進，在將來的選舉中他們將不支持民進黨。某些民進黨立法委員，包括台南選出的立委王定宇，甚至受到威脅說，如果繼續表態支持同婚合法化，將會對他們發起罷免行動。

接著，有一陣子看來蔡政府好像不一定要做出決定，因為大法官會議在二〇一七年五月二十四日針對同性婚姻做出一項歷史性的解釋。這項解釋指出，不讓同一性別的兩個人結婚是違憲的。這項裁決允許政府在兩年內提出合適的法案；如果屆時未提出，法律就自動生效。大法官會議這項史無前例的動作雖然讓多元性別運動好像添翼高飛，但反對者也將其視為非法的。畢竟這不是政府做出的裁決，只是由蔡總統和馬英九任命的一小群法官（十五名大法官中，十四人支持這項解釋，一人棄權）做出的決定。保守派團體不但沒有把這視為挫敗，反而加倍努力向政府施壓並企圖說服整個社會。

在這個問題陷入停頓後，保守派團體如「安定力量」（此團體跟「信心希望聯盟」這個政黨有關，後者在二〇一六年經營一個反同婚平台），開始針對一些政治人物發起罷免。諷刺的是，先前提議對「公職人員選舉罷免法」進行修法、思想前進且偏向支持同婚的部分立委，反而成為罷免案的對象，因為要對民選代表提出和通過罷免案變得較為容易了。其中之一就是「時代力量」立委黃國昌。這項被高度宣傳的罷免案最終失敗，[10]然而這種情況顯示出公投和罷免的問題。同一批團體接著又威脅要向民進黨立委王定宇及蕭美琴發起類似行動

（罷免行動正是「集體反抗」這個團體在美國所採取的策略之一）。

黃國昌的罷免案，最令人擔心的是若罷免成功的話，就會創下一個危險的先例。問題在於這會對台灣的民主產生負面影響，不管被罷免的是誰。有了這樣的先例，即使只是一個邊緣的小團體，也有可能罷免掉任何一個只以些微差距勝選的民選代表，不管他的實際表現有多好（國會監督團體「公民監督國會聯盟」對黃的問政表現給予最高的評分）。只要有一個議題，以目前這個例子來說，就是基於宗教立場反對婚姻平權，加上動員足夠的、原先支持得票第二的候選人的選民，這樣一來健全民主中的一個重要因素，也就是定期選舉，可能就會不被當一回事。

具體來說，這表示經由民主程序選出來的立法委員，以及投票選出他們的選民，不再能夠保證他們能做完四年的完整任期。「行為不當」才是要發起罷免的正當理由（而這個理由肯定不適用在黃國昌身上，不管你喜不喜歡他），但它已經不再是發起罷免的唯一理由。在台灣目前的選罷法裡，這是很嚴重的缺失，也有礙選舉過程的穩定，尤其是在這個不實資訊（也就是「假新聞」）滿天飛的時代，像「安定力量」這樣的小團體現在也可以利用造假、社群媒體和金錢，製造出足夠的動力來發起罷免，而且，也許某一天他們真的會罷免掉一位民選代表。罷免案應該只可以在特殊情況下發起，絕對不可以被狹隘的利益團體（以這個例子來說，就是極度保守的宗教團體）或是想要推翻選舉結果的愚蠢政客拿來作為工具，因而破壞了民主政治的正軌。由於現行罷免案成立的門檻已經降低，所以應該成立某些評估委員會來判定某個罷免案是不是基於正當理由而提出的。

黃國昌是經由正常程序選出的，他對同性婚姻的觀點在選前和競選期間是大家都知道的。因此，作為參與台灣民主實驗的一份子，「安定力量」應該尊重多數人的願望，不能為了追求自己執著的政策而做出違背民主的行為。歡迎保守派在二〇一八和二〇二〇年推出自己的候選人，看看他們是否能夠吸引到足夠的選票。但在此之前，他們必須尊重前一次選舉的結果。

罷免案沒有通過，保守團體並不氣餒，接著他們發起公民投票，希望阻止同性婚姻合法化的實施，在收集連署書的過程中充滿各種違規行為。跟發起罷免案一樣，同婚反對者主要仰賴恐懼和不實資訊，透過臉書、Line和其他社群媒體加以傳播，以此收集他們需要的連署書，甚至在向鄰里拉票時也是如此。降低公投提案的門檻，在台灣這時候可能是錯誤的，因為台灣目前的政治對立嚴重，決策過程會受到民粹主義和不實訊息等難以捉摸的因素影響。這是很危險的工具，但諷刺的是這個工具卻是目前這個政府及其盟黨「時代力量」釋放出來的。

其他民主風險

自蔡總統上任以來，情況尚未獲得顯著改善的領域還包括漁業，台灣籍漁船，特別是遠洋漁船，違反外籍漁工勞動條件和人權的情況十分常見。「綠色和平」（Greenpeace）發布一篇標題為〈浩劫漁生〉（Misery at Sea）的台灣遠洋漁業調查報告，報告中說：「對台灣這個全球漁業強權來說，市場占有率仰賴產業信譽，然而台灣的遠洋漁業弊病叢生，危及環境與人權，已成為台灣漁業的一塊主要汙點。」[11] 儘管最近幾年，台灣已立法想解決漁業問題，但是「系統性非法漁撈（IUU，指非法、未報告、不受規範的漁業行為）、人權侵害的卑劣行徑，顯露台灣漁業署效率不彰，及其在面對氾濫的罪行時，總是無法察覺、疏於法辦，難以解決的情況」。報告繼續接著表示，「而台灣政府與漁會針對先前曝光案件的處理行動，則多半毫無成效。」報告提到，「在台灣籍的遠洋漁船上，剝削外籍船員和勞動條件惡劣」的情況仍然是一大隱憂。台灣國際勞工協會與其他公民團體，敦促台灣當局和船主加強對於外籍漁工的保護。二〇一七年，「勞動基準法」修改部分條文以填補二〇〇九年公布的「人口販運防制法」將遠洋漁船排除在台灣司法管轄權之外所造成的缺口。然而，由於資源和教育不足，以及立法委員缺乏意願，不利於終結這些猖獗的違法事件。

仲介公司剝削外籍勞工，包括批評者所說的，對基本服務收取「高額費用」，這些情況繼續存在，勞動部推出的評鑑分級制度成效有限。台灣國際勞工協會和其他聲援團體也呼籲，取消這些剝削外籍勞工的仲介公司的營業許可。二〇一七年，美國國務院提出的人權報告中，針對台灣部分指出，台灣勞力仲介普遍向外籍勞工收取高額仲介費，「使其難以支付，並利用他們在母國欠下的債務強迫外勞工作。」[12]二〇一七年四月，台灣政府針對「私立就業服務機構收費項目及金額標準」進行修法，把仲介公司向外籍勞工收取的費用降低，從第三年起每月不得超過台幣一千五百元。修法也取消了一項條文，該條文規定外籍勞工工作滿三年（合約規定的最長工作期限）後，必須從台灣出境至少一天，才能再續聘。根據新法，外籍勞工不再需要先離開台灣就可簽署新工作合約。雖然外籍勞工的工作環境仍然不算完美且經常受到剝削，但這些措施已經改善了這個制度。實施新南向政策後，蔡政府把觸手伸向南亞和東南亞這兩個台灣外籍勞工主要來源地區，對外籍勞工建立起更為友善的環境，這麼做有助於將來進一步修改相關法規。蔡政府的這些動作對於提升台灣在這個區域的形象和名聲是不可或缺的，尤其對台灣的前途愈來愈重要。

本書也提到，參與台灣民主過程的一些團體和政黨，其目標可能與台灣的民主理念背道而馳，因此危及台灣的安全。台灣人很驕傲能夠擁有成熟的民主，成熟到足以容納抱持各種觀點和意識形態的個人和政黨；這顯然和對岸的封閉政治環境完全不同。然而，像統促黨這樣的政黨公然顛覆台灣，而且若調查屬實的話，還接收外國政府的非法獻金，不應能夠參加台灣的民主過程。

有各式各樣的意見很好，也沒問題，但政黨及其代表應該向讓他們能夠在其中活動的制度負責，展現願意遵守規則的意願。允許和容忍不同意見是民主的力量，但如果其內部的某些份子看來要破壞這個制度，那麼允許他們繼續存在就會是一種天真與疏忽的危險。鑑於他們已經表明的目標和可疑的活動，如非法資金、和犯罪組織的關係、威嚇戰術、支持統一論調，以及和一個反民主的外國政權的關係，像統促黨這樣的政黨確實已對台灣民主體制構成威脅，應依法處置。對此視而不見，將會付出代價。在馬英九主政的大部分時間裡，統促黨及其成員都能夠正常活動，沒有受到懲處。自從蔡總統上台以來，統促黨和竹聯幫已經成為多次突擊搜查的目標，檢察官也針對他們的資金進行調查。政府應該採取更多行動確保像這樣的政黨遵守法律，不會造成國家的威脅。在此同時，也應盡全力確保那些遵守法律的政黨，不管其觀點和意識形態是什麼，都能參與台灣的民主過程並在選舉中推派候選人。

與此相關的是台灣執法和情報機構的監督問題，主要是調查局和國安局。目前這些單位的監督大多是在立法院進行，單位首長定期要到立法院接受立委的質詢。這樣的質詢有幾個問題。其一，為了達到政治效果，立委的質詢有時落於譁眾取寵，對實際問題的關注有限。有些立委根本無法勝任討論執法與情資工作的複雜性。此外，立委在質詢情治單位首長時，有時會帶著人權運動人士，造成質詢成效不彰，只是在羞辱這些首長。經過多年，台灣威權時代的遺緒猶存，繼續影響民眾對安全與情報單位的認知，這些單位常被認為不值得信任或被視為敵人。然而，另一個問題是，事實上立委（更別提公民社會）沒有適當的國家安全許可討論這些問題，而且質詢場所本身（立法院）也不安全。這種情況使得情治首長只能以模糊的語句答詢或是隱匿重要情報，結果又引來立委批評他們不負責任。

若要解決此一缺失，台灣應該採取其他先進民主國家已實施的制度，成立適當的監督機構和審查委員會，成員必須擁有適當的背景和安全許可。這樣的監督機制並不完美，查閱機密情報的能力經常受到審查單位的阻攔，但這樣的機制還是比較可取，可確保安全單位必須負起責任，以及重要情報不會被洩漏出去而影響到正在進行的調查工作。

儘管有著本章所描述的種種缺陷，就言論自由的角度來看，台灣仍然是亞洲最自由的國家，這種情形在民進黨主政下亦然。台灣仍然是人權與民主的捍衛者，並且透過像「台灣民

主基金會」這樣的組織，幫助了世界各地很多個人、團體和政黨，也支持著民主的價值觀。雖然不完美和難以控制，台灣的民主仍然是一堵不可或缺的防火牆，是其外交政策的最佳工具。這種民主典範是台灣人民自我認同不可分割的一部分，即使他們有時也會批評這個保護他們的國家。儘管有其缺陷，但台灣並非如香港城市大學在其網站上貼出的一篇文章所言，「台灣的民主發展也面臨了國家認同分裂、朝野政黨惡鬥、政府效能不彰、法治精神蕩然、以及媒體生態扭曲等嚴重問題，使人們日益懷疑民主政治究竟是不是值得追求的制度，以及華人社會是不是適合實施民主。」（這篇文章主要在介紹馬英九時代的行政院長江宜樺在該大學發表的演說。）[13]也不是如馬英九自己所說的，台灣正走向「不自由的民主」——蔡總統於二〇一八年發表國慶演說後，馬英九用這個術語加以質疑。

據民主專家指出，「不自由的民主」（也被稱之為「部分」或「空洞」的民主）把民主過程限制在定期選舉，同時限制公民自由。在這樣的政權治理下，公民被排除在政府之外，媒體也被噤聲。美國政治社會學者、世界知名的民主理論學者拉里．戴蒙德（Larry Jay Diamond，漢名戴雅門），在其經典著作《發展中的民主：邁向穩固》（*Developing Democracy: Toward Consolidation*）中，把不自由的民主形容成是一種制度，「抑制行政權威的政治機制十分薄弱，法治貧乏，人權可能遭到嚴重侵犯。」[14]儘管有各種問題，台灣今天的民主肯定不是像這個術語所描述的，馬英九這樣說純粹是為了拉選票——一位應該清楚怎麼做才不致於貶損其治理過的國家的前領導者的蠢政治。

第九章

再創二十一世紀台灣

對於各國正大力阻止中國這個威權國家企圖改寫全球秩序的行動來說，台灣作為一個自由與獨立的國家而存在，是不可或缺也無法分割的。

世界不斷改變，台灣也持續轉變中。截至目前為止，儘管面對極度的挑戰，主要是來自中國異常的崛起，但台灣一直都能夠突破困境，繼續鞏固它的民主。這是一段艱鉅的旅程，有很多挫折和看似絕望的時刻，中國又似乎無法阻擋。儘管台灣無法改變這個在很多面向上將它排除在外的國際體系，但在尋求強化與國際社會的連結時，台灣反而因此爭取到更多阻擋中國的時間。蔡總統的新南向政策，以及台北加強與具有相同理念的國家接觸，即使是非官方層級的交流，這些都是改變與適應過程的一部分，而且過去兩年來，這些努力也受到推波助瀾，因為國際社會終於在二十一世紀認清中國的真面目。世界各國和中國來往幾十年後，才發現中國跟我們其實不一樣，這正好替台灣創造了大好機會，而蔡政府也謹慎地抓住了這些機會。然而，對於外在環境突然變得不像過去那般好操縱，北京的反應同樣會對亞太地區造成可能具破壞性的影響。而台灣就位在這些轉變的中心，是中國垂涎的對象，就看台灣怎麼做，中國共產黨有可能暫且靜觀其變，或者把它視為擴張野心的首要目標。

雖然北京從二〇一六年以來加強對台灣的懲罰行動，但從南海到北韓核武問題、與美國的貿易戰，及至中國內部日益動盪的情勢，這些問題對習近平來說都是更需要優先處理的。封閉之威權政權的問題是，他們難以預測。習近平尤其如此，他的妄自尊大和高度偏執，加上他抓住了空前的龐大權力，使他成為自毛澤東以來獨一無二的領導人。因此，在瞬息萬變的區域與全球環境中，我們無法肯定中國明天會做什麼，更別提明年或五年之後。

雖然無法預測，但台灣可以先做好準備面對各種可能發生的情況。台灣的決策者需要確保這個國家擁有在最糟糕的情勢下依然能夠生存的能力。假設說未來多少會跟過去有些相似（政治學著名的T=T-1公式），是對明天採取一種不負責任的看法。習近平已經展現了，今天這個台灣必須與之合一的中國，已經不再是鄧小平、江澤民或胡錦濤時代的中國。習近平已經開啟中國表現的新時代，它其實跟古代中國帝王統治更為相似，而非現代化的正常國家。

要應付未來的挑戰，台灣必須在改革的路上繼續前進。本章要討論幾個迫切需要改變的領域，這些領域跟外在環境的發展沒有太多關聯。換句話說，在此討論的改變皆屬台灣本身的能力範圍，只要全國人民都願意去做。

台灣內部的分裂問題

其中最主要的是，我在上一本書中已經提過的長期以來的島內分裂。藍綠分裂，或者台灣人跟外省人的分裂，仍是一大問題。對於這樣的分裂會破壞台灣迎戰未來挑戰的能力，我已經強調到不能再強調。雖然太陽花世代保證要改變台灣社會這種二分法的觀點，但在制度層面，在政府以及各政黨之間，這樣的分裂依然是個難題。尤其是政黨還是陷入零和的心態，破壞合作可能，削弱了台灣的彈性，讓中國共產黨有機可乘。這是一種人為的分裂，不僅拒絕承認台灣不同團體間其實存在很多重疊的利益，也讓國家的生存面臨風險，因為眼前主要的外在威脅已經瞄準台灣，一心一意要拿下這個目標。台灣民眾有理由對他們的政治人物不抱太大信心，因為這些人採取的焦土政策會讓整個國家淪陷。誠如耶魯大學歷史學教授提摩西·史奈德（Timothy Snyder）在《通往不自由之路》（*The Road to Unfreedom*）中說的，「這種高度黨派的心態，也就是把對手政黨當作敵人而無視於外在世界，會創造出一個讓外在敵人趁虛而入的缺口。」[1]

特別讓人感到厭惡的是，事實上政黨之間的對立大多不是因為意識形態，而是為了短期的政治利益。其目的是要破壞和打擊對手的名聲，做法亦非為了促成政策的調整改變，而是要造成僵局。破壞不是手段，而是目的。反對黨經常採用這種行為模式以凸顯執政對手的無能，希望在下一次選舉中取得有利地位。指控政府官員以及政府資助的非政府組織的人員，並不是因為他們有什麼不法或貪腐行為（雖然也會有這種情況），單純只是要引發混亂，提升反對黨的形象。一次又一次，誠實又認真的官員及其下屬必須花上好幾天、甚至好幾個星期的時間，去回應對他們的不實指控，包括在媒體上和立法院裡做澄清。隨時都在尋找爭議話題的媒體，不幸地成為散播這些指控的平台，經常是藉由轉載政治人物的臉書貼文。媒體對於這些被指控的陰謀、貪腐或裙帶關係等不法行為大肆報導，進一步煽動人們認為對方不值得信任，當然這也要看個人的政治信仰而定。這種胡亂指控的行為很少或完全沒有受到處罰，結果造成惡性循環，削弱了互信也破壞政府的威信。主要由於社群媒體的影響，這樣的情況已經見怪不怪，成為夜間談話性節目糟糕的娛樂。

制度蹣跚前進。它持續運作，但無盡的爭吵造成不必要的摩擦，破壞了政府的執行力。看不出這樣的行為對國家有什麼好處。在媒體的推波助瀾下，最糟糕的狀況是，民眾以為主要政黨都一樣，國家效能不彰他們都有錯。這給了那些意圖破壞民主者可投擲的彈藥，即使問題的來源是政客，而非民主本身。這種行為也會引導民眾轉向支持民粹主義的獨立候選人，他們不受政黨的約束和制衡；這樣的約束和制衡可確保政策會獲得一定程度的延續性。這很危險，尤其如果這樣的獨立候選人和外國政權合作或是受到對方支持，例如中國共產黨。誠如史蒂芬・李維斯基（Steven Levitsky）和丹尼爾・吉布拉特（Daniel Ziblatt）在他們的著作《民主是怎麼死的》（*How Democracies Die*）中說的，「穩定的政黨敵對態勢最終將被相互威脅之感給取代。隨著相互容忍的消失，政治人物會被引誘拋棄自制，為了勝選而不惜代價。這也許就會鼓舞一些反對現有體制、拒絕接受民主法治的團體冒出頭。發生這種情況時，民主就有麻煩了。」[2]

因此，選民應該要求終止這種行徑。就像某些國家已經在做的，台灣應該在立法院成立一個「成就者委員會」（committee of achievers），把那些願意共同解決種種問題的各黨立委們聚集起來。雖然情況不一樣，台灣仍然能夠向以色列學習，尤其是以色列的生存同樣面臨外在勢力威脅。雖然因為宗教和族群問題使得以色列社會產生很深的分裂，然而以色列所有政黨都有一致的共識，面對攸關國家生存的問題，所有歧見應該先擺在一旁，直到解決這些問題為止。這種超越分裂的能力給了以色列在艱困環境下生存不可或缺的力量和團結。在還來得及以前，台灣應該找出方法促成社會和政治人物團結起來。團結的種子已經在那裡，就如我所說的，因為多數人都同意這些基本事實。但這些需要講出來，成為國家策略的一部分。否則，這種自我造成的分裂傷口將會讓台灣在未來付出慘痛代價。

如之前提到，這種「族群」和「政黨色彩」的分裂，將繼續出現在政府職位的任命上。「錯」的血統或不同政黨屬性的被任命者經常會遭到懷疑，成為其他陣營的攻擊目標而下場悲慘。這種懷疑情緒愈來愈深，結果經常製造出派系鬥爭，甚至是在同一個機構內。在解嚴及民主化幾十年後的今天，對個人的評價應該是看他的優點和才能，而不是看他們的父母是誰、他們替誰工作，或者祖籍在哪裡。底線應該是對台灣民主和自由機制的承諾，而不是個人的「基因」、政黨屬性，或是讀哪一所大學。造成分裂的雙方都應該譴責，而且我已經太常看到這樣的分裂行動。身為一個「圈外人」，看到這樣的分裂行動我只能失望地搖頭，想不透為什麼雙方不能放下人為的差異，就往往具相同利益的重要問題進行合作。年輕世代的公民民族主義是建立在共同的價值觀上，他們一再證明當利益交疊時，超越分裂根本不是問題。事實上，對他們來說，這些分裂是歷史的往事了。問題是，政黨、政府機構和媒體大部分還是由老一輩的世代所控制，他們的行為和做法早該被揚棄。

「政黨色彩」的分裂也破壞了政府改革的能力，尤其是一些政府部門，像是外交部，傳統上都是保守勢力把持，裡面的官員大多是老「藍」人士。在這樣的機構裡，抗拒改變的力量尤其強大，改革者（經常是來自系統外的特任官員）的每一步都會遭遇抵抗。這就是為什麼當一個新政府上台後，民眾對於改革的速度要有耐心。改變是會慢慢增加的。此外，新政府需要以現有的人員來運作，畢竟不可能一下子就砍掉幾千名政府員工。

老一代不信任、也不願意讓位給機構內的年輕人，也是造成這種現象的原因。有很多本應在幾年前就退休的人仍占著政府單位或附屬機構裡的位子，斷了年輕人的機會，也阻絕新的理念進入。那種理所應得的感覺，以及習慣向政府勒索（經常是利用前面提到的派系），讓這些拒絕退休的人繼續卡位和領薪——他們的薪水往往比年輕員工高，更別提有很多這樣的人是領「雙薪」。單從台灣和外國官員與學者往來的面向來看，台灣各機構內有很高比例的七、八旬長者，這不是好事，幾位外國官員也曾向我提到這一點。

同樣的，這種理所應得的感覺也是這些「長者」向政府爭取資金、補助和其他形式贈與的方法。這種做法向來和國民黨有關。可嘆的是，綠營現在也有這麼做的傾向，雖然也許不如以往普遍。前朝官員都會這樣做。這不僅對年輕世代不公平，也浪費政府有限預算裡的寶貴經費，這些經費本來可以用來做更有效的運用。想要阻止國庫的錢流向政黨老臣們，政府必須能夠不理會那些威脅和勒索，並且理解政府沒有責任永遠要報答這些人。如果台灣擁有無窮盡的資源，這樣做不成問題，可惜事實並非如此。在酬庸的同時，有些有才能、有理念、可以帶來真正改變的年輕人，卻只能苦苦掙扎求生存，沒有足夠的資金實現他們的計畫。

除了停止用金錢來滿足這些人的過度自我和既得利益，政府應徹底修法分配利益以吸引人才，因為有些特殊計畫往往需要技術人力。現行規定可能是在幾十年前訂定的，相關待遇已經不再能夠反映目前的生活水平。低薪和補助完全沒有競爭力，不足以吸引和留住改造台灣迎接二十一世紀所需的外來人才。

由於中國可以動用無限的資源對台灣發動宣傳和統戰攻勢，台灣必須停止這種自我挫敗的政治／族群分裂，以及浪費寶貴的資源。未來幾年，北京可能把台灣列為比以往更優先的問題，所以台灣必須想辦法將人力資源投資的報酬最大化。目前有太多經費花在對維持與創新沒有太大貢獻的項目上。

最後，內部的政治分裂有時也會出口向外，造成局勢混淆。舉例而言，在華府，台灣的代表是「駐美國台北經濟文化代表處」（TECRO），但國民黨與民進黨也都有駐外人員在那裡。對美國官員來說，會接收到三方混雜或有時矛盾的訊息，更別提像「台灣人公共事務會」（FAPA）這類的遊說團體，以及像「全球台灣研究中心」（GTI）這樣的智庫，會影響台灣及其長久夥伴的關係。此外，在台北的政府有時候不信任駐美國台北經濟文化代表處的官員，轉而和黨的辦事處直接接觸，這對台灣的凝聚有所傷害，也是分權功能不彰。「這種訊息來源衝突的情況，」肯特．卡爾德（Kent E. Calder）在其研究華府的亞洲遊說團體的著作《亞洲在華府》（*Asia in Washington*）中說道，「這種情況造成台灣很難以一個整體來傳達一致的訊息。在台灣要在東北亞主張明確地位的政經挑戰日益加深之際，它在華府代表的混亂情況也日益嚴重。」[3]

未來的挑戰

關於資助對台灣有益的計畫，有兩個問題需要再作闡明。第一個問題是，資助台灣「軟實力」的非政府補助已經耗盡，主要原因是北京針對被認為支持獨立的個人和企業實施懲罰行動。愈來愈多有資金可分配運用的企業，擔心資助計畫會涉及支持台灣和支持民主，不論是透過出版、電視劇、電影，以及其他投資題材。這樣的恐懼導致很多本來有助於台灣海外形象的計畫突然喊停或無疾而終。

另一個問題是短視。這種情況太常見了，原本答應要執行的計畫，因為投資者沒興趣了而在幾年後突然喊卡。我是根據親身經驗而談，因為我兩度成了這種不做長期思考的受害者——這個問題很嚴重，因為中國共產黨是會長遠思考的。我的例子並非單一，應可用於說明這個問題。第一個例子涉及「想想論壇英文版」（Thinking Taiwan）網站，這是我在二〇一四年服務於小英教育基金會時創立的。蔡英文在二〇一四年說服我加入她的組織時，做了兩項承諾：一，這個網站不會受到政治干預。她很守信用，確實做到了這個承諾，不過在她離開基金會回去擔任民進黨主席後，我卻必須抵抗來自各方的壓力；二，這個網站將是長期性的，錢不是問題，而且和蔡的政治前途無關（當時我不覺得她會想到二度角逐總統大位）。不幸的是，第二個承諾落空。蔡英文於二〇一六年一月勝選後不久，我就接獲通知說我和基金會的合約將被取消，「想想論壇英文版」網站將停止運作。果然，在總統就職的五月二十日真的發生了，而這麼做觀感不佳且引發各界猜測。很可能蔡總統授權把這件事交給基金會幕後的人處理。對我來說這兩年很特別，對我的職涯很有幫助，對此我要感謝蔡總統的遠見。「想想論壇英文版」是很成功的項目，學術界和外國政府的許多人士對它停止運作表示遺憾。我只能猜測網站被關是什麼原因。我被告知（不是透過蔡本人）是因為不需要了，民進黨已經執政。另一個原因可能是基金會管理階層知道，我不會受到控制：我會繼續寫、繼續刊出我認為需要說出來的事情。鑑於和蔡總統的關係，他們擔心「想想論壇英文版」會被視為是代表了蔡政府的政策。不管如何，經過幾個月的生涯波折後（在台灣，要在我這個領域裡找到新工作是很大的挑戰），我再度振作起來。事後回想，我認為這是好事，至少對我身為新聞記者和評論員的身分來說，的確是好事，因為我不再和這個組織有關係，而這個組織仍然和蔡總統有關係，即使只是名義上。

沒有人找我，我可能被我和蔡總統的關係「染色」了，無法進入國際通訊社工作。最後，我終於在一家新媒體組織找到總編輯的工作。我在那個職位上待了約六個月後辭職，因為我發現所謂的「新媒體」，其實只看關鍵績效指標（KPI）、資料整合等等，而這些並不適合我。然而，我倒是對那個領域的新商業模式以及用戶行為學到很多——後來我在研究跟散布不實資訊（假新聞）有關係的缺失時，這些知識對我幫助很大。

後來另一家基金會找上我，主動提供資金讓我開設一個新網站。因此，二〇一七年初，借助「想想論壇英文版」的成功經驗，我開設了英文網站「台灣守望」（Taiwan Sentinel）。兩者的經營模式相似，只是這一次有稍微多一點的預算供我運用，例如可以付稿費給寫文章的人。在這個網站上線當天的儀式上，多位駐台代表、學者、記者和政府官員出席，顯示「想想論壇英文版」過去確實被視為是分析工作者所需要的重要資訊來源，也是台灣民間外交的一環。在前者關閉後，現在「台灣守望」終於可以填補那道缺口，我們把這視為是一種愈挫愈勇。但一年後，資助「台灣守望」的基金會董事長突然改變心意，資金隨之停止。由於我已經從上一次的經驗得到教訓，所以這次這個網站是屬於我的，因此網站不必停止，還可以繼續運作。但現在我失去了補助，失去薪水，也發不出稿費。從二〇一六年以來，這是我第二次發現，我對台灣「軟實力」和民間外交的貢獻卻因為贊助者沒有遠見而受挫。

鑑於中國動輒花費幾十億在全球媒體及宣傳上，台灣必須想辦法資助可以改善其國際形象的計畫。跟大規模的案子比起來，我的項目花費真的微不足道；但對個人來說，那仍是一大筆錢，大到是個問題，更別提個人還需支付生活開銷和養家活口。因此，需要有遠見和金錢的台灣人才能確保這類計畫的長期能見度。「台灣守望」是很多這類計畫之一；文化產業向來資金不足，卻代表著台灣可以投入更多，強化其海外的能見度與對抗中國的宣傳。

我個人的經驗也凸顯出，台灣面對未來的挑戰時必須改革的另一個領域。在聘用外國籍人士方面，這個國家的法規仍然太過保守。在獲知我和小英教育基金會的合約將被取消後，我開始向國家資助、專攻我興趣領域（安全與國防）的非政府機構尋求就業機會。不幸的是，我很快就發現根據法律規定，他們不能聘用外籍人士。這樣的規定是台灣保護主義傾向的結果（把工作機會留給台灣人），也是因為沒有理解引進外國人才的益處。如果台灣想要吸引和留住外國人才以茲對抗中國企圖在國際舞台上孤立台灣，那麼台灣必須先改變心態。政府職位「只限台灣國民」的政策絕對是可以理解的，因為涉及個人忠誠，而且多數國家都有這樣的規定。但對於智庫和政府資助的非政府機構來說，這樣的規定並無必要。台灣需要發展智庫，需要外國人才加入——並不是因為外國人懂得比較多，只是因為他們的背景使得他們能夠從不一樣的觀點來看問題。

再一次，如果讀者允許我再談談個人經驗，我請你看看這個事實：二〇一八年初，一個在台灣住了十三年、擁有永久居留證的外國人，他已經把台灣當作他的家，而且是在台灣及兩岸關係學術領域上的專家，結果卻無法在台灣、在他的專長領域裡找到工作，也得不到足夠的資金讓他的研究案維持下去。我認識多位很有才華的外國人，也和他們其中幾位共事過，他們同樣可以對台灣做出貢獻。但是由於這裡到處存在著玻璃天花板，以及禁止聘用外國人的規定，他們大部分人都已經回自己的國家，或是轉往中國或其他地方追求生涯發展，因為外國專業人才在那些地方的薪水和工作機會比台灣好上許多。作為一個承諾要吸引更多外國人才的政府，蔡政府必須做更多努力，把台灣變成真正能夠吸引外國人才的地方，讓夠資格和有熱誠的外國人才可以在這裡發展。[4]政府也應該努力支持創意產業和人文產業，他們對國家建設的貢獻跟企業家與科學家一樣重要。

好了，我談自己談得夠多了。說了這麼多，我並沒有貶低台灣的意思，因為台灣給我的，是我永遠無法回報的。

民主是對抗威權的最佳防衛

台灣正值轉變為多元文化國家的過程，應繼續開放大門接受外國移民。基於人口統計學理由，開放移民攸關台灣的生存，因為台灣目前的生育率已經低於生育更替水平，也就是每位婦女生育不到二・一個子女。[5]二〇一六年，中華民國國家發展委員會的統計數字顯示，台灣的出生率是一．二。[6]外籍勞工和他們的子女將成為未來不可或缺的台灣納稅人，也可確保台灣很多社會福利計畫得以永續經營下去，其中最重要的是因應快速高齡化社會的健保和年金制度。此外，引進移民會對國家的每一個層面造成轉型效果，包括新移民帶進這個國家的語言、食物和宗教，讓文化變得更豐富和多元。新移民現在約占台灣總人口的百分之三，將近六十萬人。根據教育部統計，台灣國小和國中學生總數的百分之十．〇七是新移民的子女。[7]所有這些都和東南亞有關，可加強台灣的外交政策。最後，大批非漢人的台灣公民也有助於破解北京聲稱對這個島國擁有主權的說法，這是一記中共難以接招的變化球。

另一個台灣應做不同思考之處，就是它長期以來不停努力、但從二〇一六年起遭遇挫敗的加入聯合國及聯合國附屬組織的行動。以聯合國目前的組成來看，不可能對台灣友善。聯合國警衛甚至不讓持有台灣護照的學生進入日內瓦的聯合國建築，[8]甚且不允許一位身穿印有台灣圖案T恤的女士在紐約聯合國總部外面拍照！中國在聯合國安理會擁有否決權，而且在採全票制的聯合國大會的勢力愈來愈大，更別提它對聯合國教科文組織和人權委員會的影響力，[9]同時也控制了各種聯合國附屬組織，像是國際民航組織、世界衛生組織和國際刑警組織——直到該組織主席孟宏偉於二〇一八年十月在中國失蹤，並被指控收賄[10]——所有這些都證明台灣仍然進不了聯合國。雖然也可以說台灣應該繼續努力爭取加入聯合國，或是設法在聯合國特定機構裡取得觀察國地位，以達宣傳效果讓世界各國了解台灣的情況，但台灣當局和公民社會應該體認到，在目前的環境下，台灣大部分對外行動應該聚焦於加強和非邦交國的雙邊關係，建立新型態的論壇，像是全球合作暨訓練架構，在傳統的聯合國管道之外將台灣和國際社會連結起來。

由於有愈來愈多的外國政府和智庫希望就各式安全議題與台灣合作，諸如中國間諜、不實資訊、網路攻擊和「銳實力」等等，台灣應該持續和外國對等機構進行更好的合作，同時開啟一些入口以利與外國單位互動。在這些領域裡，國安會、行政院、國安局、國防部、法務部調查局及其他單位都在進行各項行動，還有公共和私人機構，但大家似乎各自獨立作業，彼此沒有太多協調。應以國安會為協調行動的中心。就目前的情況來看，外國單位想要就這些問題與台灣合作，卻不知道要找哪個部門。若能集中協調各部會，就可以確保台灣和外界做更好的連結，減少冗餘的行動。加強國安會和其他政府單位人員的語言能力，也可大幅度改善台灣和外國機構的交流。

在軍事方面，台灣應認真考慮建立一支訓練精良的後備部隊，作為對抗侵犯的重要角色。美國在二〇一九年的國防授權法中提到美國援助台灣的後備部隊，所以台灣應該尋求建立一支可加強嚇阻力量的部隊，證明台灣擁有足夠的平民可以隨時動員，針對入侵發動反擊。定期訓練，隨時可以裝備就緒，確保台灣可迅速動員部隊對抗人民解放軍。既然恢復徵兵制被認為是不切實際的，那麼台灣應該採取措施，確保一般百姓在接到命令時能夠熟習操作武器和保衛國家。向大眾宣傳解釋為什麼需要備戰，以及強調台灣海峽可能爆發戰爭的可能性，可進一步鼓勵大眾加入這樣的計畫。重建軍隊的形象及增加民眾對軍隊的信任，是必須持續努力的方向，而且應該讓加入軍隊成為有才能的台灣年輕男女可行的生涯選擇。後續計畫，像是確保軍人退伍後可以在社會的其他領域裡找到工作或是補助進修教育，都是要多加思考的問題。

台灣也應該處理機密資料管理鬆散的問題，實施整個政府一體適用的安全等級制度，把政府人員都納入，機密等級的劃分則可借鏡西方國家的方式。所有政府雇員都應該接受安全認知訓練，並且提供合適的機密資料保管設施給所有部會。這樣的措施有助於解除外國機構對於台灣對應單位處理機密資料是否安全的疑慮。

另一個經常被問到的問題是，台灣是否應該繼續遵守「現狀」，如蔡政府選擇的做法，或是轉向更主動的戰略，突破被束縛的困境。認為台灣應該放棄維持「現狀」的人，其立論基礎是北京已經不再維持「現狀」，並且持續製造對它有利的情勢。事實確實如此。然而，我們也可以說，台灣亦透過擴大與國際社會各方面的交流而持續改變現狀。或者，是「現狀」本身一直在改變，正在快速轉變的全球環境變得比幾年前更加懷疑中國。毫無疑問，這樣的情況對台灣有利，有助於台海維持某種程度的平衡，即使北京想要加以翻轉。在目前這個時間點，以及考慮到各種變數，我認為台北應該繼續維持「現狀」，主要原因有兩個：向國際社會的夥伴們保證台灣沒有要步上一條危險的新路線，同時也避免讓中國共產黨和人民解放軍內部的鷹派分子有理由以武力犯台。台灣無法靠自己的力量打贏這場戰爭，因此必須繼續爭取時間，希望國際環境（更別提中國內部）變得對台灣有利。突然改變政策，例如宣布法理上獨立，將會使得台灣近年來釋出的種種善意都是徒勞，而且，儘管全世界對中國愈來愈懷疑，但這無法保證萬一北京以武力侵台，國際社會將願意伸出援手。

最後，和前面這一點相關的是，台灣必須加倍努力證明，對於各國正大力阻止中國這個威權國家企圖改寫全球秩序的行動來說，台灣作為一個自由與獨立的國家而存在，是不可或缺也無法分割的。跟其他民主國家一樣，台灣一定要明白，堅定地支持民主自由秩序是對抗修正主義的最佳防衛，而後者意圖顛覆從二次世界大戰結束以來就一直支撐著民主自由體制的價值觀。台灣和志同道合的盟友們應該響應英國駐柏林大使皮爾斯·布蘭登（Piers Brendon）在一九三五年所寫的，「快速成長的德國軍國主義怪物，不會僅僅因為我們溫柔相待就平靜下來，唯有讓它知道，渴望和平的列強諸國同時也有足夠的力量去維護和平，才能夠約束它不去採取最終手段。」[11]

蔡英文總統在二〇一八年的國慶演說中，濃縮了這樣的精神，她指出：

捍衛台灣的最佳方案，就是要讓台灣在世界上變得不可或缺，也不可取代……我們將不斷地「壯大台灣」，厚植實力，提升台灣在國際上的不可替代性，這才是台灣永續生存的利基……國家安全整體布局的第一個面向，就是在外交上強化價值連結，建構台灣不可取代的戰略重要性。台灣擁有重要的地緣戰略地位。[12]

第十章

接下來呢？

由於有一位像習近平這樣具有破壞性、狂妄自大和難以預測的領導人，台灣及其盟友在預測時不能不多一點想像力。因為風險實在太大了。

我們已經接近這趟旅程的終點。現在，有些讀者肯定會覺得我漏掉些重要的事，或是我太過強調其他。事實上，台灣海峽，以及台灣和世界各國的這種獨特、困難且經常令人感到挫折的關係，這個問題複雜到沒有任何文本有可能討論到它的所有面向。因此，我首先聚焦於情勢，因為在我看來，這是最重要的。我也避免重複我已經在《島嶼無戰事：不願面對的和平假象》中討論過的內容，但必要的話還是有些重疊之處。

在這最後一章，我想做我通常會避免做的一件事，就是試著去預測未來。鑑於這個問題太過複雜，加上其中涉及很多變數，而且都不是敘事中的主要支持者和反對者能夠完全控制的，因此這個預測的遊戲其實只是徒勞。有些官員和記者請我預測五年或十年後，台海會出現什麼狀況，我總是回答說，首先，我們甚至無法確定一個星期之後會如何，更別提五或十年了；然後，所有這些變化牽涉到太多變數，其中最主要的是中國內部的發展。由於缺乏透明度，要了解中國，我們能做的最佳推測就是根據一些（通常都是有缺陷的）假設，以及能夠找到的有限資源。

（不過，我願意做的一個預測是，不同於有些分析家主張的，我認為中國共產黨不會很快垮台。主要是因為他們適應變化的能力，也從其他獨裁政權，主要是蘇聯共產黨，過去所犯的錯誤中學到教訓。）

此外，大量的挑戰，不論經濟、環境、政治和人口問題，是中國必須在未來幾十年內解決的，所以企圖預測五年後的中國會是什麼樣子，以及它對外的行徑會是如何，顯然都會落入自以為是。我們無法真正知道的。甚且，由於中國是台海情勢中最重要的變數，它的這些未知數只會讓台海的未來發展變得更不可知。

與此相關的是美國和中國未來關係的不確定性，這也會影響北京對台的態度。這種不確定性還要添上美國政府可能改朝換代，例如二〇二〇年的大選，也可能改變美國對北京的政策，儘管我認為，即使民主黨重新執政，美國也不可能會再回到過去那種寬容（如果不算是天真的話）的政策。在中國，精靈已經從瓶子裡跑了出來，這主要得感謝習近平，而且看來他可能還會在他的位子上待上一陣子。我們已經知道我們在跟什麼樣的人打交道，而且我們已經看清楚，過去我們希望和中國交往後會讓它在價值觀和行為上變成多少跟我們一樣，其實只是一廂情願的想法。

我們能夠做的是闡述幾個可能的情景。幸運的話，當中的某個情景會真的出現。對政府和社會來說，情景模擬（scenario-planning）是很有用的一種工具，可以用來準備或對抗未來可能危害國家生存的情勢發展。當然，由於資源有限，政府不可能準備好對抗每一種可能出現的情景，因此必須排出優先順序，經常是依照可能性高低依序推演。

情景一：中國將會連續性對台灣的民主機制加強攻擊

在這個假想的場景裡，北京不會直接使用武力對付台灣，但會繼續對這個島國施加強大壓力，意圖打擊它的士氣，迫使它坐上談判桌。不用說，這樣的談判絕對有利於北京，結果將會造成台灣喪失部分主權。儘管中國軍事武力日漸強大，北京和人民解放軍的決策者明白，武力犯台存在著很高的不確定性和不可預測性，以及在「戰爭迷霧」中出錯的風險。這個情景是假設中國領導階層會繼續做出理智的決定，因此中國的政治情勢就不會出現危機，也就不會導致中國共產黨需要以對外發動戰爭的方法來分散國內的注意力，確保它能夠持存下去（參考情景三）。作為這種中期到長期戰略的一部分，中國將繼續施力破壞台灣的民主機制，主要透過假新聞、與島內行動者合作、滲透台灣社會各階層，以及加強對台間諜活動（第二章討論過）。中國會尋求繞過傳統政黨，包括民進黨和國民黨，尤其是後者已經失去對中國的吸引力，不再被視為是支持統一的夥伴，轉而把手伸向獨立候選人，以及地方領袖和商人等等。這個戰略要成功，必須看台灣如何回應對於其民主的挑戰。除非台北願意真心打擊支持中國共產黨、尋求顛覆台灣的反民主勢力，否則北京預料將增加使用這個「神奇的武器」，因為它很方便可以推得一乾二淨（一旦出事，中國共產黨可以宣稱跟這些完全沒有關係），而且成本極低，對中國來說更是零風險（除了付出聲譽的代價，以及可能會造成中國間諜被捕，危及少數中國人的生命）。

這樣的情景很可能持續下去，不管二〇二〇年總統大選的結果如何——蔡總統連任成功，或是國民黨再度奪回執政權，儘管目前這似乎不太可能，但也並非完全無望。除非是一位民粹主義的獨立候選人當選總統，以及表態願意改變台灣目前的兩岸政策，改採更符合北京條件的新政策，才有可能減少北京繞過和侵犯台灣中央機制的誘因，至少是一開始的時候。二〇一八年十月，隨著十一月的全國地方選舉逐漸逼近，法務部調查局宣布正在調查三十三件涉及中國金援特定候選人的案件。據報導，中國人民解放軍戰略支援部隊，配合其他專長網路、電子和心理作戰的單位，將十一月的這場選舉視為二〇二〇年一月總統大選的各種戰術的「實驗場」，希望在他們的努力下可以選出一位支持北京的候選人。如果成功了，證實北京只想讓蔡英文當一任總統。中國干涉台灣的民主機制，也是企圖破壞台灣人民對民主的信任和支持，創造出一種不信任的氛圍，打破將台灣團結為民主社會的那些信念。面對這種情景，台灣當局最好的方法就是修改國家安全法規，例如把犯罪的中國人視為敵對國家的間諜；改革法院／司法制度，強化情報與執法機構的能力和授權，並且展現政治意願採取可能會引起不安的行動。時候到了，為了捍衛民主，政治領袖必須做出艱難的抉擇。

情景二：習近平言出必行，釋放中國極端民族主義的怒火

一直有人在爭論說，習近平對台的強硬路線，到底是在嘴上高唱民族主義，目的只是要擴大他在中國共產黨內的聲勢；或者這是習近平對台採取的一種危險新路線。鑑於他已經打破前任領導的做法，台灣不能對此做出錯誤解讀，因此台灣必須準備好應付習近平所說的話，那就是在二十一世紀第三個十年裡，他可能會決定人民解放軍已經有足夠的力量可以對台灣發動全面攻擊，一舉解決掉台灣「問題」。在這個情景裡，國際情勢似乎有利於中國採取如此高風險的行動。北京認為華府應該沒有意願馳援台灣，或是因國內問題而無法分心，或是因為過度用兵而讓美軍深陷在某些地區的泥淖裡，例如正在伊朗或北韓作戰。北京也估算，這個地區的其他大國，主要是日本，不會干預台灣海峽的戰事。總之，國際情勢既然如此，中國共產黨於是認定台灣真的已被國際孤立，那麼只要發動一場快速、乾淨俐落、密集的戰爭，中國就可以獲勝。這樣的情景也可能因為台灣內部的一些舉動而發生，像是台灣宣布獨立，「迫使」北京啟動反分裂法，針對台灣發動一場「防衛性」戰爭。

要確保不會出現這種情景，最好的方法就是台灣必須加強和盟國的合作，增強台灣的嚇阻力量，避免讓北京找到任何動武的理由——就如同蔡總統到目前為止一直在做的，不管深

綠施加多大的壓力，蔡總統都沒有做出會讓北京失控的舉動。華府也已釋放出更為強烈的訊號：對台灣發動沒有正當理由的攻擊，將會引來美國的軍事反應，換句話說，美國已經擺脫長久以來的「戰略模糊」政策，這也會減少中國方面誤判情勢的風險。民主陣營（美國、歐盟和其他國家）一定要重新建立他們對抗侵略者的「紅線」，因為在經歷對喬治亞、克里米亞／烏克蘭、敘利亞和南海一連串事件的無所作為之後，民主陣營的「紅線」的信譽已經遭到嚴重破壞。

情景三：四面楚歌的中國共產黨打出對外作戰牌

在這個情景裡，中國內部出現嚴重動盪，可能是經濟劇烈下滑、爆發牽涉中國共黨最高階層的醜聞，或是和美國的貿易戰惡化成熱戰，這些都會迫使中國政權利用對外動武，號召中國人民團結在中國共產黨的旗幟下。在這個情景裡，因為害怕失去對中國社會的控制，將會鼓勵危機重重的中國共產黨政權把國內的動亂歸咎於外來勢力。他們將會炒作過去幾十年來一直在培養的受害者情緒。北京會指控外國勢力透過包圍和其他迂迴戰略，共謀「打壓中國」。中國共產黨因此別無選擇，只能發動一場「保衛」戰，對抗外國侵略者；最好是打一場能夠快速獲勝的戰爭，如此它才能在中國民眾間重建威信。鑑於習近平上台以來所做的承諾，以及在他的領政下形成的中國政策個人化的現象，任何威脅到他的「中國夢」者，都將被他及他周圍的圈子看作是對他們的生存及傳承的重大威脅。在今日中國這個高度緊張和殘酷的環境中，任何會失去面子的事情都會被視為是要命的大事，因此中國共產黨的領導階層有絕對的動機採取必要的行動以保住權位。相對的，這會增加中國領導人做出不理性行為的可能性；亦即對個人的行動做出扭曲的成本效益分析。台灣是可能的目標之一，當中國共產黨面對國內危機時，就可以把目光轉移到這個目標上，製造出一個危機，以此重建它的正當性。其他地區，包括南海部分地區、東海的釣魚台列島、中國和印度邊界、北京和首爾都宣稱擁有主權的島嶼、俄羅斯邊界、中亞以及其他地區，都是可以用來分散國內注意力的外國目標。至於台灣，攻擊行動並不一定要包括台灣本島，也可限於攻擊其外島，或是台灣在南沙群島的領土。用國外目標來分散國內注意是一場賭注，是想要重建個人政治生命的極端行動，主要做法是在別的地方引爆危機，把民眾和團體的怒氣移轉到外部敵人身上。因為一定要成功（如果失敗了只會加速滅亡），再加上這些人在決策時仍然有某種程度的理智存在，所以在這種情況下，中國共產黨將更有可能針對這個地區內最弱的目標，換句話說，不是台灣，因為台灣不是一個容易拿下的目標，而且還可能引來美國干預，所以比較可能會是像菲律賓和越南這些國家；或者是挑選在爆發軍事衝突時，不會引發美國反應的某個地區。因此，就如情景二的情況，加強台灣的嚇阻力量，以及清楚發出美國和日本在台灣海峽的「紅線」訊號，都會減少台灣成為被中國共產黨用來化解國內危機的外部目標的可能性。

情景四：中國共產黨垮台

近二十年來，某些分析家一直在預測中國共產黨一定會垮台。這些預測的主要根據是，以蘇聯共產黨作為中國共產黨的樣板。現在看來，顯然中國共產黨已經詳細研究過，並且從造成蘇聯共產黨潰散以及前蘇聯解體的很多因素中學到教訓，知道怎麼避免犯下相同的錯誤。因此，雖然中國共產黨在中國的統治終有結束的一天（這並非完全不可能），但造成蘇聯共產黨崩解的那些因素，卻不太可能也會造成中國共產黨垮台。中國共產黨已經成為調適和應變大師，受惠於歷史的後見之明；此外，前蘇聯的經濟是封閉和缺乏效率的，中國卻恰好相反，它擁抱資本主義（具有「中國特色」的資本主義），並且無可避免地被納入全球經濟體系中。中國共產黨在中國的統治經驗有其特性，用過去的模式來預測它未來的發展沒有太大用處。儘管如此，對於中國共產黨垮掉的可能性，國際社會還是要做好準備，因為該黨幾乎完全控制了中國社會，如果它真的倒了，將會對中國和整個地區造成可怕的後果。對台灣來說，中國共產黨在中國的統治瓦解將會對台灣產生經濟影響，因為雙方之間存在著緊密的供應鏈，台灣企業更在中國沿海及其他地區都有重大投資。在國安方面，難以保證中國共產黨的統治結束後，中國就會改變對台灣的主權訴求。事實上，在習近平和中國共產黨垮台之後，不管上台的是誰，可能甚至會比習近平更為強調民族主義和擴張主義；必須要注意的是，人民解放軍內部的作亂者，或是某個地區的「軍頭」，很可能會趁混亂情勢及中央集權潰敗的機會，發動對台灣有限度的攻擊。雖然這樣的情景在短期內不太可能出現，卻是台灣當局必須準備面對的可能情勢。整個來說，需要做些什麼其實和情景二與情景三所討論的並沒有太大差別。

情景五：台灣屈服投降

這個情景代表中國對台灣的恫嚇成功，以及台灣發現它在國際社會中完全孤立無援。這也許是中國封鎖台灣造成的結果，也許是中國一次成功的軍事行動，或是台灣上台主政的是一位不受民主機制約束的政治人物。屈服的結果，就是台灣和中國會坐上談判桌，達成某種協議，根據此一協議，台灣將成為中華人民共和國的一部分。不管是在「一國兩制」或其他模式下，台灣將喪失外交的能力，如果香港的例子可以借鏡的話，那麼這項協議也將限制台灣人民的某些政治權利。雖然北京也許可以成功說服足夠的台灣人，讓他們相信成為中國的一部分可能前途光明。或者，恫嚇他們，透過威脅手法強迫他們屈服；由於在台灣，反對中國統治的人口比例很高，這種轉型過程必然導致反抗和不安，如此一來將會迫使在北京控制下的台灣執法和軍事單位採取行動。幾千人將會被逮捕，可能會有很多人在過程中遇害。如果這種動盪的情況嚴重到威脅中國的統治，中國人民解放軍、中華人民共和國國家安全部、中國人民武裝警察部隊及輔警單位，可能派遣部隊前來台灣平定動亂。受到中國統治或是相關威脅，也會造成台灣人口大量出走，人口外流會使得這個島國變成一座「鬼島」，只有空蕪的土地——中國共產黨要的是領土，不是台灣人民——中國可以從這塊土地向外擴張武力。鑑於北京具有強烈的領土野心，因此不管中國在談判過程中做出什麼承諾，台灣都很有可能成為人民解放軍部隊的一塊跳板，萬一爆發大規模區域衝突的話，台灣會因此成為美國、日本和其他盟國的攻擊目標。

以上預測的五個情景只是想像，目的是要幫助決策者關注與排定優先次序。另外還有很多情景，但是在我看來以上這些是最有可能發生的。我不知道哪一種情景將會發生，或者事情會不會真的如我所預測的那樣。重要的是要去思考這些可能，並且明白當面臨這些情景

時，中國共產黨過去的行為或是國際體系的結構，會和我們過去幾年來看到的十分相似。由於有一位像習近平這樣具有破壞性、狂妄自大和難以預測的領導人，台灣及其盟友在預測時不能不多一點想像力。因為風險實在太大了。

後記

二〇一九年與之後

台灣最強勁的時候，就是其絕大部分人民一致認同將他們團結在一起的那些基本價值；而它最脆弱的時候，就是其人民被分裂和對立蒙蔽了眼睛，看不見將他們團結在一起的那些基本價值。

二〇一八年十一月二十五日早上，我們走到屋外時，台北街頭呈現出一種英國脫歐公投過關後的氛圍。街上怪異的空無一人，我們吃早餐的地方通常在週末時都有很多客人，此刻卻相當安靜。幾對年輕人板著臉坐在桌前，面無表情地嚼著餐點。架在牆上的平板電視螢幕裡，韓國瑜，國民黨高雄市長候選人，他在前一天的全國九合一地方選舉中獲勝，正精神奕奕地宣布他擔任市長後要做的第一件事，就是成立一個海峽兩岸工作小組，以復甦這個南部城市的經濟。

十一月二十四日的選舉，是蔡總統及其民進黨的一大挫敗。選情大反轉，讓人聯想起二〇一四年底那場象徵著國民黨「崩盤」的都會選舉；同樣的，民進黨在二〇一八這場選舉中，一口氣丟掉了十三個執政城市中的七個，只剩下六個席次。於此同時，全國政治版圖大多翻轉成藍色——這是本來被認為在二〇一六年後就要從歷史上消失的一個政黨的絕地大反撲。其實，說國民黨要消失的評論太過武斷，有很多理由可駁斥。畢竟這個政黨在過去遭遇很多次挫敗，其中最重要是在中國內戰中落敗並撤退到台灣，以及民主化的過程。就是這個政黨在過去幾十年裡於全島各地建立基層網絡，扶植權勢家族和派系——他們在二〇一四年沒有動員起來，因為當時幾乎全台都對馬政府不滿——於二〇一八的選舉中策動國民黨捲土重來。

至於民進黨，從二〇一六年起就出現的驕傲自滿，是這次地方選舉表現得如此讓人失望的主因。部分民進黨籍縣市長似乎都是定速前進，而且整體來說，儘管自從蔡英文上台以來台灣經濟出現緩慢復甦，但一般台灣百姓並不覺得他們比以前好過。[1]亦有證據顯示，一些心存怨懟的軍公教人員不滿蔡政府的年金改革，所以集體都不把票投給民進黨的候選人，以此作為懲罰。失去耐心之餘，選民認為，民進黨在各大都會城市執政四年，並沒有帶來大家冀望的成果；於是他們轉向反對黨，希望新面孔能夠交出更好的執政成績（在民進黨執政的其中幾個縣市，地方首長表現良好，努力認真也和不同的政黨與派系保持良好溝通，像是桃園市和新竹市，因而成功守住縣市長席次）。這種情況也發生在讓民進黨最跌破眼鏡的一個敗選城市：高雄。選前廣被看好的民進黨候選人陳其邁和韓國瑜競逐高雄市長寶座，韓是從政經驗不多的政治人物，民粹個性，推出一些看似天方夜譚的政見，包括要在高雄興建「愛情摩天輪」、到南海太平島開採石油，以及禁止所有政治抗議。然而，韓最後卻以極大差距擊敗陳。這是一個完美的案例，顯示過去二十年來一直治理這個城市的民進黨已經僵化，人們需要新的理念，也就是對制度的衝擊。從某些方面來看，這讓人回想起二〇一四年國民黨在台中和台北兩地的挫敗，因為這兩個城市的選民同樣對國民黨長期的統治感到疲乏。

也許比國民黨捲土重來更讓人擔心的是，北京很可能會利用這次選舉結果從中獲利。高雄和台中的選情底定後，兩位新當選的政治人物馬上宣布他們打算遵守「九二共識」，並且成立海峽兩岸工作小組，吸引中國觀光客和對台灣的投資。顯然轉變後的政治地圖會讓北京和它在台灣的夥伴更容易繞過中央政府，以及孤立由民進黨執政的幾個縣市。這樣的環境會更容易讓台灣落入「黎巴嫩化」（本書前面章節討論過）。毫無疑問，北京會把好處給那幾個縣市，為二〇二〇年總統大選立下範例。因此，儘管二〇一八的選舉中，選民考慮的是較實際和地方性的事務，但投票結果無可避免對全國和兩岸政策產生影響。台灣並沒有在十一月二十四日轉向「親北京」，但選民的表態讓民進黨在處理中國議題時更加棘手。

就如我們在第三章討論過的，民進黨這次選舉表現不佳也加劇了綠營內部的呼聲，要求蔡英文以外的人選代表民進黨參加二〇二〇年的總統大選。按照慣例，為了對這次敗選負責，蔡英文在選舉之夜辭去黨主席，陳菊和行政院長賴清德也請辭。（陳菊最後留任，賴辭職獲准，由蘇貞昌接任，陳其邁出任蘇的副手。）結果是蔡對黨的控制權被削弱，這帶來一種可能性：綠營內部一些更「激進」的人士今後可能主導黨的政策。不少深綠人士指責蔡總統改革太慢，對中國太過軟弱，在尋求向外擴展台灣的能見度時又太過謹慎。然而，在一月

舉行的黨主席選舉中，卓榮泰打敗游盈隆當選黨主席，避免了這種可能性。卓代表了蔡路線的延續，游則訴諸黨內的深綠聲音。

賴清德在二〇一九年三月間決定挑戰蔡英文，爭取二〇二〇總統大選候選人的提名，這對民進黨的未來路線又製造出分裂的可能性，最後獲得黨提名的那個人將會定調民進黨的發展。要是賴出線，將會讓蔡在剩下來的任期裡成為跛腳總統，同時讓中國共產黨和人民解放軍有更多藉口來打壓台灣，因為賴具有「台獨工作者」的形象，對比蔡英文較為謹慎的態度。民進黨出現更激進的領導人，以及接續而來的對不論誰代表黨參加二〇二〇大選所造成壓力，可能都會破壞蔡政府自二〇一六年以來就小心策劃的外交政策。雖然這確實可以滿足深綠人士要求的更活躍的外交政策，以及更加強調台灣的名稱，但像這樣脫離務實外交政策的做法，幾乎可以確定會讓台灣失去很多非官方盟友，尤其是近幾年來這些盟國已經同意和台灣更密切交流。從而也就導致台灣在國際間更形孤立，讓北京更有理由打壓台灣的「分裂分子」。很難想像這樣的結果可以為台灣的未來帶來什麼好處。

以美國為首的國際社會已明白表示，歡迎台灣這種謹慎、可預測和漸進式的決策模式，也歡迎將來更多類似的決策。這種觀點已獲證實：華府從二〇一六年起就在各種議題上擴大和台灣交流，並在二〇一九年初再度重申，包括從宗教自由[2]到自由與開放之印太[3]

以及由美國國務院的全球作戰中心（Global Engagement Center）負責的其他計畫，都納入更多政府對政府的直接互動。在各種閉門會議中，多位外國官員也一再向我表達他們政府偏好這樣的台灣。

就如我在前面幾章討論過的，蔡政府的改革行動確實緩慢，需要革新的制度問題也讓改革更形複雜，甚且遭遇體制內保守勢力的抵抗，所以被任命的官員們跟蔡總統一樣支持循序漸進的改革。但在一些需要優先改革的領域，蔡總統下定決心後，結果很快就看得到，例如年金改革。另一個需要蔡英文更加注意的領域，就是不敢得罪大老的舊作為，如先前討論過的，這讓新血無法注入政治界，造成國家負擔不起的無謂浪費。這些實務慣例雖然不能算是貪腐，卻是高度不道德的，必須加以終止。

十一月二十四日選舉中的另一項出乎意料的發展，就是由反多元性別團體提出的三項公投全數通過。在這方面，蔡政府對婚姻平權的態度遲疑不決（支持婚姻平權是蔡英文在二〇一六年大選期間的競選承諾），讓她失去了年輕選民和多元性別團體的支持。蔡政府對這個問題缺乏主動，也給了保守團體所需要的時間和空間，讓他們能夠去動員、宣傳和塑造出對他們有利的環境——大部分是透過不實資訊和恐嚇戰術。對這次選舉及十項公投問題的監督與執行不周，也反映出蔡英文任命的中央選舉委員會負責人選的不適任，而該主委也在選後下台。這次公投結果讓保守團體更加大膽，他們有些人支持台灣禁止任何同性結合，破壞了台灣在國際間被視為是一個進步、自由和民主典範的名聲。跟世界很多地區一樣，台灣社會現在已經向保守的（經常是宗教的）聲浪屈服；事實上，只要蔡總統在上台初期做出更確定的政策，加上在二〇一六年的強大民意支持下，就可以避免掉一次相對難堪的選舉結果。

十一月二十四日的選舉，給了國民黨、北京和保守勢力很大的動力。這其實不是徹底的失敗，只不過是政治鐘擺往另一個方向擺動，這種情形以前就出現過很多次。

這次選舉為蔡政府第一任任期剩下的時間帶來意外的新挑戰，但從中蔡政府可以找到改造的新契機，更加妥善處理台灣選民的期待。這些挑戰雖然嚴峻，但並不致命，只要台灣社會和決策者注意到其中的警訊，並且理解民主是需要時時警惕的。對民進黨來說，這次選舉結果是在提醒它不能得意自滿，尤其是尋求破壞台灣主權及其自由民主制度的邪惡勢力一直沒有停手。這也是在提醒民進黨和國民黨，民眾對當前「體制」的失望，認定這兩個主要政黨「一樣爛」，而這可能為民粹主義的政治局外人開了門，因為民眾認為這些人能夠解決問題。韓國瑜的支持度暴增，並且在當選高雄市長僅僅幾個月之內很快被當成像救世主一樣，

這就是大量選民對政治精英和長期執政的幻想破滅後，會出現何種狀況的最佳例子——在這個例子裡，主要是十幾年來經濟成長遲滯不前的結果。韓的解決方法就是承認「九二共識」，加強與中國的商業與投資關係；到目前為止，他這些訴求之所以能夠成功，主要是依賴大家的健忘，因此這些訴求不過是重新炒熱馬英九執政時的國民黨政策，而事實證明這麼做並無法促成經濟大幅成長，反而只是製造出各種機會讓中國共產黨的統戰機構能夠滲透台灣社會。（在國民黨因敗選而確定會在二〇一六年失去政權後，北京曾指責說中國的惠台政策之所以無法獲得台灣人民認同，是因為中國對台官員未盡力確保把惠台政策的經濟利益正確分配給台灣人民，並且指控一些領導官員貪腐，例如中國海協會前會長陳雲林。）[4]雖然韓國瑜隸屬國民黨，但在這個組織裡他卻像個局外人，只是利用這個黨取得權力，相對的這個黨則利用他來重建影響力。我認為，這就像是和魔鬼進行交易。這種情況和川普與共和黨的關係很像，而在我看來同樣令人擔憂。[5]「失去的十年」，以及唯有政治局外人才能夠重振國家的這種想法，也讓人聯想到一九九〇年阿爾韋托．藤森（Alberto Fujimori）在祕魯大選中獲勝的情況。整個一九八〇年代，祕魯的實質人均國內生產總值大幅下降，同時出現高通貨膨脹，民眾普遍認為在那十年間輪流執政的兩個政黨同樣貪腐。[6]蔡政府和馬政府的共同問題是，不管他們採取什麼振興經濟的政策，整體來說，辛勤工作的台灣老百姓就是感覺不到他們有比以前更富裕，而物價卻是不斷上漲。

這股「韓流」有部分是造神運動的結果，但已經對台灣政治造成危險的對立（若非「部落主義」的話），威脅到蔡總統及民進黨和國民黨內溫和派的中間立場。在這樣的氛圍下，很容易可以想像二〇二〇大選前會出現什麼樣的負面競選花招。在網路和藍營媒體上，針對韓國瑜的任何批評者所發動的攻擊，其強度和惡意令人不安，引發愈來愈多報復的惡性循環，這種情況如果不加以遏阻將會造成社會動盪。此外，這些惡意攻擊中有很多是受到持續不斷的假新聞所煽動，再由已實質成為韓陣營傳聲筒的藍色媒體加以傳播。[7]有理由相信，支持韓國瑜的網路活動，包括在社群媒體的瘋狂回應、對韓的批評者發出死亡威脅，以及揚言對他們的子女採取不利行動，其中很大部分都是來自台灣以外的地區。這些網路發文的語氣和文字風格不同於台灣人亦可以為證，但必須由執法單位和學術界進一步研究後才可證實。截至目前為止，韓和他的市府團隊一直沒有和這樣的行為劃清界線，也沒有譴責這樣的過激言論。此外，隨著韓的崛起，國民黨內較為溫和的論調也跟著消音，讓像韓這樣的政治人物有更多空間支持對兩岸關係採取比較不謹慎的做法。要求韓在二〇二〇年出馬競選的呼聲已經威脅到國民黨內其他有意參選的人，造成一種恐懼的氣氛和歷史必然性之感，在這種情況下韓別無選擇只能出馬參選。

對立是毀滅性的力量，會破壞綠藍陣營利益重疊的那股中間勢力——這也是我向來主張的，構成台灣主要力量和韌性的那種特質。中間地帶被侵蝕得愈多，光譜兩端更為激進的聲音將會挾持國家的政治。如果我的研判是正確的，中國共產黨其實很清楚，不管是民進黨或國民黨的主流勢力，永遠不會讓北京得到它想要的，如此一來，中國將會把希望寄託在政治「局外人」，希望這些人當選後會願意挑戰現有制度，拋棄傳統的政黨／政府結構。韓國瑜在二〇一九年三月底訪問香港、澳門和中國期間，完全無視台灣中央政府的權威，不理會陸委會的警告，在訪問期間和中國的「中央人民政府駐香港特別行政區聯絡辦公室」（中聯辦）舉行會議，並且和國台辦主任劉結一會面[8]，這一切都符合北京向來的做法，就是繞過中央，直接和那些比較順從其意的台灣夥伴合作，包括縣市層級和地方基層人員，不管是民選或非民選的。[9]據報導，韓國瑜並未事先向陸委會報備完整的行程，也未報備將與這些中國機構會議。劉結一與韓國瑜會面時強調，「九二共識」帶給高雄鄉親「紮紮實實的利益和實惠」。

在此同時，二〇一九年初幾個月期間，證據顯示中國共產黨似乎打算繼續依照我們在第十章論及的第一和第二個路線採取行動。再度有謠言傳出，中國很快又要搶走台灣另一個邦交國，這一次是所羅門群島，因為中國正在那個日漸重要的太平洋地區積極活動，企圖加強其影響力。更多的台灣藝人被迫公開表態他們是「中國人」，包括歐陽娜娜，她是國民黨發言人歐陽龍的女兒，因此這可能是中國為了報復歐陽龍聲稱台灣「對一國兩制無共識」、「不統不獨不武」的言論。[10]台籍中國全國政協委員凌友詩，三月間在中國人民政治協商會議演說時，按照顯然是由北京起草的講稿發言。台灣當局指出，凌友詩是「中華全國台灣同胞聯誼會」的代表，該會是中國的人民團體，其成立宗旨是「充當中國共產黨和台灣同胞之間的橋樑和連絡人」。台北對她處以台幣五十萬元的罰款，並說要撤銷她的台灣國籍，即使她已擁有香港居民身分多年。[11]（凌友詩認識香港前民政局長何志平，二〇一七年何志平因為涉嫌國際行賄遭美國裁定罪名成立，凌友詩曾寫信求情並稱自己和何志平接觸頻繁。何志平案見第二章討論。）

原本期待北京會緩和語氣，降低台海緊張情勢，避免蔡總統和民進黨在二〇二〇大選中得利。但這樣的期待並未實現。一月二日，習近平發表對台談話，明白表示北京已經不再理會台灣人說什麼，只會和台灣內部順從北京意志的夥伴打交道。[12]全文四千兩百五十四字的談話（比一九七九年一月一日鄧小平的談話多了大約兩千四百字），談到所有應該提到的問題，習近平以平淡的語氣說到，「中國共產黨、中國政府、中國人民始終把解決台灣問題、實現祖國完全統一作為矢志不渝的歷史任務」，「國家強大、民族復興、兩岸統一」是歷史大勢，「台灣是中國一部分、兩岸同屬一個中國的歷史和法理事實，是任何人任何勢力都無法改變的」，「台海形勢走向和平穩定、兩岸關係向前發展的時代潮流，是任何人任何勢力都無法阻擋的」。

這位中國共產黨領導人的老生常談，當然還要加上些修正主義的口氣才算完整。習近平說，七十年來，「兩岸雙方在一個中國原則基礎上達成『海峽兩岸同屬一個中國，共同努力謀求國家統一』的『九二共識』。」但沒有說出來的事實是，所謂的「九二共識」其實並不存在，而且不管台海雙方談判人員在一九九二年達成何種口頭協議，但這其實只是：一、把台灣人民排除在外的黨對黨事務；二、其中包含一項協議，就是針對「一個中國」的定義，雙方同意對此不表同意，國民黨堅持要對此有「不同的解釋」。沒有說出來的還有，中方承認，台灣從來沒有同意北京提出的「一國兩制」模式，更別提，事實上此一模式已經在香港造成災難。

習接著保證，會完全尊重台灣的社會制度和生活方式，他還保證在「和平」統一實現之後，台灣同胞的私人財產、宗教信仰和法律權利與利益，都將獲得全面保障。然而，看看香港、西藏和新疆的情況，以及中國媒體幾乎全面屈服於中國共產黨的意志，網路受到管制，人民遭到全面監控，歐威爾式的「社會信用」制度，還有大肆逮捕律師、社運人士、基督徒、知識分子和不遵守黨路線的其他人士，只有傻子才會對習近平的保證信以為真。

同樣的情況也適用於習的另一項提議，就推動兩岸關係和平發展的「制度性安排」，也就是北京和台北就兩岸關係和民族未來展開「民主協商」。人們不禁要問，這樣的機構不是早就已經存在了嗎？那就是陸委會和國台辦。鑑於北京不斷扭曲民主原則，以及中央集權式的中國共產黨模式的僵化，這樣的談判只會造成民主台灣的損失。再一次的，不管達成何種協議，以香港模式為例，經過一段時間後，北京最終都會漠視這些協議。此外，習倡議在堅持「九二共識」、反對「台獨」的共同政治基礎上，「兩岸各政黨、各界別推舉代表性人士，就兩岸關係和民族未來開展廣泛深入的民主協商，就推動兩岸關係和平發展達成制度性安排」。很明顯的，這將把台灣很多人排除在外；事實上，是台灣大多數的人。

不意外的，習並未保證放棄對台使用武力，雖然他提到「中國人不打中國人」，推測這表示，當中國飛彈如雨點般落在台灣時，那些自稱是「中國人」的人，就可以免除被毀滅和失去家人的恐懼。習也說，使用武力「針對的是外部勢力干涉和極少數『台獨』分裂分子及其分裂活動，絕非針對台灣同胞」。習完全沒提到，台灣大部分人都支持維持「現狀」；換句話說，他們並不支持統一。他的談話透露出，中國共產黨無法或是拒絕承認台灣「問題」其實是個更大的問題，源於價值觀的衝突，以及台灣人民幾乎全體擁抱民主自由，不管是「綠」或「藍」，也不管他們如何看待「九二共識」。換句話說，如果中國共產黨使用武力對付台灣的「分裂分子」，那麼它必須殺死所有的人，而不是極少數的分裂分子。習所說的「分裂主義」或是想要維持台灣主權是外部勢力干涉的結果，更是極不合理的，完全誤解了過去幾十年來台灣人民為自己做出的選擇。

習接著呼籲海峽兩岸青年「要勇擔重任、團結友愛、攜手打拚」。這裡漏掉了不年輕的那些人，不知是否表示兩岸比較年長的人就不需要團結友愛。但可以確定的是，中國所謂的兩岸人民「友愛」的紀錄是很差的，像是在網路上鋪天蓋地攻擊台灣藝人，一次又一次在世界各地的大學校園裡赤裸裸地展現醜陋的中國民族主義，更別提習近平一再重申要對台使用武力。中國共產黨的對台友愛的定義，就是要求台灣屈服。向我們屈膝投降，投入中國共產黨定義的中國夢，那麼你們就不會受到我們的威脅。

再一次，這清楚顯示中國共產黨是和平解決兩岸問題的最大障礙。阻擋在和平之路上的，是中國共產黨的僵化與缺乏想像，以及拒絕面對現實，而不是「台灣的分裂分子」。從一九七九年以來，中國共產黨和中國人有很多機會可以更加了解台灣社會和其民主制度。習近平令人厭惡地一再老調重彈，這件事告訴我們，若非中國共產黨完全沒有學到任何教訓，就是它已經被自己的言辭和意識形態逼到牆角，而它不能承認這一點，因為如果承認的話，就會讓人知道它在欺騙中國人民。

大陸國台辦前副主任王在希後來評論說，習的談話重新詮釋了「九二共識」，它現在不僅包括「一個中國」原則，還謀求「國家統一」。王在希表示，如果只認同一中，不謀求統一，就不是真正的「九二共識」。[13]換句話說，參與二〇二〇年台灣總統大選的任何候選人若支持「九二共識」，那就必然表示同意遵守北京對「九二共識」此一嚴格的定義，並被期待會積極尋求兩岸統一。所以，單單表態支持「九二共識」對中國來說已經不夠了。

習近平此番強硬的談話反而讓蔡總統受惠，尤其是在她的黨於十一月二十四的選舉大敗後，她尚未重新站穩腳步之際。在一開始的遲疑之後，她發表了強硬的回應，受到台灣和海外多方的讚許。她說：

過去兩年來，台灣善盡區域成員的義務，積極貢獻於兩岸及區域的和平穩定。我們不挑釁，但堅持原則，我們飽受各種打壓，但我們從未放棄對兩岸關係的基本立場與承諾。我要提醒北京當局，大國必須要有大國的格局，大國的責任，國際社會也正看著中國能不能有所改變，成為受到信任的夥伴。「四個必須」正是兩岸關係能否朝向正面發展，最基本、也最關鍵的基礎。

> 所謂的心靈契合，應該是建立在彼此的相互尊重與理解，建立在兩岸政府務實處理有關人民福祉的問題上。例如，眼前十萬火急的豬瘟疫情。施壓國際企業塗改台灣的名稱，不會帶來心靈契合；買走台灣的邦交國，也不會帶來心靈契合；軍機、軍艦的繞台，更不會帶來心靈契合。[14]

習近平在他的談話中，把「九二共識」和「一國兩制」劃上等號，這是一種修正主義行為，也讓國民黨處於尷尬地位。在習近平發表這項談話後，接下來幾天，多位國民黨政治人物都被迫呼應蔡總統對這項談話的譴責，並且強調除了極端支持統一的團體，「一國兩制」對台灣人根本沒有吸引力。

同時，香港保安局在二月十三日提出對「逃犯條例」和「刑事事宜相互法律協助條例」的修法建議，可能會對台灣人前往中國特別行政區旅遊的能力與意願產生寒蟬效應，尤其香港曾被認為是台灣人前往中國旅遊「最安全」的地點[15]。這項修法提議是在二〇一八年的「箱屍命案」（一位香港居民被控在一家台灣旅館裡殺害他的女友）發生後提出的，預料會在今年夏天由香港立法局通過。這些修法一旦生效，就會允許將在澳門和香港逮捕的台灣籍犯罪嫌疑人引渡到中國內地，並可能面臨起訴和入獄。

在香港提議這兩項修法之後，被控犯了顛覆罪的台灣國民——這項罪名的界定一直由中國政權寬鬆認定——一旦進入香港就會被拘禁，然後被送往中國面對起訴。由於這些法律聲稱涵蓋了澳門、香港和台灣的司法管轄，所以嫌犯所犯的罪行甚至不需要是在中國本土犯下的，就會在香港被捕，然後消失在中國的司法制度裡。如此一來，只要被控違反中國法律，任何台灣學者、社運人士、藝術家、政治人物（包括支持民主或台灣獨立的任何人），都會面臨被中國起訴，不必管他們的「罪行」是不是在中國本土犯下的；只要進入香港就夠了。

還有，根據香港保安局的修法提議，對嫌犯的暫時拘押和移送，將由香港特別行政區的行政長官直接下令，不必像平常那樣送交立法會審查。中國國家安全法的解釋特性，以及對於顛覆國家的各種「罪行」的寬鬆認定，無疑賦與一些過度熱心的官員可能採取先發制人的逮捕行動；而一旦做出決定，逮捕某個犯了意識形態「罪行」的嫌犯，會讓整個制度、乃至於北京中央政府，很難把大事化小，因為攸關面子問題。很可能就是這樣的思維造成了李明哲的命運（本書第二章有討論）。

進入二〇一九年之際，國民黨似乎多少有點重振士氣，但基本上仍是一片混亂，充斥各

種派系——其中最新的一派就是「韓流」。再一次的，有意出馬角逐總統大位的國民黨候選人又開始出手，丟出要和中國簽訂「和平協議」的想法，這種想法以前就出現過，但在民意強烈反對下，很快就煙消雲散。而民進黨還處於戰戰兢兢，不過三月初的立委補選讓該黨獲得象徵性的勝利，多少有助於恢復一些元氣。中國則是依然頑固，並且明白宣示不管台灣內部出現何種變數，它都要制定出統一的規則，不容忍對這個終極目標的任何反對。以上所有這些情勢再度證實我在以前的著作以及本書中明確指出的，那就是台灣最強勁的時候，就是其絕大部分人民一致認同將他們團結在一起的那些基本價值；而它最脆弱的時候，就是其人民被分裂和對立蒙蔽了眼睛，看不見將他們團結在一起的那些基本價值。台灣人民團結起來，北京對台灣的企圖就難以實現；台灣人民如果分裂，就會敞開大門，迎來大部分台灣人都不想要的前途，對於這一點，我十分確定。

萬一二〇二〇年大選結果真的對民進黨不利，不管是誰接替蔡英文出任總統，都應該好好記住台灣最近得到的教訓：傲慢或草率的兩岸政策，終將遭遇反抗和選民的懲罰。換句話說，台灣的民主雖然有其缺陷，有時候還會流於民粹，也許還會發生意料之外的搖擺，但它也擁有堅強的韌性，使得這個寶貴的國家能夠安然度過很多挑戰。

本書是說明台海兩岸利害關係的小小一步，而主要讀者正是台灣的人民。我既不能投票，也不能競選公職，而且即使我從二〇〇五年起就把台灣當作我的家，在這裡我最終只是個客人（但我也跟每個人一樣繳稅）。當我寫了一篇文章批評他們的新英雄時，很多憤怒的韓粉毫不遲疑地提醒我這一點。我不認為自己知道的比台灣人多，但我尊重他們為自己做出的選擇，即使我不認為這些決定對他們是「最好」的。然而，本書是值得關注的，因為我認為發生在台灣的事情，將會是國際社會未來的寫照。台灣的命運就是世界的命運，正在台灣海峽進行的這場理念與價值觀的戰鬥，將會塑造出二十一世紀的未來。願智慧戰勝一切。

台北，台灣

二〇一九年三月二十五日

全文注釋

作者序

1. 寇謐將，《島嶼無戰事：不願面對的和平假象》，商周出版（2016）。英文版：*Convergence or Conflict in the Taiwan Strait The illusion of peace?*, London: Routledge, 2016。

第一章　兩岸關係走向「冰凍」

1. 總統發表就職演說，宣示改革決心，打造「團結的民主」、「有效率的民主」、「務實的民主」。中華民國第十四任總統蔡英文就職演說，中華民國總統府 https://www.president.gov.tw/NEWS/20444
2. 寇謐將，〈台灣第一位女總統走鋼索〉（Taiwan's first female president walks tightrope as she takes office），CNN，2016-05-20。https://edition.cnn.com/2016/05/19/asia/taiwan-president-tsai-ing-wen-takes-office/index.html
3. 周子瑜事件：中國國台辦與台陸委會分別回應，BBC，2016-01-16。https://www.bbc.com/zhongwen/trad/china/2016/01/160116_taiwan_chou_tzu_yu_reax

4. 蔡英文在國際記者會上的勝選演說全文，Focus Taiwan網站，2016-05-20。http://focustaiwan.tw/news/aipl/201601160053.aspx

5. 蔡英文就職演說全文，Focus Taiwan網站，2016-05-20，http://focustaiwan.tw/news/aipl/201605200008.aspx

6. 蔡英文總統國慶演說全文，Focus Taiwan網站，2016-10-10。http://focustaiwan.tw/news/aipl/201610100004.aspx

7. 蔡英文總統國慶演說全文，Focus Taiwan網站，2017-10-10。http://focustaiwan.tw/news/aipl/201710100004.aspx

8. 參閱《黑色島嶼：一個外籍資深記者對台灣公民運動的調查性報導》，商周出版（2015）。

9.〈台灣反對黨領袖大勝，迫使中國做出反應〉（Opposition leader's landslide win in Taiwan puts onus on China to respond），《華盛頓郵報》，2016-01-17。https://www.washingtonpost.com/world/asia_pacific/opposition-leaders-landslide-win-in-taiwan-puts-onus-on-china-to-respond/2016/01/17/1f2fec52-b954-11e5-85cd-5ad59bc19432_story.html?utm_term=.2324efded021

10.〈蔡就職演說，中國國台辦：一份沒完成的答卷〉，《自由時報》，2016-05-21。http://news.ltn.com.tw/news/focus/paper/991944

11.〈國台辦新聞發布會輯錄〉，2016-05-25。http://www.gwytb.gov.cn/xwfbh/201605/t20160525_11466675.

htm。另參閱，〈北京威脅要終止會談，除非蔡英文承認「九二共識」〉（Beijing threatens to suspend talks with Taipei until Tsai Ing-wen acknowledges '1992 consensus），《南華早報》，2016-05-21。https://www.scmp.com/news/china/policies-politics/article/1949425/beijing-threatens-suspend-talks-taipei-until-tsai-ing

12. 蔡英文被指協助當時的李登輝總統起草「特殊的國與國關係」主張。我不願把這項主張說成是「論」（理論），但在學術論文和媒體報導中卻經常這樣用，以對比中國的「一個中國」原則。一邊使用「論」（兩國論），另一邊使用「原則」，這讓中方的宣示取得沒有根據的法統，同時把台灣要求取得國家地位的訴求，貶成只是一項「理論」。

13. 寇謐將，〈在台灣，中國面對的不是一個而是兩個台獨勢力〉（China Faces Not One But Two Forces for Independence in Taiwan），Asia Dialogue網站，2016-03-22。http://theasiadialogue.com/2016/03/22/90972/

14. Emmott, Bill, *The Fate of the West: The Battle to Save the World's Most Successful Political Idea.*, London: The Economist, 2017, p.1.

15. 〈2018 台灣民主價值與治理〉。http://www.tfd.org.tw/export/sites/tfd/files/download/PDF-2.pdf

16. Daniel Bell, *The China Model: Political Meritocracy and the Limits of Democracy*, Princeton University Press, 2016.

17. 林夏如，《台灣的中國困境與選擇》（*Taiwan's China Dilemma*）。Stanford: Stanford University Press,

2016, pp.208-9。

18. Ezrahi, Yaron, *Imagined Democracies: Necessary Political Fictions*, New York: Cambridge University Press, 2012, pp.38-9.

19. 參閱《銳實力：高漲的獨裁主義影響》（*Sharp Power: Rising Authoritarian Influence*），National Endowment for Democracy，2017-12-05。https://www.ned.org/wp-content/uploads/2017/12/Sharp-Power-Rising-Authoritarian-Influence-Full-Report.pdf

20. 參閱立法院第八屆第七會期內政委員會第二次全體委員會議紀錄，https://lis.ly.gov.tw/lgcgi/lypdftxt?10401501;381;430

21.〈強擄肯亞四十五台灣人，中國：詐騙北京、浙江共五億元〉，《自由時報》，2016-04-23。http://news.ltn.com.tw/news/world/breakingnews/1662677

22. 習近平作十九大報告，新華網直播全文實錄。http://www.eeo.com.cn/2017/1018/314936.shtml

23. http://en.people.cn/90002/92080/92129/6271625.pdf

24. 卜睿哲，〈習近平在十九大對台灣問題說了什麼〉（What Xi Jinping said about Taiwan at the 19th Party Congress），布魯金斯學會，2017-10-19。https://www.brookings.edu/blog/order-from-chaos/2017/10/19/what-xi-jinping-said-about-taiwan-at-the-19th-party-congress/

25. Khan, Sulmaan Wasif, *Haunted by Chaos China's Grand Strategy from Mao Zedong to Xi Jinping*, Cambridge: Harvard, 2018, p.152.

26.〈國台辦新聞發布會輯錄〉，2016-06-29。http://www.gwytb.gov.cn/xwfbh/201606/t20160629_11495077.htm

27. Khan, p.208.

第二章　重拳出擊：中國的懲罰戰略

1. Monaco, Nicholas J., *Computational Propaganda in Taiwan: Where Digital Democracy Meets Automated Autocracy,* Google Jigsaw working paper No. 2017.2. Computational Propaganda Research Project, University of Oxford, http://comprop.oii.ox.ac.uk/wp-content/uploads/sites/89/2017/06/Comprop-Taiwan-2.pdf .

2. Horton, Chris，「中國靠扼制旅游懲戒台灣，結果適得其反」，Quartz網站，2017-02-17。https://qz.com/911278/chinas-attempt-to-punish-taiwan-by-throttling-tourism-has-seriously-backfired-zh/

3.〈觀光局二〇一七年十二月觀光客統計資料〉，觀光局，二〇一八年二月二十三日。http://admin.taiwan.net.tw/statistics/release_d_en.aspx?no=7&d=7330

4.〈帛琉總統：儘管中國施壓，台灣關係不變〉（Taiwan relations unchanged despite Chinese pressure: Palau president），《日經亞洲評論》（*Nikkei Asian Review*），2018-05-18。https://asia.nikkei.com/

Politics/International-Relations/Taiwan-relations-unchanged-despite-Chinese-pressure-Palau-president。

Callick, Rowan，〈中國禁止民眾前往梵蒂岡旅遊〉（China bans Vatican tours by its citizens），《澳洲人報》（*Australian*），2017-11-23。https://www.theaustralian.com.au/news/world/china-bans-vatican-tours-by-its-citizens/news-story/b2b70b70c5bfc5aa6979302f2adfd7fc

5. Clark, Colin，〈必要的帛琉交易陷困境，中國可以如願嗎？〉（Indispensable' Palau Deal At Risk; Will China Get Access?），即時防衛網（Breaking Defense），2017-06-27。https://breakingdefense.com/2017/06/indispensable-palau-deal-at-risk-will-china-get-access/

6. Núñez, Odalis，〈巴拿馬科隆貨櫃港口的建設開始〉（Inicia construcción del Puerto de Contenedores Panamá-Colón），Telemetro網站，2017-06-07。http://www.telemetro.com/nacionales/Inicia-construccion-Puerto-Contenedores-Panama-Colon_0_1033397385.html

7. 背景說明：從二〇一六年以來，和台灣斷交的五個邦交國加起來的二〇一七年的國內生產總值（GDP），大約是三千七百三十億美元，只及台灣國內生產總值一兆一千八百億美元的三分之一。

8. 每次台灣失去邦交國時，國際媒體就會請我做出評論。他們的第一個問題往往都是，台灣人民會不會感到驚慌。當我告訴他們不會，台灣人民對這個問題的態度都很冷靜和實際，他們的言談裡總是難掩失望，馬上對報導失去興趣，因為沒有他們所期望的「戲劇性」。

9. 〈中國、美國為薩爾瓦多與台灣斷交而發生爭執〉（China, US in clash over El Salvador dropping

Taiwan），美聯社，2018-08-22。https://apnews.com/ef950ee0280e45e6b5f59dd7e28ebad0

10. Crabtree, Susan，〈中國改變政策後，魯比歐揚言刪掉對薩爾瓦多援助〉（Rubio Vows to Cut Off Aid to El Salvador Following China Policy Change），華盛頓自由燈塔（Washington Free Beacon）新聞網站，2018-08-22。https://freebeacon.com/national-security/rubio-vows-cut-off-aid-el-salvador-following-china-policy-change/

11. 盧建靈（Lo, Kinling），〈中國新結盟引發美國擔心薩爾瓦多可能出現「軍事基地」〉（China's new alliance stirs US worries over possible 'military base' in El Salvador），《南華早報》，2018-08-22。https://www.scmp.com/news/china/diplomacy-defence/article/2160731/chinas-new-alliance-stirs-us-worries-over-military-base

12.〈台灣在奈及利亞的辦事處名稱拿掉「中華民國」〉（Taiwan's office in Nigeria drops 'Republic of China' from name）。Focus Taiwan網站，2018-01-05。http://focustaiwan.tw/news/aipl/201801050009.aspx

13.〈洪森禁止台灣國旗在柬埔寨升起〉（Hun Sen Bans Taiwan Flag from Cambodia），《柬埔寨日報》（*Cambodia Daily*），2017-02-06。https://www.cambodiadaily.com/news/hun-sen-bans-taiwan-flag-from-cambodia-124609/

14.〈台灣抨擊西班牙把台灣嫌犯遣送中國〉（Taiwan slams Spain's deportation of Taiwanese suspects to

China），Focus Taiwan網站，2018-05-17。http://focustaiwan.tw/news/aipl/201805170029.aspx

15. 請參閱「桂民海」，美國筆會（Pen America）。https://pen.org/advocacy-case/gui-minhai/

16. 〈中國不滿國際刑警組織撤銷對維吾爾領袖的通緝警示〉（China upset as Interpol removes wanted alert for exiled Uighur leader），路透社，2018-02-24。https://www.reuters.com/article/us-china-xinjiang/china-upset-as-interpol-removes-wanted-alert-for-exiled-uighur-leader-idUSKCN1G80FK

17. 〈李明哲遭判五年不上訴，與妻道別畫面曝光〉，《蘋果日報》，2017-11-28。https://tw.appledaily.com/new/realtime/20171128/1249197/

18. 〈國際刑警組織大會，外交部證實台灣無法參加〉，《自由時報》，2016-11-05。http://news.ltn.com.tw/news/politics/breakingnews/1877348

19. 專家解讀《網絡安全法》具有六大突出亮點，《新華社》，2016-11-08。http://www.xinhuanet.com/info/2016-11/08/c_135813341.htm

20. 「台灣與中國並列！IKEA這張圖讓網友氣炸：把店全關了」，TVBS，2018-08-28。https://news.tvbs.com.tw/world/981924

21. 「民航局約談達美航空相關負責人：要求其立即整改、公開道歉」，中國民用航空局新聞中心民航要聞，2018-01-12。http://www.caac.gov.cn/PHONE/XWZX/MHYW/201801/t20180112_48569.html

22. 寇謐將，〈加拿大航空向中國磕頭，釋出危險訊息〉（Air Canada's kowtowing to China sends a dangerous signal），《環球郵報》，2018-05-17。https://www.theglobeandmail.com/opinion/article-air-canadas-kowtowing-to-china-sends-a-dangerous-signal/

23. 寇謐將，〈渥太華不能在中國台灣的加拿大航空爭議中逃避責任〉（Ottawa can't shirk responsibility in China-Taiwan Air Canada controversy），《國會山莊時報》，2018-05-23。https://www.hilltimes.com/2018/05/23/ottawa-cant-shirk-responsibility-china-taiwan-air-canada-controversy/144702

24. 〈日航、全日空在主權爭論上讓步，在中文網站上用「中國台灣」取代「台灣」〉（JAL, ANA bend on sovereignty row, swapping 'Taiwan' for 'China Taiwan' on Chinese websites），法新社時事通信社（AFP-Jiji），2018-06-19。https://www.japantimes.co.jp/news/2018/06/19/business/jal-ana-bend-sovereignty-row-swapping-taiwan-china-taiwan-chinese-websites/#.W3-5qGVCJBy

25. 〈美國公司需要對台灣採取立場嗎？〉（Do American Companies Need to Take a Stance on Taiwan?），《ChinaFile Conversations》周刊，2018-05-11。http://www.chinafile.com/conversation/do-american-companies-need-take-stance-taiwan

26. 〈玻璃心，強國五十五人黑名單流出，杜汶澤何韻詩黃耀明林夕有份〉，《蘋果日報》，2016-12-30。https://hk.news.appledaily.com/china/realtime/article/20161230/56109922

27. 〈戴立忍風波延燒，台星被迫簽署「不分裂國家」聲明〉，《蘋果日報》，2016-07-26。https://

tw.appledaily.com/new/realtime/20160726/915843/

28. 〈國安單位：反年改陳抗有中國勢力介入〉，《自由時報》，2017-07-18。http://news.ltn.com.tw/news/focus/paper/1119633

29. 筆者已經看到這項研究的初步發現。

30. 參閱寇謐將，《島嶼無戰事：不願面對的和平假象》第五章。Michael Raska, Hybrid Warfare with Chinese Characteristics, *RSIS*, 2015-12-02。https://www.rsis.edu.sg/rsis-publication/rsis/co15262-hybrid-warfare-with-chinese-characteristics/#.W4Oa52VCJBw

31. 〈央視再捧柯文哲！讚柯宋配跨越藍綠已成氣候〉，《自由時報》，2018-08-21。http://news.ltn.com.tw/news/politics/breakingnews/2526068

32. Grayling, A.C., *Democracy and its Crisis,* London: Oneworld, 2017, p. 148.

33. Steven Levitsky and Daniel Ziblatt, *How Democracies Die: What History Reveals About our Future,* London: Viking, 2018, p.8.

34. 請參閱吳介民、蔡宏政、鄭祖邦編，《吊燈裡的巨蟒：中國因素作用力與反作用力》，左岸文化（2017）。

35. Griffiths, James,*China ready to fight 'bloody battle' against enemies, Xi says in speech*，CNN, 2018-03-20。

https://edition.cnn.com/2018/03/19/asia/china-xi-jinping-speech-npc-intl/index.html

36. 感謝彼得・馬提斯（Peter Mattis）把「全國政協」的角色和功能作概念化的處理。

37.〈兩岸音樂交流大狂歡二十四日台大登場〉，《中國評論新聞》（CRNTT），2017-09-28。http://hk.crntt.com/crn-webapp/touch/detail.jsp?coluid=3&kindid=0&docid=104815055

38.〈上海台辦主任李文輝來台遭拒。陸委會：爭議多〉，《自由時報》，2018-02-22。http://news.ltn.com.tw/news/politics/breakingnews/2346899

39.〈五星共產寺開拆，魏明仁撤退〉，《自由時報》，2018-09-27。http://news.ltn.com.tw/news/focus/paper/1235119

40.〈國台辦新聞發布會輯錄〉，國務院台灣事務辦公室，2018-09-26。http://www.gwytb.gov.cn/xwfbh/201809/t20180926_12095513.htm

41.〈白狼的統促黨比你想的更接地氣！宮廟、農漁會、深綠鄉鎮都有它〉，《CommonWealth》雜誌，2018-08-13。https://www.cw.com.tw/article/article.action?id=5091632

42. Odd Arne Westad, *Decisive Encounters:The Chinese Civil War, 1946-1950,* Stanford: Stanford University Press, 2003, p.9.

43.〈新書發表會：馬英九與柯文哲王不見王〉，《中國評論新聞》，2018-01-12。http://hk.crntt.com/crn-webapp/touch/detail.jsp?coluid=255&kindid=0&docid=104939592

44.〈吳建國：欲做兩岸「文化統一」的倡導者〉，《人民日報》，2006-03-14。http://tw.people.com.cn/BIG5/14814/14891/4200180.html

45.二〇一七年全美中國和平統一促進會年會暨海峽兩岸和平發展論壇，Youtube. https://www.youtube.com/watch?v=3Nw8D9GSloU，以及https://www.youtube.com/watch?v=oxADVlR5JrI

46.〈不理中國，支持獨立人士應邀在香港外國記者會演講〉（In Defiance of China, a Pro-Independence Activist Speaks at Hong Kong's Foreign Correspondents Club），《時代》周刊（*Time*），2018-08-14。http://time.com/5365243/hong-kong-china-andy-chan-foreign-correspondents-club-fcc/

47. 寇謐將，〈難以阻擋：中國顛覆台灣的祕密計畫〉（Unstoppable: China's Secret Plan to Subvert Taiwan），《國家利益》雜誌，2015-03-23。https://nationalinterest.org/feature/unstoppable-chinas-secret-plan-subvert-taiwan-12463

48. 寇謐將，〈中國宣傳：馬上就出現在你身邊的會議裡〉（Chinese Propaganda: Coming Soon to a Conference Near You），《外交官》（*Diplomat*），2015-09-23。https://thediplomat.com/2015/09/chinese-propaganda-coming-soon-to-a-conference-near-you/

49.〈中國的歐洲野心：華信大舉投資給捷克帶來了什麼〉，《紐約時報》中文版，2018-08-14。https://cn.nytimes.com/business/20180814/china-influence-europe-czech-republic/zh-hant/

50.〈涉及非洲行賄案，香港前民政局局長何志平在紐約市被捕〉（Former Hong Kong home secretary Patrick Ho arrested in US over alleged Africa bribery scheme），《南華早報／法新社》，2017-11-21。https://www.scmp.com/news/hong-kong/law-crime/article/2120784/us-arrests-former-hong-kong-home-secretary-patrick-ho

51.〈誣指顛覆台灣，華信跨海告寇謐將〉，《中國時報》，2017-06-2。http://www.chinatimes.com/newspapers/20170626000334-260108

52.〈消息人士：CEFC董事長被查，高級幹部被禁出國〉（CEFC senior staff banned from overseas travel amid chairman probe: sources），路透社，2018-04-20。https://www.reuters.com/article/us-cefc-probe-travel-ban/cefc-senior-staff-banned-from-overseas-travel-amid-chairman-probe-sources-idUSKBN1HR1U7

53.〈美國檢方指控香港前民政事務局局長何志平涉嫌非法軍火交易，紐約行賄案開審前加溫〉（Former Hong Kong minister Patrick Ho accused of being illegal arms dealer by US prosecutors as they turn up heat ahead of New York bribery trial），《南華早報》，2018-10-03。https://www.scmp.com/news/hong-kong/law-and-crime/article/2166847/former-hong-kong-minister-patrick-ho-accused-being

54.〈吳建國，嚴防外力破壞兩岸〉，《中國時報》，2017-06-26。https://opinion.chinatimes.com/20170626004909-262105

55. 有關印發《關於促進兩岸經濟文化交流合作的若干措施》的通知，2018-02-20。http://www.gwytb.

gov.cn/wyly/201802/t20180228_11928139.htm

56. 行政院：四大面向及八大強台策略。務實因應中國大陸對台三十一項措施。https://www.ey.gov.tw/Page/9277F759E41CCD91/70ea5798-56c6-4fbc-ba06-730ac87264df

57. 〈陸啟用M503南向北陸委會：立即停止否則後果自負〉，《聯合報》，2018-01-04。https://udn.com/news/story/11742/2911584

58. 每次出現這種新聞，總會有外國媒體訪問我。他們大部分顯然相信新聞所說的：這些演習是空前大規模，是台灣海峽爆發大危機的前兆。每次當我向他們說明這些看法的錯誤之後，總會感覺他們很失望。他們想要看到危機出現。我向他們說明，這種情況是正常的，只是北京對台灣的心理戰，如果稍不注意，外國媒體就會成為幫凶。

59. Pew Research Center，〈貿易緊張情勢升高，美國人更討厭中國〉（As Trade Tensions Rise, Fewer Americans See China Favorably），2018-08-28。http://www.pewglobal.org/2018/08/28/as-trade-tensions-rise-fewer-americans-see-china-favorably/

60. 美國國防部對國會的年度報告：《中華人民共和國二〇一七年軍事與安全發展》（*Military and Security Developments Involving the People's Republic of China 2017*），第七十七頁。

61. 易思安，《中共攻台大解密：1000個轟炸目標、14個登陸的戰場、一年兩度的時機，以及台灣人民何去何從》，遠流出版事業股份有限公司（2018）。

第三章　綠營的紛歧

1. 寇謐將，〈中國對蔡英文的大緊縮策略〉（China's Great Squeeze Strategy Against Tsai Ing-wen），「台灣守望」（Taiwan Sentinel）英文網站，2018-07-25。

https://sentinel.tw/chinas-great-squeeze-against-tsai-ing-wen/

2.〈東亞青運會主辦權遭取消，胡志強：什麼事都怪別人也不對〉，《自由時報》，2018-07-24。http://news.ltn.com.tw/news/politics/breakingnews/2497883

3. Taiwan's Democracy Challenged: The Chen Shui-bian Years, Yun-han Chu, Larry Diamond, and Kharis Templeman, eds, Boulder: Lynne Rienner, 2016, p.16, 26.

4.〈陳水扁為陳致中站台認定違規，中監：未來不核准類似活動〉，NOWNews，2018-03-24。https://www.nownews.com/news/20180324/2723083

第四章　台灣和中國的大野心：地緣政治和意識形態

1.「家務事」和棄台論是由少數幾位評論員提出，包括美國海軍戰爭學院中國海事研究所教授金來爾（Lyle J. Goldstein）在〈美國必須在台灣問題上務實一點〉（The United States Must Be Realistic on Taiwan）文中所說，刊登於《國家利益》，2018-08-07。https://nationalinterest.org/feature/united-states-must-be-realistic-taiwan-28187。我在《島嶼無戰事》第十五章詳細討論此問題。

2. Khan, *Haunted by Chaos*, p.7.

3. Nathan, Andrew J. and Andrew Scobell, *China's Search for Security* (New York: Columbia University Press, 2012), p.196.

4. Andrew S. Erickson and Joel Wuthnow, "Barriers, Springboards and Benchmarks: China Conceptualizes the Pacific "Island Chains," *China Quarterly*, January 2016, pp. 1-22. Available at: http://www.dtic.mil/dtic/tr/fulltext/u2/1002513.pdf

5. French, Howard W., *Everything Under the Heavens: How the Past Helps Shape China's Push for Global Power* (New York: Alfred A. Knopf, 2017), p.270.

6. Allison, Graham, *Destined for War: Can America and China Escape Thucydides's Trap?* , New York: Houghton Mifflin Harcourt, 2017.

7. 寇謐將，〈美國攻擊北韓：中國會報復台灣嗎？〉（A U.S. Attack on North Korea: Could China Retaliate Against Taiwan?），《國家利益》，2017-12-27。https://nationalinterest.org/blog/the-buzz/us-attack-north-korea-could-china-retaliate-against-taiwan-23825

8. Macaes, Bruno, *The Dawn of Eurasia: On the Trail of the New World Order,* London: Allen Lane, 2018, pp.59-60.

9.〈習近平：決勝全面建成小康社會，奪取新時代中國特色社會主義偉大勝利——在中國共產黨第十九次全國代表大會上的報告〉，新華網，2017-10-27。http://www.xinhuanet.com/politics/19cpcnc/2017-10/27/c_1121867529.htm

10.〈獅子山終止引發爭論的中國資助的機場〉（Sierra Leone nixes controversial China-funded airport），德國之聲（Deutsche Welle）報導，2018-10-10。ttps://www.dw.com/en/sierra-leone-nixes-controversial-china-funded-airport/a-45832726

11.〈馬哈迪擔心新殖民主義，訪問北京期間取消兩項中國項目〉（Mahathir fears new colonialism, cancels 2 Chinese projects on Beijing visit），《印度時報》（*Times of India*），2018-08-21。https://timesofindia.indiatimes.com/world/china/mahathir-fears-new-colonialism-cancels-2-chinese-projects-on-beijing-visit/articleshow/65493634.cms

12.〈中國正對斯里蘭卡所做之事跟鴉片戰爭後大英帝國對中國所做之事相同〉（China Is Doing The Same Things To Sri Lanka That Great Britain Did To China After The Opium Wars），《富比士雜誌》（*Forbes*），2018-06-28。https://www.forbes.com/sites/panosmourdoukoutas/2018/06/28/china-is-doing-the-same-things-to-sri-lanka-great-britain-did-to-china-after-the-opium-wars/#584b0cfb7446

13.〈還款期限到了：中國債務劇增，太平洋島國債台高築〉（Payment due: Pacific islands in the red as debts to China mount），路透社報導，2018-07-31。ttps://www.reuters.com/article/us-pacific-debt-chinainsight/payment-due-pacific-islands-in-the-red-as-debts-to-china-mount-idUSKBN1KK2J4

14. 〈八國有陷入中國債務陷阱之危〉（Eight countries in danger of falling into China's 'debt trap），Quartz新聞網站報導，2018-03-08。https://qz.com/1223768/china-debt-trap-these-eight-countries-are-in-danger-of-debt-overloads-from-chinas-belt-and-road-plans/

15. 李世默，〈為什麼中國的政治模式是優越的〉（Why China's Political Model Is Superior），《紐約時報》，2012-02-16。ttps://www.nytimes.com/2012/02/16/opinion/why-chinas-political-model-is-superior.html

16. Snyder, Timothy, *The Road to Unfreedom: Russia, Europe, America* (New York: Tim Duggan, 2018), p.151.

17. Segal, Adam, "When China Rules the Web," *Foreign Affairs*, September/October 2018, pp.10-18.

18. 〈馬爾地夫選民把中國支持的強人總統趕下台〉（Maldives voters throw out China-backed strongman president），《衛報》，2018-09-24。https://www.theguardian.com/world/2018/sep/23/maldives-voters-throw-out-china-backed-strongman-president

19. 〈馬爾地夫選舉：害怕中國支持的總統把國家帶回黑暗日子〉（Maldives election: fears China-backed president could return country to dark days），《衛報》，2018-09-21。https://www.theguardian.com/world/2018/sep/21/maldives-election-fears-china-backed-president-could-return-country-to-dark-days

20. Philip B. Heymann, "Democracy and Corruption," *Fordham International Law Journal*, Volume 20, Issue

2, 1996. https://dash.harvard.edu/bitstream/handle/1/12967838/Democracy%20and%20Corruption.pdf?sequence=1&isAllowed=y

21.〈媒體再爆，「陰謀」疑雲加深，網站發文指控台灣「激進團體」訓練「柬埔寨救國黨」〉，《金邊郵報》（*Phnom Penh Post*），2017-09-01。https://www.phnompenhpost.com/national/fresh-news-plot-thickens-site-publishes-allegations-taiwanese-extremist-group-trained-cnrp

22.《網路空間的外國經濟間諜活動》，美國國家反情報和安全中心報告，2018。https://www.dni.gov/files/NCSC/documents/news/20180724-economic-espionage-pub.pdf

23. Li, Cheng, *Chinese Politics in the Xi Jinping Era*, Washington: Brookings Institution Press, 2016, p.3.

24. Pei, Minxin, *China's Crony Capitalism: The Dynamics of Regime Decay*, Cambridge: Harvard University Press, 2016, pp.261-2.

25. Pei, Minxin, *China's Crony Capitalism: The Dynamics of Regime Decay*, Cambridge: Harvard University Press, 2016, p.256.

26. Wu, Guoguang, *China's Party Congress: Power, Legitimacy, and Institutional Manipulation*, Cambridge: Cambridge University Press, 2015, p.265.

27. Li, Cheng, *Chinese Politics in the Xi Jinping Era*, Washington: Brookings Institution Press, 2016, p.5.

28. Minzner, Carl, *End of an Era: How China's Authoritarian Revival is Undermining Its Rise*, New York: Oxford

University Press, 2018, p.34.

29. Economy, Elizabeth, *The River Runs Black: The Environmental Challenge to China's Future*, Ithaca: Cornell University Press, 2010, p.91.

30. 中國官方二〇一七年國防預算是一千五百一十億美元。斯德哥爾摩國際和平研究所（SIPRI）估計，應該是兩千兩百八十二億美。參閱戰略與國際研究中心（CSIS）「中國力量」（ChinaPower）項目。https://chinapower.csis.org/military-spending/。根據世界銀行資料，醫療衛生花費占二〇一五年中國國內生產總值的百分之五．三二，這是可取得的最新數字。

31. Haas, Mark L., "America's Golden Years?: U.S. Security in an Aging World," in *Political Demography: How Population Changes Are Reshaping International Security and National Politics*, ed. Jack A. Goldstone, Eric P. Kaufman, and Monica Duffy Toft, Oxford: Oxford University Press, 2012, p.57.

32. French, *Everything Under the Heavens*, pp.281-2.

33. 洪源遠（Yuen Yuen Ang），〈有中國特色的獨裁統治〉（Autocracy With Chinese Characteristics），美國密歇根大學政治學系副教授。本文原刊於美國《外交事務》2018年5/6月號。

34. Economy, Elizabeth, *The Third Revolution: Xi Jinping and the New Chinese State*, New York: Oxford University Press, 2018, p.184.

35. French, *Everything Under the Heavens*, p.282.

36. Fukuyama, Francis, *Identity: The Demand for Dignity and the Politics of Resentment*, New York Farrar, Straus and Giroux, 2018, p.xiv.

第五章　美台關係和睦

1.〈AIT主席透露美中關係改變原因，學者：美重新考慮一中政策〉，《蘋果日報》，2018-09-25。https://tw.news.appledaily.com/sf/realtime/20180925/1435789

2. 寇謐將，〈蔡與川普交談：台灣的動力〉（The Tsai-Trump Call: The Dynamics in Taiwan），《外交家》雜誌，2016-12-09。https://thediplomat.com/2016/12/the-tsai-trump-call-the-dynamics-in-taiwan/

3. 寇謐將，〈是台灣，不是美國，可能因川普和蔡交談而付出代價〉（Taiwan, not the US, will likely pay the price for the Trump-Tsai call），《洛伊解讀者》（*Lowy Interpreter*），2016-12-07。https://www.lowyinstitute.org/the-interpreter/taiwan-not-us-will-likely-pay-price-trump-tsai-call

4.〈川普說美國不需要被「一個中國」政策綁死〉（Trump says U.S. not necessarily bound by 'one China' policy），路透社報導，2016-12-21。https://www.reuters.com/article/us-usa-trump-china-idUSKBN1400TY

5.〈時間表：川普先是質疑，然後遵守「一個中國」政策〉，路透社報導，2017-02-10。https://www.reuters.com/article/us-usa-trump-china-xi-timeline/timeline-trump-questions-then-honors-one-china-policy-idUSKBN15P0OQ

6.〈在海湖莊園，川普在第一次高峰會中歡迎中國習近平〉（At Mar-a-Lago, Trump welcomes China's Xi in first summit），《華盛頓郵報》，2017-04-07。https://www.washingtonpost.com/politics/at-mar-a-lago-trump-to-welcome-chinas-xi-for-high-stakes-inaugural-summit/2017/04/06/0235cdd0-1ac2-11e7-bcc2-7d1a0973e7b2_story.html?utm_term=.20032491a839

7.〈也許我們也可以試試：川普稱讚習近平權力一把〉（'Maybe we'll give that a shot': Donald Trump praises Xi Jinping's power grab），《衛報》，2018-03-04。https://www.theguardian.com/us-news/2018/mar/04/donald-trump-praises-xi-jinping-power-grab-give-that-a-shot-china

8.〈川普的國務院，十個最高職位空八個〉（At Trump's State Department, Eight of Ten Top Jobs Are Empty），彭博新聞社報導，2018-02-02。https://www.bloomberg.com/graphics/2018-state-department-vacancies/

9.〈美國在台協會台北辦事處處長馬啟思，在「全球合作暨訓練架構」備忘錄簽署儀式上的談話〉，美國在台協會，2015-06-01。https://www.ait.org.tw/remarks-ait-director-christopher-j-marut-global-cooperation-training-framework-mou-signing-ceremony/

10.〈日本如何挽救印太戰略〉（How Japan can save the Indo-Pacific strategy），《日本時報》，2018-07-24。https://www.japantimes.co.jp/opinion/2018/07/24/commentary/japan-commentary/japan-can-save-indo-pacific-strategy/#.W6yH3GVCJBw

11.〈印太戰略簡報〉，美國國務院，2018-04-02。https://www.state.gov/r/pa/prs/ps/2018/04/280134.htm

12. 參加這項會議的學者大都跟「國策研究院」（Institute for National Policy Research）有密切關係。

13. 美國防部長馬提斯在新加坡舉行的「香格里拉對話」（Shangri-La Dialogue）中的談話，2017-06-03。https://dod.defense.gov/News/Transcripts/Transcript-View/Article/1201780/remarks-by-secretary-mattis-at-shangri-la-dialogue/

14.〈馬提斯明確承諾防衛台灣，觸怒北京〉（Mattis outrages Beijing with explicit commitment to defend Taiwan），《南華早報》，2017-06-03。https://www.scmp.com/news/china/diplomacy-defence/article/2096762/james-mattis-outrages-chinas-military-delegation-taiwan

15. 美國防部長馬提斯在新加坡舉行的「香格里拉對話」中的談話，2018-06-02。https://dod.defense.gov/News/Transcripts/Transcript-View/Article/1538599/remarks-by-secretary-mattis-at-plenary-session-of-the-2018-shangri-la-dialogue/

16. 台灣旅行法（H.R.535 - Taiwan Travel Act）全文：https://www.congress.gov/bill/115th-congress/house-bill/535/text

17.〈二〇一八年會計年度國防授權法〉（H.R.2810 - National Defense Authorization Act for Fiscal Year 2018）全文。https://www.congress.gov/bill/115th-congress/house-bill/2810/text

18.〈中國指責美國國會跨越台灣問題紅線〉（China threatens U.S. Congress for crossing its 'red line' on Taiwan），《華盛頓郵報》，2017-10-12。https://www.washingtonpost.com/news/josh-rogin/wp/2017/10/12/china-threatens-u-s-congress-for-crossing-its-red-line-on-taiwan/?utm_term=.80b51bc206f4

19.〈中國駐美公使嗆聲：美艦抵高雄之日，武統台灣之時〉，《自由時報》，2017-12-09。http://news.ltn.com.tw/news/politics/breakingnews/2278114

20.〈二〇一九年會計年度馬侃國防授權法〉（*John S. McCain National Defense Authorization Act for Fiscal Year 2019 Conference Report to Accompany H.R. 5515*），https://docs.house.gov/billsthisweek/20180723/CRPT-115hrpt874.pdf

21.〈美參議員提出台北法案助台灣維繫邦交〉，中央社報導，2018-09-06. http://www.cna.com.tw/news/firstnews/201809060015.aspx

22. 賈德納（Cory Gardner）、盧比歐（Marco Rubio）、馬基（Ed MArkey）、梅南德茲（Bob Menendez）四位美國參議員提出保護台灣的法案，2018-09-05。https://www.gardner.senate.gov/newsroom/press-releases/gardner-markey-rubio-menendez-introduce-legislation-to-defend-taiwan

23.〈為了台灣，美國召回駐薩爾瓦多、巴拿馬和多明尼加共和國外交官〉（U.S. recalls diplomats in El Salvador, Panama, Dominican Republic over Taiwan），路透社報導，2018-09-08。https://www.reuters.com/article/us-usa-china-taiwan/u-s-recalls-diplomats-in-el-salvador-panama-dominican-republic-overtaiwan-idUSKCN1LO00N

24. 美國主管教育與文化事務助理國務卿瑪麗・羅伊斯於美國在台協會新館啟用儀式致辭全文。2018-06-12。https://www.ait.org.tw/remarks-by-assistant-secretary-of-state-for-educational-and-cultural-affairs-marie-royce-at-dedication-ceremony/

25.〈五角大廈婉拒派遣美國陸戰隊前往台灣〉(Pentagon turns down request to send US Marines to Taiwan),CNN報導,2018-09-13。https://edition.cnn.com/2018/09/13/politics/taiwan-pentagon-marines-request/index.html

26. 劉世忠,〈蔡總統海外和過境之旅抗衡北京在國際間叫囂〉(Tsai's Overseas Visit and Transit a Counterbalance to Beijing's International Saber-Rattling),遠景基金會,2018-09-12。http://www.pf.org.tw/article-pfch-2049-6349

27.〈蔡總統訪問洛杉磯,顯示美台關係加溫〉(Warming US-Taiwan Ties on Display as President Tsai Visits LA),美國之音報導,2018-08-14。https://www.voanews.com/a/warming-us-taiwan-ties-on-display-as-president-tsai-ing-wen-visits-la/4528549.html

28. 據說當時美國做出這項讓台灣難堪的舉動,是因華府不滿陳水扁政府決定終止國統會的運作。陳水扁沒有接受這項只是短暫停留加油的提議,反而取消了整趟美國過境之行。〈感覺受到冷落,台灣陳水扁取消美國過境〉(Taiwan's Chen cancels US stop after perceived snub),《金融時報》,2006-

05-04。https://www.ft.com/content/35d220dc-da49-11da-b7de-0000779e2340

29. SM-2 Block IIIA All-Up Rounds, associated equipment and technical support; MK 54 Lightweight Torpedo Conversion Kits, spare parts and other support and assistance; MK 48 Mod 6AT Heavyweight Torpedoes, other support, spare parts, training, and assistance; Hardware, software, and other upgrades to the AN/SLQ-32(V)3 Electronic Warfare Systems supporting Taiwan's Keelung-class destroyers; AGM-154C JSOW Air-to-Ground Missiles, spare/repair parts and other support and assistance; AGM-88B HARMs and Training HARMs, spare/repair parts, testing, and other support and assistance; SRP (Surveillance Radar Program) Operations and Maintenance follow-on sustainment. "The Trump Administration Announces U.S. Arms Sales to Taiwan," U.S.-Taiwan Business Council press release, June 29, 2017.。http://www.us-Taiwan.org/pressrelease/2017june29congressionalnotificationsarmssalestotaiwan.pdf

30.〈美國宣布對台軍售〉，台灣駐美國台北經濟文化代表處新聞稿，2018-09-18。http://www.dsca.mil/major-arms-sales/taipei-economic-and-cultural-representative-office-united-states-tecro-foreign

31.〈美台商會在二〇一八年九月二十四日評論美國對台軍售〉（The US-Taiwan Business Council Comments on the September 24, 2018 U.S. Arms Sale to Taiwan），2018-09-25。http://www.us-taiwan.org/pressrelease/2018september25congressionalnotificationsarmssalestotaiwan.pdf

32. 二〇一八年年四月，川普政府終於核准發出行銷許可證（marketing license）給想要參與台灣潛艦國造計畫的美國國防廠商。這種許可證允許決定參與這項潛艦國造計畫的廠商，提出它的潛艦戰鬥系統的規格給台灣，不過如果真的想要完成交易，還必須申請出口許可。參考https://www.mnd.gov.tw/Publish.aspx?p=75211。

33.〈美豬牛輸出台灣議題，美貿易報告：嚴正關切〉，中央社報導，2018-03-01。http://www.cna.com.tw/news/firstnews/201803010016.aspx

第六章　日本與台灣關係的未來

1. Smith, Sheila A., *Intimate Rivals: Japanese Domestic Politics and a Rising China*,New York: Columbia University Press, 2015, p.238.

2.〈日本、台灣簽署漁業協定惹惱中國〉（China angered as Japan, Taiwan sign fishing agreement），路透社報導，2013-04-10。https://www.reuters.com/article/us-china-japan-taiwan/china-angered-as-japan-taiwan-sign-fishing-agreement-idUSBRE93909520130410

3.〈中國武警接管海警，北京強化海上安全〉（China's military police given control of coastguard as Beijing boosts maritime security），《南華早報》，2018-03-31。https://www.scmp.com/news/china/diplomacy-defence/article/2138257/chinas-military-police-given-control-coastguard-beijing

4. Ching Min Lee, *Fault Lines in a Rising Asia*,Washington: Carnegie Endowment for International Peace, 2016, p.320.

5. 二〇一七年版日本《防衛白皮書》http://www.mod.go.jp/e/publ/w_paper/pdf/2017/DOJ2017_1-2-3_web.pdf

6. McGregor, Richard, *Asia's Reckoning: China, Japan, and the Fate of U.S. Power in the Pacific Century*, New York: Viking, 2017, p.158.

7. Bush, Richard C. and Michael E. O'Hanlon, *A War Like No Other: The Truth About China's Challenge to America*, New Jersey: John Wiley & Sons, 2007, p.116.

8.「美日安保條約」，日本外務省。https://www.mofa.go.jp/region/n-america/us/q&a/ref/1.html

9. 嘉手納空軍基地，美國空軍第十八聯隊簡介。https://www.kadena.af.mil/About-Us/Fact-Sheets/Display/Article/417045/18th-wing/

10.〈空軍F-35閃電戰鬥機在亞太地區首次部署〉（Air Force F-35 put through its paces in first Asia-Pacific deployment），國防新聞（Defense News），2018-02-05。https://www.defensenews.com/digital-show-dailies/singapore-airshow/2018/02/05/f-35-put-through-its-paces-in-first-asia-pacific-deployment/

11.〈F-22猛禽戰鬥機重返嘉手納空軍基地〉（F-22 Raptors return to Kadena Air Base），嘉手納空軍基地，2018-05-30。https://www.kadena.af.mil/News/Article-Display/Article/1535851/f-22-raptors-return-tokadena-air-base/

12.〈美國大兵之子是安倍的川普戰略的最新威脅〉（U.S. Serviceman's Son Is Latest Threat to Abe's Trump Strategy），彭博新聞社（Bloomberg），2018-09-28。https://www.bloomberg.com/news/articles/2018-09-27/u-s-serviceman-s-son-is-latest-threat-to-abe-s-trump-strategy

13.〈沖繩新任縣知事遇上大問題：如何處理美軍和基地〉（Okinawa's new governor has a big problem: What to do about the U.S. military and its bases），美聯社報導，2018-10-02。https://www.militarytimes.com/news/your-military/2018/10/01/okinawas-new-governor-has-a-big-problem-what-to-do-about-the-us-military-and-its-bases/

14. 寇謐將，〈「理性統派」張瑋珊背後令人不安的關係網〉，想想論壇，2018-09-23。http://www.thinkingtaiwan.com/content/4629

15.〈中國聲稱擁有琉球群島主權，中日領土爭執擴大〉（China lays claim to Okinawa as territory dispute with Japan escalates），《衛報》，2013-05-15。https://www.theguardian.com/world/2013/may/15/china-okinawa-dispute-japan-ryukyu

16.〈琉球問題讓中國有了操作籌碼〉（Ryukyu issue offers leverage to China），《環球時報》，2013-05-10。http://www.globaltimes.cn/content/780732.shtml#.UbCOBUA-bK1

17.〈沖繩抗議活動另有一面〉（Protests on Okinawa aren’t always what they appear to be），《星條旗報》（*Stars and Stripes*），2013-05-23。https://www.stripes.com/news/protests-on-okinawa-aren-t-always-what-they-appear-to-be-1.222240

18.〈台灣竹聯幫幹部十幾人訪日，與沖繩暴力團接觸〉，《沖繩時報》，2018-01-02。http://www.okinawatimes.co.jp/articles/-/202723

19.〈統促黨日台交流協會潑漆 李承龍三人各五萬元交保〉，《中國時報》，2018-09-11。https://www.chinatimes.com/realtimenews/20180911001789-260402

20.〈新黨「很震撼」連線將慰安婦阿嬤像請下車〉，《中國時報》，2018-08-28。https://www.chinatimes.com/realtimenews/20180828004698-260407

21.〈破壞兩尊「石狛犬」李承龍等四人被起訴〉，《自由時報》，2017-06-06。http://news.ltn.com.tw/news/society/breakingnews/2090837

22.〈中國不滿日本在台實質大使館改名〉（China upset at name change of de facto Japan embassy in Taiwan），路透社報導，2016-12-28。https://www.reuters.com/article/us-china-japan-taiwan/china-upset-at-name-change-of-de-facto-japan-embassy-in-taiwan-idUSKBN14H0GQ

23.〈日本副大臣正式訪問台灣〉（Japan vice minister officially visits Taiwan），《日經亞洲評論》（*Nikkei Asian Review*），2017-03-26。https://asia.nikkei.com/Politics/Japan-vice-minister-officially-visits-Taiwan2

24.〈中國不滿日本副大臣訪問台灣〉（China upset as Japanese minister visits self-ruled Taiwan），路透社報導，2017-03-27。

25.〈日本安倍稱台灣是「重要夥伴」〉（Japan's Abe calls Taiwan 'important partner），《日經亞洲評論》（*Nikkei Asian Review*），2017-03-30。https://asia.nikkei.com/Politics/Japan-s-Abe-calls-Taiwan-important-partner2

26.〈日本擴大對抗中國一帶一路〉，《富比世》雜誌，https://www.forbes.com/sites/wadeshepard/2016/12/01/japan-ups-its-infrastructure-game-against-chinas-belt-and-road/#4c579d283223

27.〈出席台日交流高峰會 賴揆期待日本助台加入CPTPP〉，《聯合報》，2018-07-07。https://udn.com/news/story/6656/3240079

28.〈日本潛艦在南海軍演〉（Japanese submarine conducts drill in South China Sea），《日經亞洲評論》（*Nikkei Asian Review*），2018-09-17。https://asia.nikkei.com/Politics/International-Relations/Japanese-submarine-conducts-drill-in-South-China-Sea2

29.〈台灣、日本簽署毒性化學物質救災諒解備忘錄〉（Taiwan, Japan sign MOU on toxic chemical disaster response），Focus Taiwan網站，2018-07-16。http://focustaiwan.tw/news/ast/201807160017.aspx

30. Blair, Dennis, "Commentary: Japan, Taiwan must re-evaluate how they're intercepting Chinese threats," *Military Times*, 2018-08-26. https://www.militarytimes.com/opinion/commentary/2018/08/26/commentary-

military-confrontations-in-peace-and-war/

第七章　台灣與世界：孤立主義 vs. 創意交流

1. 這十八個國家是：來自東協的新加坡、越南、印尼、菲律賓、馬來西亞、泰國、柬埔寨、汶萊、緬甸和寮國，以及印度、斯里蘭卡、孟加拉、布丹、尼泊爾、和巴基斯坦，另外還有南亞的紐西蘭和澳洲。
2. 〈外交部：澳洲把難民送到台灣接受緊急醫療〉（Australia sent refugees to Taiwan for urgent medical care: MOFA），Focus Taiwan網站，2018-06-24。http://focustaiwan.tw/news/aipl/201806240010.aspx。這項協議並非沒有爭議，有人批評台灣是澳洲庇護計畫的共犯，因為這項計畫被視為不公平且可能違反人權。然而也可以如此看待：台灣在國際間提供緊急醫療挽救了寶貴性命。
3. 〈台灣在新德里的新貿易辦事處揭幕〉（Taiwan unveils opening of new trade office in New Delhi），Focus Taiwan網站，2018-04-18。http://focustaiwan.tw/news/aeco/201804180019.aspx
4. 〈台灣、德國簽署能源轉換合作宣言〉（Taiwan, Germany sign declaration on energy transition cooperation），Taiwan Today網頁，2016-12-22。https://taiwantoday.tw/news.php?unit=15&post=106270
5. 〈台灣、法國簽署台灣研究計畫備忘錄〉（Taiwan, France sign MOU on Taiwan Studies Program），Focus Taiwan網站，2017-10-21。http://focustaiwan.tw/news/aedu/201710210023.aspx

6.〈台北駐英代表處和英國文化協會簽署諒解備忘錄〉（*TRO signs MOU with British Council*），台北駐英代表處，2017-09-06。https://www.roc-taiwan.org/uk_en/post/2705.html

7.〈台灣英國航太業加強合作，簽署諒解備忘錄〉（Taiwan-UK aerospace industry cooperation strengthens in signing of MOU），台北駐英代表處，2018-09-13。https://www.roc-taiwan.org/uk_en/post/4438.html

8.〈台灣、英國簽署諒解備忘錄，加強金融技術合作〉（Taiwan, U.K. sign MOU to boost financial technology cooperation），Focus Taiwan網站，2018-09-25。http://focustaiwan.tw/news/aeco/201809250028.aspx

9.〈英國和台灣同意外海風力發電合作〉（UK and Taiwan Agree on Offshore Wind Cooperation），offshoreWIND.biz網站，2018-04-11。https://www.offshorewind.biz/2018/04/11/uk-and-taiwan-agree-on-offshore-wind-cooperation/

10.〈歐洲矽谷聯盟國際合作計畫和台灣外貿協會簽署合作備忘錄〉（Silicon Europe Worldwide signs MOU for cooperation with TAITRA from Taiwan），歐盟產業聚落合作平台（European Cluster Collaboration Platform, ECCP）https://www.clustercollaboration.eu/news/silicon-europe-worldwide-signs-mou-cooperation-taitra-taiwan

11.〈二〇一八年台歐風電產業國際高峰會〉（2018 TAIWAN-EUROPE Wind Industry Summit），歐洲

在台商務協會（European Chamber of Commerce Taiwan），2018-02-09。https://www.ecct.com.tw/2018-taiwan-europe-wind-industry-summit-台歐風電產業國際高峰會/

12.〈台灣智慧財產局和歐洲專利局簽署雙方智慧財產權合作備忘錄——象徵雙方合作新里程碑〉（TIPO and the EUIPO signed an MOU on bilateral IPR cooperation - marking a new milestone for bilateral cooperation），經濟部智慧財產局，2018-02-13。https://www.tipo.gov.tw/ct.asp?xItem=658917&ctNode=6687&mp=2

13.〈以色列和台灣關係愈來愈緊密〉（Israel and Taiwan growing closer and closer），以色列Arutz Sheva廣播電台，2018-05-02。http://www.israelnationalnews.com/News/News.aspx/245299。參閱〈以色列和台灣文化可以在商業上「十分契合」〉（Israeli chutzpah, Taiwan's Confucian culture can be a 'great match' in business），《以色列時報》（*Times of Israel*），2018-05-06。https://www.timesofisrael.com/israeli-chutzpah-taiwans-confucian-culture-can-be-a-great-match-in-business/

14.〈美國、加拿大最後關頭達成協議，更名NAFTA，挽救了和墨西哥的三邊協定〉（*U.S., Canada reach 11th-hour deal saving, renaming NAFTA, 3-way pact with Mexico*），哥倫比亞廣播公司（CBS）新聞報導，2018-10-01。https://www.cbsnews.com/news/nafta-deal-canada-us-mexico-reach-trade-deal-agreement-rename-usmca-today-2018-10-01/

15.〈貿易協定條款阻止中國和加拿大、墨西哥達成貿易協定〉（Trade pact clause seen deterring China trade deal with Canada, Mexico），路透社報導，2018-10-03。https://www.reuters.com/article/us-trade-nafta-china/trade-pact-clause-seen-deterring-china-trade-deal-with-canada-mexico-idUSKCN1MC305

16. 然而，二〇一六年一月十五日，加拿大駐台北貿易辦事處還是和在加拿大的台北經濟文化辦事處簽署一項約定（非正式協議），內容是關於如何避免雙重課稅和防止非法節稅。這項約定是雙方官員多年努力的成果，代表向增加雙方貿易投資更往前邁進一步。請參閱〈加拿大與台灣貿易與經濟辦事處簽署的稅務約定〉（Tax Arrangement Signed Between the Trade and Economic Offices of Canada and Taiwan），加拿大財政部，2016-01-18。https://www.fin.gc.ca/treaties-conventions/notices/taiwan-eng.asp。台灣和加拿大在二〇一五和一六年簽署多項備忘錄。

17. Eric Lehre在他的文章〈再思考台灣問題：加拿大如何升級其僵化的「一個中國」政策〉（Rethinking the Taiwan Question: How Canada Can Update Its Rigid 'One China' Policy for the 21st Century）中，強烈建議與台灣加強關係。Macdonald-Laurier Institute，2018-09。https://macdonaldlaurier.ca/files/pdf/20180828_MLI_Taiwan_PAPER_FINAL_Webready.pdf

18. Rigger, Shelley, *Why Taiwan Matters: Small Island, Global Powerhouse*, Plymouth: Rowman & Littlefield, 2011.

19. 〈代表說英國辦事處改名只是「換個招牌」而已〉（Representative says British Office name only a rebranding），《台北時報》，2015-05-28。http://www.taipeitimes.com/News/taiwan/

archives/2015/05/28/2003619366

20. 為了保護他們的身分（和政府），我不透露過去幾年來和我討論過這個問題的外國官員姓名。

21. 國立中興大學陳牧民教授與印度國立伊斯蘭大學助理教授沙海麗，〈新南向政策在印度與南亞〉（New Southbound Policy in India and South Asia），《遠景基金會季刊》（*Prospect Journal*），第十八期，第四十二頁。http://www.pf.org.tw/files/5976/80FADDFA-2240-4DE5-929E-76CED6C4D169

22. 〈教廷和中國簽署協議後，台灣說北京想要孤立它〉（After Vatican-China deal, Taiwan says Beijing wants to make it irrelevant），路透社報導，2018-10-03。https://www.reuters.com/article/us-pope-china-taiwan/after-vatican-china-deal-taiwan-says-beijing-wants-to-make-it-irrelevant-idUSKCN1MC2BH

23. 〈教宗方濟各向中國信徒發表文告，呼籲和解〉（*Pope Francis urges reconciliation in message to Church in China*），《天主教新聞社》（*Catholic News Agency*），2018-09-26。https://www.catholicnewsagency.com/news/pope-francis-urges-reconciliation-in-message-to-church-in-china-51391

第八章　民進黨治理下的民主：記分卡

1. Grayling, A.C., *Democracy and its Crisis*, London: Oneworld, 2017, p.200.

2. 〈刪減公務員退休福利法案通過〉（Bill passed to cut civil servants' retirement benefits），Focus Taiwan網站，2017-06-27。http://focustaiwan.tw/news/aipl/201706270017.aspx

3.〈台灣通過刪減退伍軍人年金的爭議法案〉（Taiwan passes controversial Bill cutting veterans' pensions），法新社報導，2018-06-21。https://www.straitstimes.com/asia/east-asia/taiwan-passes-controversial-bill-cutting-veterans-pensions

4. Msimang, Sisonke, "All Is Not Forgiven: South Africa and the Scars of Apartheid," *Foreign Affairs*, January/February 2018, pp.28-34.

5.〈針對幾世紀不公平待遇，台灣總統向原住民道歉〉（Taiwan's President Apologizes to Aborigines for Centuries of Injustic），《紐約時報》，2016-08-01。https://www.nytimes.com/2016/08/02/world/asia/taiwan-aborigines-tsai-apology.html

6. Simon, Scott, "The Roots of Taiwan's Indigenous Peoples Protests," *Taiwan Insight*, 2017-10-09. https://taiwaninsight.org/2017/10/09/the-roots-of-taiwans-indigenous-peoples-protests/

7.〈地圖：還在執行死刑的五十三個地區，包括日本〉（Mapped: The 53 places that still have the death penalty-including Japan），2018-07-06。https://www.telegraph.co.uk/travel/maps-and-graphics/countries-that-still-have-the-death-penalty/

8. 凍結執行死刑之前，在陳水扁總統時代共有三十二名死囚被處死。二〇〇八至一六年，馬政府期間共處死三十三名死囚。

9. 寇謐將，〈美國仇恨團體「集體反抗」參與台灣的反同活動〉（U.S. Hate Group MassResistance

Behind Anti-LGBT Activities in Taiwan），《台灣守望》，2017-01-02。https://sentinel.tw/us-hate-group-anti-lgbt/

10.〈黃國昌罷免案：安定力量如何拿到近五萬的「罷昌」票？〉，《天下雜誌》，2017-12-16日。https://www.cw.com.tw/article/article.action?id=5086907。支持罷免黃國昌的有四萬八千六百九十三票，反對票二萬一千七百四十八票。根據罷免法規定，這個選區的二十五萬五千五百五十一選民，必須至少有四分之一出來投票，其中至少需要六萬三千八百八十八票同意才能罷免黃國昌。當天的投票率是百分之二十七．七五。

11. "Misery at Sea: Human suffering in Taiwan's distant water fishing fleet," Greenpeace, 2018-05-24. https://storage.googleapis.com/p4-newzealand-production-content/new-zealand/wp-content/uploads/2018/05/9fdf62aa-greenpeace_misery_at_sea-report-lowres.pdf

12.《二〇一七年國家人權報告：台灣》，美國國務院民主、人權和勞工局。https://www.state.gov/j/drl/rls/hrrpt/humanrightsreport/index.htm?year=2017&dlid=277119#wrapper

13. 台灣民主政治的成敗及其意義，https://www.cb.cityu.edu.hk/cityseminar/past/20170216.html。

14. Diamond, Larry, *Developing Democracy: Toward Consolidation*, Baltimore: Johns Hopkins University Press, 1999, p.42.

第九章　再創二十一世紀台灣

1. Snyder, Timothy, *The Road to Unfreedom: Russia, Europe, America*, p.255.
2. Levitsky, Steven, and Daniel Ziblatt, *How Democracies Die: What History Reveals About our Future*, London: Viking, 2018, p.116.
3. Calder, Kent E., *Asia in Washington: Exploring the Penumbra of Transnational Power* , Washington: Brookings Institution Press, 2014, p.168.
4. 〈寇謐將觀點：時間不多了！台灣必須振作起來〉，《鏡週刊》，2018-05-22。http://www.mirrormedia.mg/story/20180521int001/
5. 根據內政部統計，二〇一七年台灣出現過去四十年來第三低的嬰兒出生人數：每一千人僅有八．三次嬰兒出生。同一年，人口 成長率是每一千人增加〇．九六人，創台灣史上第二低。
6. 林至美、樓玉梅：國發會「人口推估報告（2018-2065）」新聞稿，2018-08-30。https://www.ndc.gov.tw/News_Content.aspx?n=114AAE178CD95D4C&sms=DF717169EA26F1A3&s=E1EC042108072B67
7. Cited in Jeremy Chiang and Alan Hao Yang, "A Nation Reborn? Taiwan's Belated Recognition of Its Southeast Asian Heritage," the *Diplomat*, 2018-09-28.https://thediplomat.com/2018/09/a-nation-reborn-taiwans-belated-recognition-of-its-southeast-asian-heritage/

8. 〈不只是官員：台灣學生被禁止進入日內瓦的聯合國大樓〉（Not just officials: Taiwan students blocked from visiting UN public gallery in Geneva），香港自由新聞（Hong Kong Free Press），2017-06-15。https://www.hongkongfp.com/2017/06/15/not-just-officials-taiwan-students-blocked-visiting-un-public-gallery-geneva/

9. 〈為什麼世界違反人權最嚴重的國家加入聯合國人權委員會？〉（Why are world's worst violators joining UN human rights council?），《衛報》，2018-10-11。https://www.theguardian.com/politics/2018/oct/11/eritrea-joining-human-rights-council-membership-undermine-work-hrc

10. 〈中國為什麼逮捕國際刑警組織主席的幾個線索〉（Some clues on why China arrested the president of Interpol），《經濟學人》，2018-10-09。https://www.economist.com/china/2018/10/09/some-clues-on-why-china-arrested-the-president-of-interpol

11. Quoted in Piers Brendon, *The Dark Valley: A Panorama of the 1930s*, New York: Alfred A. Knopf, 2000, p.414.

12. 蔡英文總統國慶演說全文。Focus Taiwan網站，2018-10-10。http://focustaiwan.tw/news/aipl/201810100006.aspx

後記

1. 民眾是否覺得經濟比以往更好，要看他是不是覺得自己口袋裡的錢比以往更多，而不是看國內生產總值的數字好不好看，這是決定民眾對於經濟好壞的看法的一個重要因素。全世界皆然，連中國也是。
2. 「宗教自由對話」在台舉辦，蔡總統：台美堅實夥伴關係，2019-03-11。https://www.cna.com.tw/news/firstnews/201903110181.aspx
3. 台美啟動新對話機制，酈英傑：不是挑釁中國（影），2019-03-11。https://www.cna.com.tw/news/firstnews/201903195004.aspx?fbclid=IwAR1IfbeRYzGqN6dThAnXqfjx-at6WQgHJAv78rxN5hHRVuRed6tDkR2R57g
4. 「對台工作完全錯誤」，習近平點名批判陳雲林，2015-09-04。https://www.storm.mg/article/64359
5. 想要多了解此一議題，請參閱Arlie Russell Hochschild, *Strangers in Their Own Land: Anger and Mourning on the American Right*, New York: The New Press, 2016, and George Packer, *The Unwinding: An Inner History of the New America*, New York: Farrar, Straus and Giroux, 2013。
6. 有關祕魯經驗的最佳著作就是Charles D. Kenney's *Fujimori's Coup and the Breakdown of Democracy in Latin America*, Notre Dame: University of Notre Dame Press, 2004。祕魯的例子顯示，一位外來總統，加上被傳統政黨控制的國會，會製造出有利政變的環境，或者由總統本人發動政變，藤森在一九

九二年就是這麼做的。

7. 宋文笛：偶然言中，「寇謐將」評韓國瑜引起的二〇一九藍綠大混戰，2019-03-09。https://talk.ltn.com.tw/article/breakingnews/2721692

8. 陸委會證實，韓國瑜下午將和國台辦主任劉結一會面，2019-03-25。https://udn.com/news/story/7238/3716952

9. 韓國瑜澄清不丹人傻傻的，證實會港中聯辦主任，2019-03-23。https://www.cna.com.tw/news/firstnews/201903220309.aspx?fbclid=IwAR0Nb5yFj9Ii3z6Wa6Rwdx96aJsSCsIuZ0hJ2nUVoyUPDaHNFqcKfVNADsU

10.「歐陽娜娜涉『獨』」二度表忠起作用？共青團中央撐：兩岸一家親，2019-03-24。https://hk.news.appledaily.com/china/realtime/article/20190324/59405081

11. 台籍淩友詩任中國政協委員，陸委會：違法將開罰，2019-03-13。https://www.cna.com.tw/news/firstnews/201903130344.aspx

12. 習近平首提五原則，探索一國兩制台灣方案，2019-01-02。https://money.udn.com/money/story/5603/3569712

13. 前國台辦官員：國民黨一中各表不是真「九二共識」，2019-02-26。https://udn.com/news/amp/story/7331/3665189

14. 總統針對中國國家主席習近平發表〈告台灣同胞書〉四十週年紀念談話說明我政府立場，2019-01-02。https://www.president.gov.tw/NEWS/24002

15. 黃之鋒警告！台灣人赴港旅遊恐成下個李明哲，2019-02-15。https://news.ltn.com.tw/news/politics/breakingnews/2699747

國家圖書館出版品預行編目資料

島嶼無戰事2：難以迴避的價值抉擇
寇謐將 J. Michael Cole 著 李明 譯

初版. -- 台北市：商周出版：家庭傳媒城邦分公司發行
2019.07 面； 公分

譯自：The End of the Illusion: Cross-Strait Relations Since 2016

ISBN 978-986-477-676-4 (平裝)

1.兩岸關係 2.台灣政治 3.言論集

573.09 108007974

島嶼無戰事 2 ：難以迴避的價值抉擇

原著書名／The End of the Illusion: Cross-Strait Relations Since 2016
作　　者／寇謐將J. Michael Cole
譯　　者／李明
責任編輯／陳玳妮

版　　權／黃淑敏、林心紅
行銷業務／莊英傑、李衍逸、黃崇華
總 編 輯／楊如玉
總 經 理／彭之琬
事業群總經理／黃淑貞
發 行 人／何飛鵬
法律顧問／元禾法律事務所　王子文律師
出　　版／商周出版
台北市 104 民生東路二段 141 號 9 樓
電話：(02) 25007008　傳真：(02)25007759
E-mail：bwp.service@cite.com.tw
Blog：http://bwp25007008.pixnet.net/blog
發　　行／英屬蓋曼群島商家庭傳媒股份有限公司城邦分公司
台北市中山區民生東路二段 141 號 2 樓
書虫客服服務專線：(02)25007718；(02)25007719
服務時間：週一至週五上午09:30-12:00；下午13:30-17:00
24小時傳真專線：(02)25001990；(02)25001991
劃撥帳號：19863813；戶名：書虫股份有限公司
讀者服務信箱：service@readingclub.com.tw
城邦讀書花園：www.cite.com.tw
香港發行所／城邦（香港）出版集團有限公司
香港灣仔駱克道 193 號東超商業中心 1 樓
E-mail：hkcite@biznetvigator.com
電話：(852) 25086231 傳真：(852) 25789337
馬新發行所／城邦（馬新）出版集團【Cite (M) Sdn. Bhd.】
41, Jalan Radin Anum, Bandar Baru Sri Petaling,
57000 Kuala Lumpur, Malaysia.
Tel: (603) 90578822 Fax: (603) 90576622
Email: cite@cite.com.my

排　　版／極翔企業有限公司
印　　刷／韋懋印刷事業有限公司
經 銷 商／聯合發行股份有限公司
電話：(02) 2917-8022 Fax: (02) 2911-0053
地址：新北市 231 新店區寶橋路 235 巷 6 弄 6 號 2 樓

■ 2019 年 07 月 09 日初版
定價 460 元

Printed in Taiwan

商周出版

廣	告	回	函
北區郵政管理登記證			
北臺字第000791號			
郵資已付，免貼郵票			

104　台北市民生東路二段141號2樓

英屬蓋曼群島商家庭傳媒股份有限公司城邦分公司　收

請沿虛線對摺，謝謝！

商周出版

書號：**BK7088**　　書名：島嶼無戰事2：難以迴避的價值抉擇　編碼：

請於此處用膠水黏貼

商周出版

讀者回函卡

感謝您購買我們出版的書籍！請費心填寫此回函卡，我們將不定期寄上城邦集團最新的出版訊息。

不定期好禮相贈！
立即加入：商周出版
Facebook 粉絲團

姓名：＿＿＿＿＿＿＿＿＿＿ 性別：☐男 ☐女

生日：西元＿＿＿＿年＿＿＿＿月＿＿＿＿日

地址：＿＿＿＿＿＿＿＿＿＿

聯絡電話：＿＿＿＿＿＿＿＿ 傳真：＿＿＿＿＿＿＿＿

E-mail ：

學歷：☐ 1. 小學 ☐ 2. 國中 ☐ 3. 高中 ☐ 4. 大學 ☐ 5. 研究所以上

職業：☐ 1. 學生 ☐ 2. 軍公教 ☐ 3. 服務 ☐ 4. 金融 ☐ 5. 製造 ☐ 6. 資訊
☐ 7. 傳播 ☐ 8. 自由業 ☐ 9. 農漁牧 ☐ 10. 家管 ☐ 11. 退休
☐ 12. 其他＿＿＿＿＿＿＿＿

您從何種方式得知本書消息？

☐ 1. 書店 ☐ 2. 網路 ☐ 3. 報紙 ☐ 4. 雜誌 ☐ 5. 廣播 ☐ 6. 電視
☐ 7. 親友推薦 ☐ 8. 其他＿＿＿＿＿＿＿＿

您通常以何種方式購書？

☐ 1. 書店 ☐ 2. 網路 ☐ 3. 傳真訂購 ☐ 4. 郵局劃撥 ☐ 5. 其他＿＿＿＿

您喜歡閱讀那些類別的書籍？

☐ 1. 財經商業 ☐ 2. 自然科學 ☐ 3. 歷史 ☐ 4. 法律 ☐ 5. 文學
☐ 6. 休閒旅遊 ☐ 7. 小說 ☐ 8. 人物傳記 ☐ 9. 生活、勵志 ☐ 10. 其他

對我們的建議：＿＿＿＿＿＿＿＿＿＿

＿＿＿＿＿＿＿＿＿＿

＿＿＿＿＿＿＿＿＿＿

請於此處用膠水黏貼